$L_f \dfrac{50}{16}$

PANORAMA
MILITAIRE.

PANORAMA

MILITAIRE,

OU

PRÉCIS DE L'HISTOIRE

DES TROUPES FRANÇAISES,

DEPUIS LA FONDATION DE LA MONARCHIE
JUSQU'A NOS JOURS;

Divisé en dix Tableaux,

ET CONTENANT

L'exposition, par périodes, de tous les changemens importans survenus dans la composition et l'organisation de l'armée, ainsi que des détails sur les principales opérations auxquelles elle a été successivement employée.

Par M. A.-P.-J. AMIOT,

EMPLOYÉ AU MINISTÈRE DE LA GUERRE.

PARIS,

CORBY, LIBRAIRE,

RUE MACON SAINT-ANDRÉ-DES-ARCS, N° 8;

ANSELIN, RUE DAUPHINE, N° 9.

1830

PARIS, IMPRIMERIE DE DECOURCHANT,
Rue d'Erfurth, n° 1, près de l'Abbaye.

A Son Excellence

Le Comte de Bourmont,

Pair de France,
Ministre Secrétaire d'État de la Guerre.

Monseigneur,

L'ouvrage dont j'ai l'honneur de prier Vôtre Excellence de vouloir bien agréer l'hommage, est un Précis de l'Histoire Militaire, de la France, où sont exposés tous les changemens importans survenus depuis la fondation de la Monarchie jusqu'à ce jour, dans la composition et l'organisation des troupes françaises, ainsi que les opérations militaires auxquelles elles ont été successivement employées.

Les améliorations et les nouvelles institutions que l'armée doit déjà à la sollicitude de Votre Excellence, terminent cet utile travail, que les militaires accueilleront sans doute avec intérêt, surtout en le voyant paraître sous les auspices du Ministre protecteur naturel de toutes les entreprises qui ont pour objet le progrès ou la gloire de nos armes.

Je suis, avec un profond respect,

𝔐onseigneur,

De Votre Excellence,

Le très-humble et très-obéissant serviteur.

Amiot.

AVERTISSEMENT.

L'auteur de cet ouvrage avait composé et mis en 1822 à la disposition du ministre de la guerre, un travail en deux volumes in-folio, de 500 pages chacun, fruit des plus laborieuses recherches, mais qui, restreint dans son utilité, eût été trop dispendieux à imprimer. Celui-ci n'est qu'un abrégé du premier, ou plutôt, ce qui n'était qu'accessoire dans l'ancien est devenu dans le nouveau l'objet principal.

Ce premier travail, intitulé Dictionnaire généalogique des Corps militaires, et rédigé en grande partie d'après des documens puisés aux archives de la guerre (bureau du mouvement des troupes), fournit les moyens de reconnaître à l'instant même toutes les modifications et transformations qu'ont subies, depuis leur origine, les légions, les régimens et même les bataillons, escadrons ou compagnies isolés; on peut y suivre jusque dans ses dernières ramifications l'existence d'une multitude de corps d'une création éphémère, fondus dans des régimens ou bataillons qui ont été ensuite eux-mêmes amalgamés avec d'autres; genre de recherches qui tendait à devenir de jour en jour plus difficile, et qui touche à beaucoup d'intérêts privés autant qu'à l'intérêt public.

Indépendamment des renseignemens donnés sur la création, les dénominations successives, la conversion, l'amalgame, le licenciement, l'incorporation et même les emplacemens de chaque corps depuis 1792, tant à l'armée que dans les garnisons, l'auteur a fait entrer dans ce premier travail un grand nombre de notices sur les différentes armes, les diverses espèces de troupes, les emplois, les grades, les dignités, et enfin sur presque toutes les branches du service militaire. Ce sont ces derniers renseignemens, jetés çà et là suivant l'ordre alphabétique des matières, que l'auteur a extraits de son grand travail, pour les coordonner d'une manière plus convenable à l'usage général, et surtout à l'enseignement élémentaire.

Toutefois, ces documens n'étaient point

assez complets pour former un travail spécial; ce qui donne surabondance dans l'histoire des *corps*, n'était pas suffisant pour l'histoire des *troupes*. Il a donc fallu se livrer à de nouvelles recherches, et recueillir tout ce qui pouvait se rapporter à l'objet proposé. Les *Édits*, les *Ordonnances*, les *Lois*, les *Décrets*, les *Arrêtés*, les *Réglemens* et même les *Décisions royales* ou *ministérielles* ont été consultés; les *Histoires de France*, les *Mémoires*, le *Dictionnaire*, le *Code*, la *Législation*, les *États*, les *Annuaires*, le *Journal*, enfin tous les *ouvrages militaires* susceptibles de concourir à l'entreprise ont été également compulsés avec soin, et mis à contribution.

Quant au plan adopté pour l'ordre des matières, la distribution par chapitres a paru la plus convenable; mais on n'a pu se dissimuler qu'elle avait le désavantage de tenir trop long-temps le lecteur en haleine sur un même sujet; ce qui devait surtout être évité dans un travail où la multiplicité des détails, ainsi que leur variété, peuvent le fatiguer. C'est pour prévenir cet inconvénient qu'on a divisé par périodes la durée de la monarchie, de manière à fixer plus particulièrement l'attention sur les changemens survenus à chaque époque dans la composition et l'organisation de l'armée.

L'intervalle de 420 à 1830 se trouve ainsi partagé en dix périodes ou tableaux qui se terminent comme il suit :

La première, en 752, fin de la première race;

La deuxième, en 987, fin de la seconde race;

La troisième, en 1108, époque remarquable par l'accroissement de la cavalerie, qui devient alors la seule force de l'armée.

La quatrième finit en 1328. C'est pendant cette période que furent instituées les troupes des communes.

La cinquième se termine en 1422. La levée des premières troupes de cavalerie permanentes, l'admission des étrangers dans l'armée, et l'invention des armes à feu, distinguent particulièrement cette époque.

La sixième s'étend jusqu'en 1515. Cette période est une des plus remarquables, tant par la réorganisation des troupes à cheval, que par la décadence du ban et arrière-ban.

La septième conduit jusqu'en 1589. L'organisation des troupes en légions et en régimens, et l'institution des dragons, sont les faits les plus marquans de cette époque.

La huitième, qui finit en 1789, et embrasse les règnes de Henri IV, Louis XIII, Louis XIV, Louis XV et Louis XVI, ne peut manquer d'intéresser vivement les lecteurs.

La neuvième se termine en 1814. Cette époque est celle de la révolution. Le bouleversement de l'ancien état de choses et une foule d'institutions nouvelles devaient nécessairement faire l'objet d'un tableau séparé.

La dixième comprend tous les changemens survenus depuis la Restauration jusqu'à ce jour. Le licenciement de l'armée (mesure qui n'avait jamais eu lieu), et la création d'une autre armée sur un nouveau plan, distinguent particulièrement cette époque.

Cette division permettra au lecteur de s'arrêter à chaque période, avant de passer à un nouvel ordre de choses dont il pourra plus aisément saisir toutes les circonstances. Chaque tableau se composant des mêmes articles, on sera toujours à portée de les comparer, si la mémoire était en défaut.

Ces articles sont au nombre de treize.

Le premier donne les noms des *princes qui ont successivement occupé le trône* pendant la durée de la période. Ce petit tableau généalogique fait connaître les différens souverains qui se partagèrent la puissance royale pendant les deux premières races. Le prince placé immédiatement au-dessous d'un autre est le fils de ce dernier, à moins qu'il ne soit désigné autrement; les souverains placés sous une même accolade sont autant de frères, et par conséquent enfans du roi précédent.

Le deuxième, intitulé *Trait historique*, est destiné à reposer un moment l'attention du lecteur, en lui rappelant quelques faits dignes de remarque.

Le troisième indique les grades, charges et dignités des officiers ou fonctionnaires employés aux armées. Il a été intitulé *Etat-major général*, parce que ce titre est aujourd'hui en usage pour désigner cette classe de militaires : ils n'ont point été disposés d'après la date de leur création, mais bien suivant l'importance des grades et des fonctions, ou plutôt d'après le système de classification que l'auteur a jugé le plus convenable. A compter de 1547, époque de l'institution des secrétaires d'état, on a fait précéder cet article de la liste des *ministres qui ont obtenu successivement le portefeuille de la guerre.*

Les autres ont pour objet, savoir :

Le quatrième, les *Troupes de la garde;*

Le cinquième, l'*Infanterie;*

Le sixième, la *Cavalerie;*

Le septième, l'*Artillerie;*

Le huitième, le *Génie;*

Le neuvième, les *Troupes diverses;*

Le dixième, l'*Organisation des corps;*

Le onzième, l'*Équipement et l'Armement;*

Le douzième, le *Recrutement ;*

Le treizième, l'*Administration et les Institutions.*

Enfin, chaque tableau est suivi du *Pré-*

cis historique et chronologique des opérations militaires auxquelles les troupes françaises ont pris part pendant la période.

Telles sont les explications qu'on a cru devoir donner sur ce nouveau travail, que son cadre et son format mettent à la portée de tous les militaires, sans distinction de grade. Rien n'a été négligé pour le rendre le plus complet possible, et c'est en raison de ces soins et de ces efforts qu'on espère que le public le recevra avec indulgence. Encouragé même par le suffrage de plusieurs personnes capables d'en bien juger, et surtout par l'opinion favorable de l'officier supérieur qui a daigné en faire un minutieux examen, l'auteur doit croire que le PANORAMA MILITAIRE sera trouvé digne de la protection du ministre éclairé qui a permis qu'il parût sous ses auspices. Ce qui doit surtout ajouter à la garantie que présente cette faveur, c'est la décision par laquelle Son Excellence a arrêté qu'un exemplaire de l'ouvrage serait destiné à chacune des écoles régimentaires, et aux écoles de Saint-Cyr et de la Flèche.

PREMIER TABLEAU.

PÉRIODE DE 420 A 752.

BAN ET ARRIÈRE-BAN.

PREMIER TABLEAU.

ÉPOQUES.	PRINCES QUI ONT SUCCESSIVEMENT OCCUPÉ LE TRONE.			
420.	Pharamond.			
428.	Clodion.			
448.	Mérovée.			
458.	Childéric I.			
481.	Clovis I.			
	Ses fils.			
27 nov. 511.	Childebert et Clotaire I.	Thierri I.	Clodomir.	
			Ses fils.	
524.	Clotaire I.	Le même.	St.-Cloud. Théobalde. Guntaire.	
533.	Le même	Le même.		
534.	Le même	Théodebert I.		
548.	Le même	Thibaud.		
23 déc. 558.	Le même.			
	Ses fils.			
19 nov. 561.	Caribert et Sigebert I.	Gontran.	Chilpéric I.	
7 mai 570.	Sigebert I.	Le même.	Le même.	
575.	....	Le même.	Le même.	
oct. 584.	....	Le même.	Clotaire II.	
593.	....	Childebert II.	Le même.	
		Ses fils.		
596.	....	Théodebert II. Thierri II.	Le même.	
612.	....	Thierri II.	Le même.	

PÉRIODE DE 420 A 752.

ÉPOQUES.	PRINCES QUI ONT SUCCESSIVEMENT OCCUPÉ LE TRONE.				
613.	..... Clotaire II.				
628.	..... Dagobert I.				
630.	..... Le même et Caribert II, son frère.				
631.	..... Dagobert I.				
19 janv. 638.	.... Clovis II.		Sigebert II.		
1er fév. 656.	.... Le même.				
	Ses fils.				
5 sept. 656.	....	Clotaire III et Childéric II.			
670.	Thierri III.	Childéric II.			
673.	Le même.	....	Dagobert II.		
679.	Le même.				
687.	Clovis III.				
695.	Childebert III.				
14 avril 711.	Dagobert III.				
16 déc. 714.	Le même.	....	....	....	
17 janv. 715.	....	Chilpéric II.			
717.	....	Le même.	....	Clotaire IV, issu de Thierri I.	Mairie de Charles Martel.
719.	....	Le même.	....	....	
720.	Thierri IV.	....	....	....	
février 737.	Interrègne.	....	....	....	
22 oct. 741.	Interrègne.	....	....	....	Mairie de Pépin le Bref.
742 à 752.	....	Childéric III.	....	....	

TRAIT HISTORIQUE.

Les Saxons s'étant révoltés, en l'année 627, Dagobert, fils de Clotaire II, alors régnant, avait déjà passé le Rhin pour châtier les rebelles, lorsque le duc de Saxe vint fondre sur lui avant qu'il eût pu être rejoint par l'armée française. Le combat fut opiniâtre; mais, blessé d'un coup de sabre qui fendit son casque et lui coupa une partie de ses cheveux, le jeune prince fut obligé d'abandonner le champ de bataille. Le roi, informé de cet événement par un écuyer qui lui apporta le casque et les cheveux de son fils, se mit aussitôt en campagne avec tout ce qu'il put réunir de troupes. A son arrivée les deux armées étaient en présence, séparées seulement par le Weser. Le duc Bertoalde, pour encourager les Saxons, avait fait répandre le bruit de la mort de Clotaire. Le monarque, s'avançant à la vue de l'infidèle vassal, ôta son casque, et lui fit voir sa longue chevelure grise. Le duc s'emporta jusqu'à l'insulter; le roi, vivement ému, pique alors son cheval, passe la rivière à la nage, et, suivi d'un grand nombre des siens, court droit au Saxon. Bertoalde épouvanté veut fuir; mais Clotaire le poursuit, l'atteint, et fait voler sa tête du premier coup d'épée.

PREMIER TABLEAU.

ÉTAT-MAJOR GÉNÉRAL.

MAIRES DU PALAIS, institués en 596.

Ce fut à la mort de Childebert II que, la France étant échue aux deux enfans de ce prince, on désigna deux maires du palais pour gouverner en leur nom, jusqu'à ce qu'ils eussent atteint l'âge convenable pour gouverner eux-mêmes. Ces officiers eurent en conséquence le commandement des armées. Non-seulement ils le conservèrent sous les rois faibles de la première race, mais ils l'exercèrent même comme souverains, c'est-à-dire de leur propre autorité, jusqu'en 752, époque à laquelle Pépin se fit proclamer roi.

DUCS DE FRANCE, créés en 679.

Ces grands officiers remplacèrent d'abord les maires du palais dans quelques parties de la France qui avaient été démembrées du royaume, par suite du partage qui s'en était fait entre les enfans de Clovis. Les premiers furent appelés ducs de Neustrie, d'Austrasie, etc. Sous Pépin le Bref, et lorsque la France n'eut plus qu'un seul roi, le titre de duc de France ne désigna plus qu'un seul dignitaire, dont l'emploi était de commander les armées.

DUCS DE PROVINCE, créés en 420.

Ce titre vient de *dux*, conducteur. Les ducs étaient en effet des commandans militaires qui marchaient à la tête des troupes, et qui se trouvaient immédiatement sous les ordres du souverain ou de son lieutenant. Quand l'armée n'était plus occupée, et que les soldats recevaient l'ordre de rentrer dans leurs foyers, les ducs retournaient également dans leurs résidences respectives, où ils exerçaient alors les fonctions de gouverneurs de province, ne cessant jamais d'avoir sous leur autorité les mêmes comtes et les mêmes troupes dont ils étaient les chefs à l'armée.

COMTES, créés en 420.

Comte est dérivé de *comes* qui signifie *compagnon*. Ces officiers étaient pour les villes ce que les ducs étaient pour les provinces. Ils commandaient également à l'armée sous les ordres de ces derniers.

TROUPES DE LA GARDE.

Il a toujours été d'usage que le chef d'une nation eût près de sa personne quelques gardes chargés de veiller à sa sûreté. C'est d'ailleurs une mesure qui rend à la fois plus imposante et plus respectable la majesté du trône. Quoiqu'il ne nous soit parvenu que très-peu de renseignemens sur la composition des gardes de nos premiers rois, ceux que l'on possède remontent à une date fort reculée. Ainsi, dès l'an 534 l'on voit Théodebert entouré de sergens d'armes qui ne le quittaient pas un instant. Plus tard, en 587, Gontran, roi de Bourgogne, nous est représenté avec les mêmes attributs. Mais alors, et long-temps après, les troupes de la garde se réduisaient à quelques hommes dévoués à la sûreté du prince, et en trop petit nombre pour constituer un corps proprement dit. Ce n'est que par la suite qu'on verra ce noyau se développer peu à peu, et donner naissance, non-seulement à plusieurs corps, mais même à une nombreuse armée.

On doit faire observer qu'on n'a point compris au nombre des troupes de la garde celles dont les rois avaient coutume de s'entourer lorsqu'ils entraient dans une ville ou qu'ils avaient à craindre quelque trahison ; celles-ci étaient renvoyées aussitôt que la cause qui les avait fait appeler avait cessé d'exister.

INFANTERIE.

Cette arme fut long-temps la seule force des Français. Il paraît que jusqu'au règne de Clotaire I, dernier fils de Clovis, on n'avait point été dans l'usage d'admettre dans l'armée des étrangers, ni même des Gaulois; c'est seulement à cette époque que ces derniers y furent reçus; encore fallait-il qu'ils fussent originaires du pays. Mais bientôt il n'y eut plus d'exception pour personne. Dès l'an 573, l'Austrasie, qui était alors sous la domination de Sigebert, eut recours à un appel de troupes allemandes et bourguignonnes, que rendaient nécessaire les menaces et les succès de Childéric I. Toutes ces troupes marchaient par bandes, et sous les ordres d'un seul chef immédiat, qui était appelé *senior*, c'est-à-dire *le plus ancien*; d'où est venu le mot *seigneur*, dont on a fait dans la suite un titre de noblesse.

Quoique dans ces premiers temps il n'y eût point de troupes qui fussent permanentes, ou qui restassent constamment sur pied, les soldats et les chefs ne se quittaient jamais. Quand la guerre ou l'expédition militaire était terminée, chaque bande retournait dans ses foyers, et le capitaine, ou plutôt le senior, y reprenait ses fonctions de magistrat, ayant le gouvernement du bourg ou du village, comme les comtes et les ducs avaient celui des villes et des provinces.

Quant au nombre de piétons que présentait alors l'infanterie, il dépendait des circonstances, et par conséquent de la nécessité où l'on était d'en tirer plus ou moins des provinces. L'historien Procope nous apprend que, sous Théodebert Ier, souverain de la France austrasienne, nos armées étaient déjà formidables. « Ce roi, dit-il, parmi les *cent mille* » *hommes* qu'il conduisait en Italie, avait *fort peu* » *de cavaliers ;* ils étaient tous autour de sa per- » sonne. Tout le reste était infanterie. »

CAVALERIE.

Pendant tout le temps de la première race, les Français n'eurent point de cavalerie ; le peu d'hommes à cheval qui se trouvaient dans les armées étaient mêlés parmi les piétons. Ce ne fut que sur la fin de cette période que cette arme commença à prendre quelque développement.

ARTILLERIE.

On comprenait autrefois sous cette dénomination toutes les machines qu'on employait dans les siéges pour se rendre maître des villes fortifiées.

La principale était appelée *bélier;* elle consistait en une grosse poutre, dont l'une des extrémités était ferrée en forme de tête de bélier, et qui se trouvait suspendue dans l'intérieur d'une *tortue* ou chambre roulante, par le moyen de câbles ou de chaînes d'une force suffisante. Quand on était parvenu à faire approcher cette machine de la muraille, les hommes chargés de la mettre en action pénétraient dans l'intérieur, et n'étaient plus occupés qu'à balancer vivement le bélier jusqu'à ce qu'ils eussent pratiqué une ouverture dans la maçonnerie.

GÉNIE.

De tout temps il a existé des forts, des châteaux, et mêmes des villes fortifiées, pour l'attaque ou la défense desquels les anciens ont fait usage de mines et de contre-mines; aussi distinguait-on les *engigneurs* ou *engignours* et les *mineurs* ou *minours* des *artilliers* qui étaient chargés spécialement de la manœuvre des machines de guerre. Celles-ci étaient appelées *engins;* c'est pourquoi l'on donnait le nom d'*engigneurs* aux hommes qui les inventaient ou les perfectionnaient.

Pendant long-temps les engigneurs et les artilliers ne furent que des artisans que l'on payait à la journée. Peu après il s'y mêla des officiers de l'armée qui s'offraient volontairement pour diriger ou seconder les opérations que nécessitaient les circonstances.

Dans ces premiers temps, et jusqu'à la fin du 15ᵉ siècle, le travail de la mine consistait à saper la muraille, et à l'étançonner avec des bois de bout. Quand l'ouvrage était achevé, on enduisait les étançons de poix-résine et d'autres matières combustibles ; le mineur y mettait le feu, et sitôt que le bois était consumé, la muraille tombait avec grand fracas. Alors les troupes, qui se tenaient toutes prêtes pour l'assaut, y montaient.

ÉQUIPEMENT ET ARMEMENT.

L'habit de guerre se composa, pendant tout le temps de la première race, d'un sayon de cuir fortement rembourré de laine ou de plusieurs pièces de linge cousues l'une sur l'autre, afin d'opposer plus de résistance aux flèches et aux dards, ainsi qu'aux armes tranchantes dont on faisait alors usage.

Quant à la coiffure, les anciens Francs se contentaient d'une longue chevelure et de l'emploi de leurs boucliers qu'ils élevaient au-dessus de leur tête, lorsqu'ils avaient à se préserver d'une trop grande quantité de traits. Il faut seulement en excepter les chefs et quelques seigneurs qui portaient des casques.

Agathias est l'historien qui nous fournit le plus de renseignemens sur l'armure des premiers Francs : « Les armes des Français, dit-il, sont fort grossières; » ils n'ont ni cuirasse ni bottes... ils ont l'épée le » long de la cuisse, et le bouclier sur le côté gau- » che; ils ne se servent ni d'arcs, ni de frondes, ni » de flèches, mais de haches à deux tranchans et de » javelots. Ces javelots ne sont ni fort longs ni fort » courts. On peut s'en servir contre l'ennemi en les » tenant à la main ou les lançant; ils sont tout cou- » verts de fer, excepté à la poignée. En haut, vers » la pointe, il y a deux fers recourbés, un de chaque » côté. Dans le combat, ils jettent ce javelot contre » l'ennemi, et il s'engage tellement dans les chairs » par ses deux petits crocs, qu'il est difficile de l'en » retirer; peu de combattans réchappent de ses » blessures, quand même elles ne seraient pas » mortelles. Si l'ennemi pare le coup, et que le ja- » velot donne dans le bouclier, il y demeure em- » barrassé et suspendu par sa pointe et par ses » crocs; et comme il est assez long et fort pesant, » son poids le fait traîner jusqu'à terre; il ne peut » être arraché du bouclier ni coupé avec le sabre, » parce qu'il est couvert de fer. Au moment de cet » embarras, le Français qui a jeté le javelot s'avance

» en sautant, met le pied sur le bord du javelot
» qui touche à terre, et, appuyant dessus, oblige
» l'ennemi à pencher son bouclier et à se décou-
» vrir. C'est alors qu'avec la hache ou avec l'épée,
» dont il le frappe au visage ou à la gorge, il le
» tue. »

Au surplus, la manière de combattre des fantassins n'était pas toujours la même : les généraux les armaient tantôt d'une façon, tantôt d'une autre; c'est-à-dire qu'une partie de l'infanterie combattait avec la hache et l'épée, et l'autre avec des javelots; quelquefois même cette dernière arme n'était donnée qu'aux cavaliers : *Soli hastas ferebant.* (Procope.)

RECRUTEMENT.

Sous la première race, la milice se composa des *appointés* du roi et souvent de ses autres sujets, qui, à la première réquisition, étaient obligés de prendre les armes et de suivre le prince aux expéditions de guerre. Les appointés étaient des hommes qui faisaient profession de porter les armes, et auxquels le roi, au lieu de solde, avait donné la jouissance de quelques terres, à la charge de marcher et de combattre sous ses enseignes toutes les fois qu'ils seraient commandés. Les Français avaient pris cette police des empereurs romains qui, pour récompense de services, donnaient les terres frontières à des chefs et à des soldats distingués, à condition de les défendre contre l'ennemi. Ainsi, à mesure que nos rois se rendaient maîtres de quelque province, ils en distribuaient des parties aux capitaines et aux soldats qui les avaient aidés à la conquérir, à la charge toutefois de servir l'Etat en guerre. Ces fonds de terre furent appelés *honneurs*, *bénéfices*; ils n'étaient qu'à vie et retournaient au roi par la mort du bénéficier, ou lorsque celui-ci quittait le service. Quand le roi voulait faire la guerre, ce qu'il annonçait par un *proclamat* ou cri public, les bénéficiers ou vassaux de la couronne étaient obligés de venir en armes au rendez-vous. Ce commandement était si précis, que ceux qui y manquaient étaient privés de leurs terres. Si même quelques-uns de ces bénéfices passaient à des gens d'église, c'était toujours à la même condition, sauf à ces derniers à se faire représenter par un suppléant qu'on appelait vidame, *vice dominus*.

Le proclamat était transmis à tous les vassaux par l'intermédiaire des ducs et des comtes qui le faisaient lire et afficher publiquement. Chaque gouverneur faisait en même temps arborer sa bannière ou celle de son gouvernement sur le donjon, sur une tour ou sur la principale porte de sa résidence; et cette cérémonie, qui s'appelait poser le ban, *ponere bannum*, durait jusqu'au jour de l'assemblée des vassaux. *Arrière-ban* se disait aussi du droit qu'avait chaque seigneur de poser également dans sa terre son ban particulier, pour réunir sous sa bannière tous les bénéficiers de son commandement. Ceux-ci étaient tenus, suivant les circonstances, de mener avec eux un certain nombre d'affranchis, et quelquefois la dixième partie de leurs serfs ou esclaves, les vieillards et les enfans exceptés; autrement il était indispensable que les bénéficiers motivassent l'absence, soit des hommes libres ou coutumiers de leurs domaines, qui obtenaient la permission de rester dans la famille pour la gouverner, percevoir les revenus, et rendre la justice, soit des serfs ou esclaves nécessaires pour les ouvrages publics, la réparation des ponts, celle des chemins, ainsi que pour la police de l'intérieur et la sûreté des frontières.

Il paraît que ce fut Clotaire I qui commença à introduire des étrangers dans l'armée, en ordonnant que chaque province, sans distinction de Français, de Gaulois ou de Bourguignons, fournirait dans les occasions de guerre un certain nombre de troupes. Celles-ci prirent le nom des provinces qui les envoyaient : *troupes du Maine*, *troupes du Berri*, etc., etc.

Ce qui a été dit de la manière de publier les bans démontre que les expressions de *ban et arrière-ban*, appliquées à la masse des combattans, ne pouvaient s'entendre que d'un tout, et n'établissaient de distinction qu'entre les généraux et les soldats, mais non pas entre les soldats eux-mêmes ; aussi ces expressions ne sont-elles jamais séparées dans les ordonnances.

La durée du service était très-limitée. Les bénéficiers, dans ces premiers temps, étaient en droit de demander à se retirer au bout de quarante jours ; mais aussi le défaut de service était sévèrement puni : celui qui manquait au rendez-vous payait une amende ; quelquefois même il était privé de ses terres.

ADMINISTRATION ET INSTITUTIONS.

Les vivres et les transports sont deux services indispensables dans une armée ; les premiers Francs ont pu en négliger beaucoup d'autres, ou du moins y suppléer par quelques combinaisons qui les dispensassent de s'en occuper d'une manière spéciale ; mais ceux-là étaient trop importans pour qu'ils n'y donnassent pas des soins particuliers. D'après les réglemens que nos rois établirent à cet effet, c'était aux provinces à fournir la subsistance aux troupes. Si la guerre ne durait que trois mois, les provinces ne recevaient aucune indemnité ; mais si elle dépassait ce terme, les fournitures, continuées par les provinces, tombaient alors à la charge du souverain pour tout le temps excédant.

Les moyens de transport étaient tirés des terres ou domaines qui présentaient le plus d'étendue et de ressources ; l'obligation de les fournir était, comme celle du service personnel, une condition de la possession des bénéfices.

Puisque l'occasion se présente de parler de ces terres dont la concession tenait lieu de solde, concurremment avec le partage du butin, on fera remarquer que cette manière de payer les troupes avait l'inconvénient de paralyser l'armée en détournant ou affaiblissant l'inclination primitive des soldats, qui, nécessairement occupés de la culture de leurs terres, ne pouvaient plus sacrifier tout leur temps aux opérations militaires. Il est vrai que pendant un certain nombre d'années le besoin de défendre leurs petites propriétés dut entretenir leur esprit militaire ; mais lorsque la monarchie, plus étendue, se fut aussi mieux consolidée, le danger étant devenu presque nul pour la plupart des bénéficiers, surtout pour ceux qui se trouvaient établis dans l'intérieur de la France, ceux-ci, plus rassurés, dûrent insensiblement négliger l'état militaire, et ne remplir qu'à regret, ou du moins avec assez d'indifférence, l'obligation qui leur était imposée.

PRÉCIS HISTORIQUE ET CHRONOLOGIQUE

DES OPÉRATIONS MILITAIRES.

En 420, envahissement des rives du Rhin, et prise de Trèves par Pharamond, chef des Francs.

En 437, prise de Tournai, de Cambrai et de quelques autres places par Clodion, qui est ensuite défait par Aétius, général des Romains. Il poursuit cependant ses opérations, s'empare d'Amiens, et devient maître de tout le pays qui forma depuis l'Artois.

En 451, défaite d'Attila, roi des Huns, dans les plaines de Châlons. Son armée, forte d'abord de 500,000 hommes, est réduite à 300,000. Mérovée, Aétius et le roi des Ostrogoths partagent l'honneur de cette victoire.

En 462, Childéric prend Cologne sur les Romains.

En 475, le même fait alliance avec Odoacre, commandant des Saxons, et se rend maître du pays de ces peuples.

En 486, bataille de Soissons gagnée sur Siagrius, général romain, que Clovis fait exécuter.

En 491, conquête de la Thuringe, qui fut depuis le pays de Liége.

En 496, bataille de Tolbiac, gagnée par Clovis sur les Allemands. Le succès des Germains, qui réussirent d'abord à faire plier ses troupes, détermina ce prince à se recommander au Dieu de Clotilde, son épouse, promettant de l'adorer s'il le rendait vainqueur. La victoire lui étant restée, il embrassa le même jour le christianisme avec 3,000 des siens.

En 507, bataille de Vouillé, près de Poitiers, gagnée sur les Visigoths par Clovis, qui tua lui-même le roi Alaric. Cette victoire lui livra tout le pays qui se trouvait à l'ouest des Gaules, entre la Loire et les Pyrénées.

En 509, l'armée française est battue devant Arles par Théodoric, roi des Ostrogoths.

En 516, les fils de Clovis déclarent la guerre au roi de Bourgogne, qui tombe en leur pouvoir avec sa femme et ses enfans.

En 517, Clodomir et Théodoric marchent contre les Bourguignons. Le premier, après avoir eu de l'avantage, est tué dans un combat.

En 523, guerre avec les Bourguignons.

En 524, bataille de Voiron, gagnée sur les mêmes par Clodomir, roi d'Orléans, qui y est tué en poursuivant les fuyards.

En 531, défaite des Visigoths par Childebert Ier;

Thierri, roi de Metz, s'empare de la Thuringe sur Hermanfroi.

En 534, conquête du royaume de Bourgogne par Clotaire I" et Childebert.

En 537, défaite des Goths et des Romains par Théodebert.

En 539, irruption de Clotaire I" sur les terres de Childebert.

En 540, Théodebert se rend en Italie pour secourir les Goths. La peste se met dans son armée, et l'oblige à se retirer.

En 543, expédition de Childebert en Espagne. Ce prince, après quelques succès, lève le siége de Saragosse.

En 549, les Goths cèdent aux Français toutes les places qu'ils occupent en France ou dans la Provence.

En 560, défaite de Chramne, fils naturel de Clotaire, qui le fait brûler vif avec toute sa famille, dans une chaumière où ces infortunés s'étaient réfugiés.

En 573, les Huns ou plutôt les Avares, qui étaient venus ravager la Thuringe, sont repoussés par les rois de France.

En 590, les Français vont combattre en Italie contre les Lombards, ravagent cette contrée et reviennent chargés de butin.

En 592, les Vascons, peuple du nord de l'Espagne, forment une colonie qui vient s'établir dans cette partie de la France nommée depuis la *Gascogne*.

En 594, bataille de Droissi, gagnée par Frédégonde, mère et tutrice de Clotaire II, sur Childebert II, qui y perd près de 30,000 hommes.

En 595, défaite des Varnes, peuple de Germanie, dont Childebert détruit le royaume.

En 596, bataille de Lafau, gagnée par Frédégonde sur les troupes de Brunehaut, veuve de Sigebert, roi d'Austrasie.

En 604, bataille d'Étampes, gagnée par Thierri II et Théodebert sur Clotaire II.

En 612, bataille de Toul, gagnée par Thierri II sur Théodebert, qui en perd une seconde à Tolbiac, où il est fait prisonnier.

En 613, Clotaire II porte ses armes en Austrasie. Ce prince fait égorger les fils de Thierri, et s'empare de Brunehaut, qu'il fait périr par un supplice atroce.

En 627, Clotaire II défait les Saxons, et tue de sa main leur duc Bertoalde.

En 630, Caribert force son frère Dagobert à lui céder une partie de l'Aquitaine.

En 656, les seigneurs austrasiens s'arment contre Grimoald, maire du palais, qui avait placé son fils sur le trône, au préjudice de Dagobert II.

En 670, Ebroïn, maire du palais en Neustrie et

Bourgogne, est également arrêté par les grands, rasé et confiné dans un cloître, pour avoir placé de sa propre autorité Thierri III sur le trône.

En 679, Dagobert II est tué dans une émeute.

En 680, deuxième bataille de Lafau, gagnée par Thierri sur les ducs Martin et Pépin, qui dominent dans l'Austrasie.

En 683, bataille de Namur, gagnée par Pépin sur Gislemar, fils du maire du palais de Neustrie.

En 687, bataille de Testri, où Pépin défait Thierri III et s'empare de ce prince, qu'il a poursuivi jusqu'à Paris.

En 717, bataille de Vincy, gagnée par Charles Martel sur Chilpéric II et Ragenfroi, son maire du palais.

En 719, les Sarrasins se rendent maîtres de Narbonne.

En 720, Eudes, duc d'Aquitaine, qui s'était armé en faveur de Chilpéric II, fait sa paix avec Charles Martel, et lui livre le roi.

En 732, bataille de Poitiers, gagnée par Charles Martel sur les Sarrasins, qui perdent encore celle de Berre, près de Narbonne, et laissent Charles Martel maître d'Avignon, Beziers, Agde et plusieurs autres places.

DEUXIÈME TABLEAU.

PÉRIODE DE 752 A 987.

CHEVALERIE.

DEUXIÈME TABLEAU.

ÉPOQUES.	PRINCES QUI ONT SUCCESSIVEMENT OCCUPÉ LE TRONE.				GRANDS DU ROYAUME APPELÉS AU TRONE.	
752.	.... Pépin le Bref.					
24 sept. 768.	Charlemagne et Carloman 1er.					
4 déc. 771.	Charlemagne.					
28 janv. 814.	Louis le Débonnaire.					
20 juin 840.	Charles le Chauve.					
6 oct. 877.	Louis le Bègue.					
10 avril 879.	Louis III.	Carloman II.				
4 août 882.	....	Le même.				
6 déc. 884.	....	....	Charles le Gros (petit-fils).			
11 nov. 886.	....	....	....		Eudes (Comte de Paris).	
893.	Charles le Simple.	....	....		Le même.	
1er janv. 898.	Le même.					
13 juill. 923.	....	....	....		....	Raoul (Duc de Bourgogne).
15 janv. 936.	Louis d'Outre-Mer.					
10 sept. 954.	Lothaire.					
2 mars 986 à 987.	Louis V.					

TRAIT HISTORIQUE.

Pépin le Bref, ainsi surnommé à cause de sa petite stature, avait à se plaindre du peu de respect que lui témoignaient les seigneurs. Pour leur inspirer des sentimens plus convenables, il leur montra un jour, dans un combat d'animaux, un lion furieux qui s'était jeté sur un taureau, et leur proposa de lui faire lâcher prise. Le roi, voyant qu'ils étaient effrayés et s'abstenaient de lui répondre, s'élance aussitôt dans l'arène, court le sabre à la main sur le lion, et lui tranche la tête. Se tournant alors vers les assistans : *Vous semble-t-il*, leur dit ce prince, avec une fierté héroïque, *que je sois digne de vous commander ?*

Ce trait rappelle celui d'Amasis, ministre égyptien, que des soldats révoltés élevèrent subitement à la dignité royale, en lui plaçant un casque sur la tête, comme cela se pratiquait dans ce pays, à l'égard des nouveaux souverains.

Ce prince, peu jaloux du respect de ses sujets, comme homme, voulut néanmoins l'obtenir comme roi. Il prit donc, dans le vestibule du palais, un immense bassin d'or servant à laver les pieds de ceux qu'il admettait en sa présence, ordonna de le fondre, et en fit couler la statue d'un des dieux les plus révérés de l'Égypte. Cette statue, offerte aux regards dans le même vestibule, ne manqua pas d'attirer les hommages de quiconque entrait ou sortait. Alors Amasis, exposant à ses sujets à quel servile usage était destiné d'abord l'or de cette statue devant laquelle ils s'inclinaient, conclut que, malgré son obscure origine, par le titre seul de roi dont ils l'avaient revêtu, il avait droit à leurs hommages. A partir de ce moment, ils les lui rendirent en effet sans difficulté.

DEUXIÈME TABLEAU.

ÉTAT-MAJOR GÉNÉRAL.

GRAND-SÉNÉCHAL, créé en 978.

La création de cette dignité date de 978; mais les grands-sénéchaux ne commencèrent cependant à prendre le commandement des armées qu'en 1060, avec des prérogatives semblables à celles qui furent attachées depuis à la charge de connétable.

CONNÉTABLE, créé vers 752.

Ce dignitaire, appelé d'abord comte de l'étable, *comes stabuli*, n'était dans l'origine qu'un officier de la maison du roi, qui ne marchait même qu'après le maire du palais. Sa charge commença à devenir considérable en 807. On ne le porte ici que pour mémoire, en faisant dater sa création de 752, bien qu'elle doive être plus ancienne, puisque ce n'est qu'à cette époque seulement qu'il a cessé d'exister des maires du palais. Malgré les recherches qu'on a faites, il n'a pas été possible de découvrir la date précise de la création de cet emploi.

DEUXIÈME TABLEAU.

DUCS DE FRANCE, créés en 679.

Hugues, proclamé roi en 987, paraît être le dernier qui ait porté le titre de duc de France. Il en était décoré depuis 958.

DUCS ET COMTES, créés en 420.

La charge de duc et celle de comte furent rendues en quelque sorte héréditaires par une disposition de Charles le Chauve, en vertu de laquelle ceux des officiers qui venaient à décéder devaient être remplacés par quelques membres de leurs familles. Le nombre de ces officiers s'accrut beaucoup par suite des largesses de Louis le Bègue, lorsqu'il monta sur le trône, et surtout par les nouveaux dons qu'il fut obligé de faire pour apaiser les mécontens qui n'avaient point eu part à ses libéralités. Ils furent en outre autorisés à disposer d'une partie des terres dont ils avaient le gouvernement. L'autorité royale, déjà affaiblie par cette concession mal entendue, reçut une atteinte bien plus grave à l'avènement de Raoul de Bourgogne, qui, pour prix de la royauté, consentit à donner à quelques seigneurs la propriété des provinces confiées à leur surveillance. Cette mesure eut nécessairement le même résultat que sous Louis le Bègue. La préférence accordée aux uns ayant excité la jalousie des autres, ceux-ci, qui se crurent les mêmes droits, considérèrent dès lors les terres qui leur étaient soumises comme leurs domaines propres; ils usurpèrent la justice et s'érigèrent en seigneurs propriétaires des lieux dont ils n'étaient d'abord que les magistrats et les commandans militaires. C'est ce nouveau genre d'autorité qui fut nommé *suzeraineté*.

MARQUIS, créés vers 840.

Ces officiers furent ainsi nommés parce qu'ils étaient chargés de garder les *marches*, c'est-à-dire les routes, ainsi que les frontières. Quoique leur emploi fût plus important que celui des comtes, on ne les a placés qu'à la fin de l'état-major, attendu qu'ils ne peuvent être considérés que comme officiers de place.

BARONS, créés vers 840.

Ils gardaient les *barrières* ou forts qui défendaient l'entrée des provinces. Quelques villes portent encore le nom de Bar, telles que *Bar-sur-Aube*, *Bar-le-Duc*, etc., etc.

TROUPES DE LA GARDE.

Charlemagne, en montant sur le trône, créa une nouvelle garde qu'il réunit à celle que ses prédécesseurs avaient toujours eue depuis la mort de Clovis, et dont Gontran, roi de Bourgogne, paraît avoir été le fondateur. Toutefois cet amalgame des deux gardes ne dura pas long-temps : il en fut bientôt formé deux bandes, dont l'une, sous le nom de *sergens d'armes*, fut chargée de garder les portes extérieures du palais ; l'autre, composée d'*huissiers*, fut affectée au service intérieur. Ces derniers ne devant pas être considérés comme militaires, il n'en sera plus question à l'avenir.

INFANTERIE.

L'infanterie, pendant cette période, prit un aspect tout différent de celui qu'elle présentait antérieurement. Le nombre des troupes à pied, qui avait eu la prépondérance sur celui des cavaliers, s'affaiblit si sensiblement que, sur la fin de cette époque, les fantassins ne combattaient déjà plus en corps. Ils étaient alors divisés par pelotons, et distribués à leur tour entre les files d'hommes d'armes, comme ceux-ci l'avaient été précédemment dans les rangs d'infanterie. Les piétons, ainsi réduits, n'avaient plus, pour ainsi dire, d'autres fonctions que celle de porter secours aux cavaliers quand l'ennemi les avait terrassés.

CAVALERIE.

L'accroissement de la cavalerie, déjà sensible sur la fin de la première race, fit de rapides progrès sous la seconde. Le nombre des cavaliers ou gens d'armes, pendant les règnes de Pépin et de Charlemagne, égalait presque celui des fantassins; aussi le premier de ces princes fut-il obligé de remettre au mois de mai les assemblées générales qui avaient eu lieu jusqu'alors au mois de mars, afin de faciliter par ce moyen le service des fourrages. L'institution de la chevalerie dut contribuer pour beaucoup à cette augmentation de la cavalerie; car cette circonstance lui ayant donné un certain éclat, le service de piéton dut nécessairement en souffrir, et n'être plus regardé qu'avec une sorte de dédain.

ARTILLERIE.

Une relation du siége de Paris par les Normands en 886, faite par Abbon, moine de Saint-Germain, nous apprend quels étaient les engins ou machines de guerre dont on faisait alors usage, indépendamment du *bélier*, dont il a été parlé dans le premier tableau; savoir :

Le *musculus*, espèce de chambre roulante où les

soldats étaient à couvert. Elle était construite sur quatre poutres d'environ neuf pieds de long et couchées en carré; sur chacun des angles s'élevait une autre poutre qui soutenait un toit en dos d'âne, formé d'une forte charpente, couvert de briques, et extérieurement revêtu de cuirs. Cette machine se poussait avec des rouleaux jusqu'au bord des fossés qu'il fallait combler, ou jusqu'au pied des murailles qu'on voulait saper.

Le *pluteus*, autre machine de guerre, dans le genre de la précédente; elle pouvait mettre à couvert sept à huit soldats. On l'approchait des murailles, afin que les archers qui l'occupaient pussent tirer des flèches sur les assiégés pendant qu'on appliquait les échelles pour donner l'assaut.

La *vinea*, espèce de galerie en forme de treille, couverte de planches et de cuirs par-dessus. Elle était longue de seize pieds, haute de huit et large de sept. Son usage était à peu près le même que celui du *pluteus*.

La *catapulta*, machine qui lançait jusqu'à cent vingt-cinq pas des dards de trois coudées de long (environ cinq pieds) et d'une grosseur assez considérable. Rien ne résistait aux coups de ces projectiles; plusieurs hommes de file en étaient quelquefois percés. La principale pièce de la *catapulta* était un arbre ou quelque autre pièce de bois préparée, que l'on forçait à se courber par le moyen de cordes et de tourniquets, et qui se redressait ensuite avec une extrême violence.

La *balista* ou *petraria*, autre machine du genre de la précédente. On l'employait pour lancer des pierres ou des boulets de plomb du poids de trois à quatre cents livres; sa portée était de deux cent cinquante pas. Elle se composait d'une bascule ou d'un trébuchet élevé ou placé entre deux poutres, et au bout duquel on attachait une espèce de fronde qui supportait le projectile.

La *terebra* ou *tarière*, modification du *bélier*. Dans cette nouvelle machine, le bélier, au lieu d'être suspendu, se trouvait couché sur une coulisse inclinée et à rouleaux, ce qui rendait sa course plus rapide et son action d'un plus grand effet. On le remontait ensuite par le moyen d'un moulinet.

La *mangana*, diminutif de la baliste ou de la catapulte.

Les Francs de cette époque se servaient en outre de dards enflammés, destinés à mettre le feu dans les villes assiégées, ou à brûler les tours de bois au moyen desquelles les assiégeans s'élevaient à la hauteur des murailles. Ces dards étaient appelés falariques (*falaricæ*), du nom même de ces tours (*falæ*). Quelques autres portaient le nom de *malleoli*.

GÉNIE.

On ne pourrait que répéter ici ce qui a été dit dans le premier tableau. Le génie et l'artillerie n'ont cessé d'être confondus qu'à l'époque de la découverte de la poudre à canon. Jusque là il n'y eut de distinction qu'entre les *ingénieurs* et les *travailleurs*, qu'on appelait *artilliers* et *mineurs*.

TROUPES DIVERSES.

Outre les soldats qui allaient aux armées, plusieurs autres sujets du prince étaient obligés de faire la garde sur les frontières et sur les routes ou les *marches*, comme on les appelait alors; d'où est venu le nom de *marquis*, que portaient les commandans de ces troupes.

Ce sont ces mêmes troupes qu'on appela depuis *maréchaussées*.

ORGANISATION DES CORPS MILITAIRES.

Pendant la période qu'embrasse ce nouveau tableau, les troupes continuèrent de marcher par bandes ou compagnies; mais l'institution de la chevalerie fit naître dans les rangs de l'armée des distinctions qui n'existaient pas. On va donner le détail et l'explication des différens emplois qui se trouvaient alors dans une même compagnie. Quant à la force numérique de ces corps, les historiens ne nous ont fourni aucun renseignement assez positif pour qu'il en soit tenu compte. Il y a lieu de penser que les compagnies de chevaliers étaient plus ou moins fortes, suivant l'étendue des domaines de leur commandement respectif. On doit cependant faire observer qu'il existait à cette époque des *centeniers*, chefs de *centènes* ou cantons, qui conduisaient aux armées les soldats de leur arrondissement; mais bien que ce titre semble déterminer en même temps la force des compagnies, il paraîtrait que les militaires étaient répartis, à leur arrivée, dans un certain nombre de corps, et que les centeniers eux-mêmes retournaient aussitôt à leur poste.

Quelques autres dénominations dont on ne fait pas mention, désignaient certains nobles qui, sans avoir le moyen de s'équiper comme les autres, n'en étaient pas moins en droit de prendre rang parmi les chevaliers. On ne parlera point non plus des ecclésiastiques qui suivaient les troupes, parce qu'alors ils étaient attachés à l'armée ou au camp, et non aux compagnies.

BANNERETS, créés vers 770.

Les bannerets étaient des chevaliers qu'on appelait ainsi parce que l'étendue de leurs domaines leur donnait droit de porter une bannière. Leurs fonctions étaient de commander les compagnies.

BACHELIERS, créés vers 770.

C'était le nom des bas chevaliers, c'est-à-dire de ceux qui n'avaient pas droit de bannière. Ils portaient seulement un *pennon* ou drapeau alongé dont on coupait la pointe lorsqu'ils devenaient bannerets.

ÉCUYERS, créés vers 770.

On appelait ainsi les nobles qui n'appartenaient point à la chevalerie. Ils n'étaient armés qu'à la légère, et marchaient seulement en serre-file. Leurs fonctions se bornaient à poursuivre l'ennemi quand il était en désordre, ou à porter secours aux chevaliers quand ils étaient terrassés ou démontés.

PAGES, créés vers 770.

Les pages étaient de jeunes seigneurs qui suivaient les chevaliers aux armées, pour se perfectionner dans le métier des armes. Cet usage se maintint jusqu'à l'époque de la révolution; mais le nom de page avait été remplacé par celui de cadet-gentilhomme ou simplement *cadet*. Ces deux emplois n'étaient pas non plus exactement les mêmes.

ÉQUIPEMENT ET ARMEMENT.

Le sayon de cuir continua d'être l'habit militaire ; Charlemagne y fit seulement ajouter la cuirasse et le haubert; mais ces deux armures ne se portaient point ensemble. La dernière, c'est-à-dire le haubert, était une cotte de mailles à manches et gorgerin, qui tenait lieu de hausse-col, brassarts et cuissarts ; il fallait posséder un certain nombre de métairies pour avoir droit de le porter ; aussi cette armure était-elle regardée comme une distinction honorable dont on privait celui qui avait mérité punition.

Le javelot, la hache, et par conséquent le bouclier, furent remplacés par l'arc et l'arbalète.

La cavalerie porta le sabre et la lance. La cuirasse n'était point exigée de celui qui possédait moins de douze métairies ; celui qui se trouvait dans l'obligation de la prendre était même autorisé à la remplacer par la cotte de mailles.

Le casque, qui était l'ancienne coiffure des Gaulois, fut aussi adopté par les Francs pendant cette époque. Les chevaliers en avaient de deux sortes : celui qu'ils portaient dans les combats ou dans les cérémonies était garni d'ornemens ; l'autre était plus simple et servait à remplacer le premier quand les chevaliers cessaient de combattre ; c'était aussi celui des écuyers.

RECRUTEMENT.

Sous Charlemagne, des réglemens ou *capitulaires* déterminèrent d'une manière plus précise l'obligation du service militaire.

Tout homme de condition libre, qui avait quatre métairies garnies, c'est-à-dire quatre maisons avec une certaine étendue de terres garnies de bestiaux, de serfs, etc., soit de son fonds, soit en bénéfices, était obligé d'aller à la guerre. Celui qui n'en avait qu'une se joignait à un autre qui en avait trois; ce dernier, en lui donnant de quoi s'équiper, était dès lors exempt du service personnel. Celui qui possédait deux métairies se joignait à un autre qui en avait le même nombre : l'un des deux marchait; celui qui restait fournissait l'équipement de guerre.

En général, si un homme qui devait marcher à l'armée manquait de s'y rendre, il était condamné à l'amende de soixante sous d'or; et s'il n'avait pas le moyen de la payer, il devenait serf du prince jusqu'à ce qu'il se fût acquitté : néanmoins ses enfans conservaient toujours la qualité de libres. Si le coupable était un officier du roi ou son bénéficier, il était condamné, non à l'amende, mais à faire abstinence de viande et de vin autant de temps qu'il avait tardé à se rendre à son poste. Il y avait enfin peine de mort contre quiconque se retirait de l'armée sans la permission du roi.

Les nouveaux mariés étaient exempts du service jusqu'au bout de l'an de leur mariage. Les parricides, les incestueux, etc., n'étaient point reçus dans les armées ; les ecclésiastiques en furent également exclus, à l'exception de ceux dont le ministère était nécessaire pour l'instruction et le service des troupes.

Du reste, un grand nombre de serfs était appelé aux armées, comme précédemment, soit pour ferrer les chevaux et raccommoder les voitures, soit pour remuer les terres et faire les autres travaux qu'exigeaient les circonstances. Quelquefois on les armait, et ils grossissaient l'armée.

ADMINISTRATION ET INSTITUTIONS.

Les recherches qu'on a faites pour connaître les mesures administratives qui auraient été prises pendant cette période n'ont donné aucun résultat. Mais on doit rendre compte d'une institution assez importante ; c'est celle de la chevalerie, qui paraît remonter à l'année 770. Suivant le père Daniel, ce n'est que sous les premiers rois de la troisième race que le titre de chevalier, exprimé en latin par celui de *miles*, fut donné à certains seigneurs. Mais cet historien est ici dans l'erreur; pour le prouver, il suffit de citer la réception du fils de Charlemagne, armé par ce prince en 791.

On ne parvenait pas à cet ordre politique et militaire sans passer par de longues épreuves. Il fallait être noble de père et de mère, et compter au moins trois générations; aussi le titre de chevalier donnait-il le premier rang dans l'armée.

Quant aux cérémonies qui s'observaient à la réception d'un chevalier, comme elles s'accrurent en proportion de l'importance que cet ordre militaire acquit par la suite, et qu'elles diminuèrent en raison de sa décadence, on citera de préférence celles qui avaient lieu vers le onzième siècle, époque des plus beaux jours de la chevalerie.

Dès qu'un gentilhomme avait atteint l'âge de sept ans, on le retirait des mains des femmes pour le mettre auprès de quelque haut baron, ou de quelque illustre chevalier, qui avait un état de maison et des officiers semblables à ceux de la cour d'un souverain. Là il prenait le titre de *page*, *damoiseau* ou *varlet*, et ne quittait plus le maître où la maîtresse qu'il servait, et dont il portait les messages. A quatorze ans seulement le jeune homme, sorti hors de page, était présenté à l'autel par son père et sa mère, qui allaient à l'offrande avec un cierge en main. Le prêtre célébrant prenait une épée sur laquelle il faisait plusieurs bénédictions, et l'attachait au côté du candidat qui, dès ce moment, commençait à la porter. Il était alors admis au rang des écuyers, que les différens services de la maison faisaient diviser en plusieurs classes. Celui de l'écurie devait habiller et déshabiller le maître, l'aider quand il montait à cheval, en lui tenant l'étrier; porter son armure, ses brassarts, ses gantelets, son heaume, son écu, son pennon, sa lance et son épée; enfin l'armer avec toutes les précautions nécessaires pour la sûreté de sa personne. Dans cet état, si le chevalier en venait aux mains, l'écuyer placé derrière demeurait simple spectateur du combat, toujours attentif aux moindres mouvemens de son maître, pour lui fournir, en cas d'accident, de nouvelles armes, le relever, lui donner un cheval frais, et recevoir les prisonniers qu'il lui confiait dans la chaleur de l'action. Cela durait jusqu'à ce que l'écuyer eût atteint sa vingt-unième année, âge nécessaire pour être reçu chevalier. Cette dernière promotion était précédée de jeûnes austères, de prières, d'instructions et de beaucoup d'autres cérémonies préliminaires que complétait la communion. Le novice, ainsi préparé et revêtu d'habits blancs, se présentait de nouveau à l'église; il y jurait de n'épargner ni sa vie ni ses biens à défendre la religion, à faire la guerre aux infidèles, à protéger les orphelins et les veuves; après quoi, et lorsque les seigneurs les plus qualifiés, quelquefois même les dames et les demoiselles du plus haut rang, l'avaient revêtu de tous les insignes de la chevalerie, le souverain, qui le plus communément présidait à la cérémonie, attachait lui-même au candidat l'épée et le ceinturon; puis lui donnant un coup de la paume de la main sur la joue, ou trois coups du plat de son épée sur l'épaule ou sur le cou, ce qu'on appelait *accolade*, il prononçait ces paroles ou d'autres semblables : *De par Dieu, Notre-Dame et monseigneur saint Denis, je te fais chevalier.* Aussitôt on lui apportait le heaume et l'écu; un écuyer lui amenait un cheval sur lequel il montait, souvent sans s'aider de l'étrier; puis brandissant sa lance et agitant son épée, il caracolait devant l'assemblée avec toute l'adresse dont il était capable, et terminait cette fête en allant se montrer dans le même équipage au milieu d'une place publique.

PRÉCIS HISTORIQUE ET CHRONOLOGIQUE

DES OPÉRATIONS MILITAIRES.

En 754, Pépin passe en Italie pour combattre Astolphe, roi des Lombards; il le force à se dessaisir de l'exarcat de Ravenne et du pays qui forma depuis la Romagne et le duché d'Urbin.

En 768, défaite de Vaifre, duc d'Aquitaine, et réunion de ce duché à la couronne.

En 772, bataille du Torrent, près d'Osnabruck, où Charlemagne défait les Saxons. Prise d'assaut du château d'Érisbourg.

En 773, Charlemagne se rend en Italie, où son armée attaque celle de Didier.

En 774, prise de Pavie, où Didier, renfermé avec sa famille, se défendit courageusement pendant les huit mois que dura le siége. Cette victoire mit fin au royaume des Lombards.

En 778, expédition de Charlemagne en Espagne. Ce prince rétablit les gouverneurs de Saragosse et d'Huesca, dépossédés par Abdérame, roi de Cordoue; il fait la conquête de la Navarre et d'une partie de l'Aragon jusqu'à l'Èbre; mais à son retour en France, l'arrière-garde de son armée est taillée en pièces par les Gascons, dans la vallée de Roncevaux.

En 783, nouvelle défaite des Saxons, dans une bataille qui dure deux jours et leur coûte trente mille hommes.

En 785, soumission des Saxons.

En 796, ce peuple, toujours indomptable, est transporté dans l'Helvétie et dans la Belgique.

En 808, première descente des Normands sur les côtes de France. Charlemagne les repousse et prend des mesures pour les empêcher d'y revenir.

En 818, Bernard, roi d'Italie, qui s'est armé contre Louis le Débonnaire, est abandonné par ses soldats, et forcé de se rendre sans condition.

En 830, révolte des fils de Louis le Débonnaire. Ce prince est déposé et renfermé dans un monastère.

En 831, rétablissement de Louis le Débonnaire.

En 833, nouvelle révolte de ses fils. Louis est déposé une seconde fois.

En 834, ce prince remonte sur le trône. Lothaire, l'un de ses fils, se sauve en Bourgogne et y rassemble des troupes; mais il est obligé de se soumettre, et son père lui pardonne.

En 841, bataille de Fontenay en Puisaye, gagnée par Charles le Chauve et Louis de Bavière sur Lothaire et Pépin.

En 843, nouvelle descente des Normands; ils s'avancent jusqu'aux portes de Paris.

En 845, Charles le Chauve les éloigne, en leur prodiguant l'or de ses trésors.

En 866, Robert le Fort, duc de France, est tué en défendant la ville du Mans contre ces barbares.

En 877, Charles le Chauve passe en Italie pour secourir le pape contre les Sarrasins. Revenu sur ses pas pour combattre le roi de Bavière, il meurt au pied des Alpes.

En 879, bataille de Cande, vers la jonction de la Vienne à la Loire, gagnée par Louis et Carloman sur les Normands, qui sont taillés en pièces.

En 881, bataille de Saucourt en Vimeux, gagnée sur les mêmes par Louis III.

En 885, prise de Rouen et de Pontoise par les Normands, qui viennent mettre le siége devant Paris, vaillamment défendu par Eudes, comte de cette ville.

En 886, Charles le Gros accourt d'Allemagne, et ne parvient à délivrer la capitale qu'en signant un traité honteux avec l'ennemi qui l'assiégeait depuis treize mois.

En 889, Eudes poursuit ces barbares, les atteint le 24 juin près la forêt de Montfaucon, et leur tue dix-neuf mille hommes.

En 890, ce prince est rencontré et mis en déroute à son tour par un corps de troupes de cette nation, qu'Arnoud, roi de Bavière, venait de battre près de Louvain.

En 893, Eudes devenu roi de France, est obligé, après quelques voies de fait, de partager ses États avec Charles le Simple.

En 903, les Normands ne cessent de ravager la France.

En 906, ils se rendent maîtres du Cotentin, du Maine, de la Bretagne, de la Picardie et de la Champagne.

En 912, Charles le Simple, dénué de moyens pour résister aux Normands, leur cède une partie de la Neustrie, qui prit d'eux le nom de Normandie. Rol ou Rollon leur chef, homme célèbre à plusieurs titres, en est le premier duc; il se fait chrétien et épouse Giselle fille du roi. On dit que c'est de son nom qu'est venu l'usage en Normandie de crier *harol* ou *haro* sur les voleurs ou autres malveillans.

En 922, plusieurs seigneurs conspirent et s'arment contre Charles le Simple. Robert, frère d'Eudes, qu'ils ont élu roi, est sacré dans l'église de Reims par Hervé, archevêque de cette ville, le 30 juin.

En 923, deuxième bataille de Soissons, où Robert est tué de la main même de Charles le Simple. Cependant les soldats, à la vue du cadavre de leur chef, reprennent courage, et conduits par

Hugues, fils de Robert, poussent si vivement le roi qu'ils le mettent en déroute. Ce prince se sauve au-delà de la Meuse, et vient se réfugier chez le comte de Vermandois, qui se saisit de sa personne et le retient dans Château-Thierry. La reine Ogine, voyant son mari prisonnier, prend Louis son fils unique, âgé d'environ huit ans, et l'emmène en Angleterre.

En 924, les Hongrois, qui ont déjà pillé l'Allemagne et ravagé l'Italie, viennent aussi en France; mais Raoul, avec de l'argent, les fait consentir à se retirer.

En 927, le comte de Vermandois fait sortir Charles le Simple de sa prison, et facilite son rétablissement dans ses États. Peu de temps après il le saisit de nouveau et le renferme dans le château de Péronne, Raoul ayant rattaché ce seigneur à ses intérêts en lui donnant le comté de Laon. Charles mourut dans sa prison le 7 octobre 929, âgé d'environ 50 ans, et après en avoir régné 30.

En 937, les Hongrois continuent leurs courses en Italie : quelques-uns d'entre eux ravagent plusieurs provinces de France.

En 941, bataille de Laon, où Louis d'Outre-Mer est défait par Hugues le Grand et Herbert, comte de Vermandois.

En 943, conquête de la Normandie par Louis d'Outre-Mer.

En 944, ce prince est défait et pris par Aigrold, roi de Danemark, réuni au comte de Paris, qui lui rendent la liberté après l'avoir obligé à restituer la Normandie, et à céder le comté de Laon à Hugues le Grand.

En 950, Louis, soutenu par l'empereur Othon, défait les troupes de Hugues, et reprend le comté de Laon.

En 980, Lothaire cède la Lorraine à l'empereur Othon, et le duché de Basse-Lorraine à son frère Charles.

TROISIÈME TABLEAU.

PÉRIODE DE 987 A 1108.

CAVALERIE ALBANAISE.

ÉPOQUES.	PRINCES QUI ONT SUCCESSIVEMENT OCCUPÉ LE TRONE.
22 juin 987.	Hugues Capet.
24 octobre 997.	Robert le Sage.
20 juillet 1031.	Henri Ier.
4 août 1060 à 1108.	Philippe Ier.

TRAIT HISTORIQUE.

Constance, mère de Henri Ier, cédant au sentiment de haine implacable qu'elle lui avait voué, voulut exclure ce prince du trône. Plusieurs seigneurs consentirent à servir ses desseins, et quelques villes même levèrent l'étendart de la révolte.

Henri, surpris et presque abandonné, sortit de Paris, lui douzième, et gagna le camp où Robert, surnommé *le Diable*, duc de Normandie, tenait alors sa cour. Ce prince le reçut avec les plus grands honneurs, lui donna une armée, et manda au comte Mauger, son oncle, qui commandait dans Corbeil, de faire une guerre à mort aux séditieux. Henri, à la tête d'un bon nombre de Normands, vint camper lui-même sous les murs de cette ville; il y fut joint par une foule de vassaux fidèles qui lui amenèrent des troupes, et se vit bientôt une armée considérable avec laquelle il reprit Poissy, battit le comte de Champagne, et faillit le faire prisonnier. La vigueur déployée par le jeune roi déconcerta la reine-mère et la convainquit, aux yeux de ses partisans, d'erreur ou de fausseté; Constance leur avait signalé son fils comme un prince faible et incapable de régner par lui-même.

En vain le comte d'Anjou montra à cette mère dénaturée toute l'injustice de sa conduite, elle se refusa à tout accommodement; et si elle céda, ce ne fut qu'après la défection totale de son parti. Fidèle à sa haine, elle mourut de chagrin d'avoir échoué dans ses projets.

De tous les seigneurs qui s'étaient déclarés contre le roi, le comte de Champagne fut le seul qui osa persister dans sa rébellion. Henri, indigné, résolut de le poursuivre à outrance; il le fit de manière à forcer cet audacieux vassal à venir lui demander pardon à genoux, et à lui jurer, devant toute la cour, un attachement inviolable.

TROISIÈME TABLEAU.

ÉTAT-MAJOR GÉNÉRAL.

GRAND-SÉNÉCHAL, créé en 978.

Cet officier prit le commandement des armées en 1060. Les premiers qui possédèrent cette charge furent appelés *princes de la milice française*.

CONNÉTABLE, créé vers 752.

Cette dignité, qui succéda à celle de grand-sénéchal, ne fut encore pendant toute cette période qu'un office de la maison du prince, office qui avait beaucoup de ressemblance avec celui de grand-écuyer.

DUCS ET COMTES, créés en 420.

Quoique ces titres aient cessé d'être militaires en 987, époque à laquelle Hugues Capet confirma les usurpations des différens gouverneurs, les ducs et les comtes continuèrent long-temps encore de commander les divisions de l'armée. Ce ne fut que lors de la création du titre de *maréchal de camp* et de celui de *lieutenant-général*, que les anciennes dénominations devinrent étrangères à toutes fonctions militaires. Cette observation s'applique également à la charge de vicomte, instituée en 884. Celle-ci dut sa création à l'inféodation des domaines de la couronne. Les comtes ayant cessé alors d'être amovibles, se dispensèrent du soin d'exercer leurs fonctions de magistrats, et en chargèrent d'autres seigneurs qui prirent le nom de *vicomte*. Toutefois leur emploi ne se bornait pas toujours à administrer la justice; et lorsque l'âge, les infirmités, ou quelque autre cause, empêchaient les comtes de se rendre aux armées, les vicomtes marchaient à leur place.

GOUVERNEURS, LIEUTENANS DE ROI, MAJORS DE PLACE, créés en 987.

C'est à l'avénement de Hugues Capet que la France fut partagée en douze grands gouvernemens généraux qui furent ensuite divisés en plusieurs autres. La création des gouverneurs dut nécessairement donner lieu à celle des lieutenans de roi et des majors de place. Ce n'est, au surplus, qu'une présomption, car on n'a rien pu apprendre de positif à cet égard. Ainsi l'on ignore si les marquis et les barons continuèrent d'exercer leurs fonctions sous ces mêmes titres, ou si l'on y substitua dès ce moment ceux de lieutenans de roi et de majors de place.

MARQUIS ET BARONS, créés vers 840.

On n'a rien à ajouter à ce qui a été dit dans l'article qui précède.

TROUPES DE LA GARDE.

La compagnie des *sergens d'armes*, créée en 768, et dont il a été fait mention dans le tableau précédent, est encore la seule troupe qu'on ait à comprendre dans celui-ci. Le P. Daniel s'est trompé en attribuant cette institution à Philippe-Auguste. Ce prince a pu réorganiser le corps des sergens d'armes, *servientes armorum*; mais il n'en est certainement pas le fondateur.

INFANTERIE.

Les *fiefs* ou bénéfices usurpés cessèrent, pendant cette période, d'être chargés de fournir des corps d'infanterie, et l'armée ne fut plus composée que de gens d'armes ou cavaliers armés de pied en cap.

CAVALERIE.

L'on a fait connaître par quelles circonstances la puissance des ducs, des comtes et généralement celle de tous les vassaux et bénéficiers, s'était accrue progressivement. Devenus tout-à-fait souverains dans leurs domaines, ils n'y commandent plus qu'en leur propre nom, et disposent de tout comme bon leur semble. Les chevaliers eux-mêmes ont le droit d'arborer leurs bannières, et les vassaux qu'ils se donnent par la concession d'une partie de leurs terres, les placent à leur tour dans une position, sinon égale, au moins analogue à celle des ducs et des comtes.

La charge du service personnel est la seule qui pèse toujours sur les feudataires ; elle est même devenue plus lourde par l'obligation de combattre à cheval et armé de toutes pièces ; mais cette mesure, loin de leur déplaire, ne fait au contraire que flatter leur vanité ; c'est une distinction de plus, qui les sépare encore davantage des *vilains*, nom donné aux affranchis ou habitans des *villes*, et formant opposition avec celui de gentilhomme, *gentis homo*, que portaient les enfans nobles, et en général tous les seigneurs qui n'étaient point chevaliers, barons, vicomtes, comtes, marquis ou ducs.

Malheureusement, de ce nouvel état de choses, de ces droits, de ces prérogatives qui s'introduisaient et se multipliaient si rapidement parmi les seigneurs ou possesseurs de fiefs, naquirent l'ambition et la jalousie ; les querelles s'ensuivirent ; les nobles s'armèrent les uns contre les autres, et quand le roi avait à convoquer le *ban et arrière-ban*, l'armée ne présentait plus une force suffisante, parce que la plupart des seigneurs, engagés dans des guerres particulières, se tenaient respectivement dans leurs domaines, où souvent ils manquaient eux-mêmes de satellites, ce qui les obligea d'avoir recours à des cavaliers étrangers qu'ils prenaient à leur solde, et qui sont désignés dans l'histoire sous le nom de *carabins albanais*.

ARTILLERIE ET GÉNIE.

Ces deux armes paraissent avoir été négligées pendant cette période; c'est pourquoi on les a comprises dans un seul et même article. En effet, les armées n'étant composées que de cavaliers, les troupes ne pouvaient guère se renfermer dans une place, où il aurait suffi de les cerner pour les réduire en peu de temps. D'ailleurs l'emploi des machines de guerre eût exigé des travailleurs et des voitures de transport dont la marche aurait été trop lente, et qui seraient infailliblement tombés au pouvoir de l'ennemi, toutes les fois que celui-ci eût obtenu la victoire.

TROUPES DIVERSES.

L'on a parlé dans le tableau précédent d'une troupe affectée à la garde des *marches* et frontières, et dont les chefs étaient appelés *marquis*. Ce service était fait par les bénéficiers; mais en 1060, et par suite de l'usurpation des bénéfices qui fit cesser toute obligation attachée aux titres de ducs, marquis, comtes, etc., la garde et la surveillance des routes et frontières furent confiées à un nouveau corps dit *maréchaussée*, dont les baillis et les sénéchaux étaient les principaux officiers. Le devoir de ces derniers fut de purger le pays des brigands qui pouvaient s'y rencontrer, et de faire agir tous les autres officiers qui devaient, par leur place, concourir à ce noble dessein. Ils eurent sous leurs ordres des hommes qui battaient continuellement les *marches* et les campagnes, et qu'on appela *sergens de l'épée*. Leurs fonctions, suivant un ancien réglement sur ce service, étaient *de justicier vertueusement tous les malfaiteurs, gens diffamés d'aucuns crimes, et avec le glaive de l'épée ou autres armes si vigoureusement justicier, que les bonnes gens paisibles fussent, par ces sergens de l'épée, gardés paisiblement, et que les malfaiteurs fussent épouvantés et punis selon droit.*

La direction générale de cette troupe fut donnée au prévôt de Paris, officier créé à cet effet, ayant sous son commandement deux cent vingt sergens et une compagnie de cent maîtres qui n'étaient occupés qu'à battre la campagne.

ORGANISATION DES CORPS MILITAIRES.

L'organisation des bandes ou compagnies paraît être restée sur le pied où elle était précédemment. Il est donc inutile de répéter ici les renseignemens donnés dans le deuxième tableau ; on rappellera seulement les différens emplois qui existaient depuis 770, savoir :

    Bannerets,
    Bacheliers,
    Ecuyers,
    Pages.

ÉQUIPEMENT ET ARMEMENT.

L'équipement et l'armement n'ayant éprouvé aucun changement pendant cette période, qui n'embrasse qu'un petit espace de temps, on est forcé de renvoyer pour cet article, comme pour le précédent, au deuxième tableau.

RECRUTEMENT.

Hugues Capet, en abandonnant aux vassaux de la couronne les terres qu'ils avaient usurpées, et qui furent alors désignées sous le nom de *fiefs*, fixa le contingent que chacun d'eux aurait à fournir. Une circonstance malheureuse a privé la France de documens où l'on aurait puisé, à ce sujet, de précieux renseignemens. Pendant la guerre que la France eut à soutenir, en 1194, contre Richard, roi d'Angleterre, Philippe-Auguste, passant sur les terres de Louis, comte de Blois, fut attaqué, dans une retraite, par les Anglais, qui défirent une partie de son arrière-garde, et lui enlevèrent son *chartrier*, espèce de réglement que nos rois faisaient toujours porter à leur suite, pour juger les différends qui survenaient entre eux et leurs vassaux, ou entre les vassaux eux-mêmes, à raison de prétentions pour lesquelles ils s'appuyaient de leurs titres. C'était de ces actes qu'était principalement composé le Chartrier. Quelques instances que fit le roi pour en obtenir la restitution, Richard ne voulut jamais le rendre. C'est ainsi que se perdit l'important traité passé entre Hugues Capet et les grands vassaux de la couronne, lorsque ce prince monta sur le trône.

Tout ce que l'on peut inférer d'anciens titres dont la date se rapproche beaucoup de l'époque de cet événement, c'est que chaque seigneur fieffé avait à fournir un certain nombre d'hommes ; que les uns devaient composer leur troupe de chevaliers, et les autres d'écuyers ; que parmi ceux qui ne payaient que de leur personne, les uns devaient également le service de chevalier; et d'autres celui de simple écuyer; que, nonobstant la détermination de ce que devait fournir chaque fief, nos rois s'étaient réservé le droit de faire marcher à l'armée tous leurs sujets, dans les grandes nécessités de l'Etat. Cette dernière disposition était la seule qui permît d'avoir une infanterie nationale, puisque les seigneurs fieffés n'étaient plus astreints qu'au seul service d'homme d'arme ou de cavalier.

ADMINISTRATION ET INSTITUTIONS.

Indépendamment des cavaliers que devaient amener ou envoyer à l'armée les principaux seigneurs, plusieurs de ces derniers étaient encore obligés de fournir des chariots et des chevaux de bagages, pour le service des troupes. C'était particulièrement aux abbés que cette charge était imposée.

On voit aussi, par une ordonnance de 1213, que les barons, les chevaliers, les écuyers, etc., recevaient, au moins pour la plupart, une solde de Philippe le Hardi. Il est vraisemblable, dit le P. Daniel, que les feudataires de la couronne exigèrent cette solde de Hugues Capet, lorsqu'ils l'élevèrent au trône.

Il s'établit aussi à la même époque, ajoute cet auteur, un autre usage, selon lequel le roi devait dédommager ceux dont les chevaux étaient tués à la guerre.

En fait d'institutions, nous n'avons à parler ici que des *tournois*. Sous Charles le Chauve, à l'occasion de l'entrevue de ce prince avec Louis, son frère, roi d'Allemagne, il se fit des combats à cheval entre les gentilshommes de la suite des deux souverains, où l'on donna des preuves d'adresse dans le maniement des armes.

Ce fut dans un exercice semblable que Raoul, comte de Guines, reçut le coup de lance dont il mourut.

Cependant l'opinion la plus accréditée est que l'institution des tournois ne date que de l'an 934; d'autres l'attribuent à Geoffroy de Preuilli, mort en 1066. Si l'on entend parler des joûtes et combats purement et simplement, il est évident qu'aucune de ces dates n'est exacte; ces divertissemens ont dû être de tous les temps. Il est probable que l'époque de 934 n'a été adoptée que parce qu'elle est celle de l'invention des *armoiries*, dont nous n'avons pas à nous occuper. Mais si l'on ne veut appeler *tournois* que les combats accompagnés de cérémonies qui les distinguaient des joûtes ordinaires, selon toute apparence, il faut en faire honneur à Geoffroy de Preuilli.

L'annonce de ces combats se faisait au bruit des fanfares; les chevaliers arrivaient quatorze jours avant leur ouverture, dans le plus brillant et le plus magnifique équipage. Ils devaient aussitôt étaler leurs écus armoriés, le long de quelques monastères, afin que les dames qui auraient eu à se plaindre d'un chevalier, pour offenses plus ou moins graves, pussent le signaler aux juges, qui le faisaient châtier sur-le-champ, et lui interdisaient l'entrée des jeux; mesure sévère qui aida beaucoup à policer les mœurs, car plus un gentilhomme avait envie de briller en de si nobles assemblées, plus il appréhendait de se rendre indigne d'y être admis.

Chaque combat devait avoir lieu entre huit cavaliers, quatre contre quatre. Le motif de la lutte était ordinairement quelques avantages donnés à une dame sur une autre.

Quand tous les quadrilles étaient en ordre de bataille, les juges s'assuraient que personne ne s'était fait lier sur son cheval; ensuite on sonnait la charge, et aussitôt les *assaillans* s'élançaient sur les *tenans*, qui disputaient la victoire avec acharnement. Puis, insensiblement, les vaincus s'échappaient de la lice, de manière que l'opposition cessant entre les combattans, et le tournoi se trouvant fini, on ne s'occupait plus que du soin de distribuer, avec équité, le prix destiné aux vainqueurs. Les officiers d'armes allaient recueillir les voix des princes et anciens chevaliers, et surtout des dames et des demoiselles qui garnissaient les loges et les gradins qu'on avait dressés autour de la carrière, et qui étaient décorés avec toute la magnificence possible, de riches tapis, de pavillons, de bannières, de banderolles et d'écussons. S'il arrivait que le prix ne fût pas remis au héros que les dames et demoiselles de la cour en estimaient le plus digne, elles lui en décernaient un autre qui n'était guère moins glorieux que le premier, et pouvait même paraître plus flatteur pour celui qui l'avait mérité, car c'était toujours elles qui devaient le présenter au chevalier, qu'elles admettaient en outre à l'honneur de leur donner un baiser.

PRÉCIS HISTORIQUE ET CHRONOLOGIQUE

DES OPÉRATIONS MILITAIRES.

En 991, Hugues Capet, qui règne depuis quatre ans au préjudice de Charles de France, est obligé d'armer contre lui; ce dernier, après quelques succès, est trahi par l'évêque de Laon, et livré au vainqueur. On le mène à Senlis et de là à Orléans, où il est renfermé dans une tour jusqu'à sa mort, qui eut lieu en 994.

En 1005, les Lorrains, ne voulant pas être soumis aux Français, élisent Godefroy pour leur prince. Baudouin, comte de Flandre, s'y oppose d'abord; mais il est obligé d'y consentir.

En 1031, Henri Ier, aidé de Robert le Diable, duc de Normandie, triomphe des intrigues de Constance, sa mère, qui voulait l'éloigner du trône pour y placer Robert de France, son second fils. Le roi accorde la paix à la reine-mère, et cède la Bourgogne à son frère.

En 1053, bataille du Val des Dunes, célèbre par le danger qu'y courut Henri Ier, et par la défaite du comte de Vernon.

En 1066, conquête de l'Angleterre par Guillaume, duc de Normandie.

En 1071, le 20 février, bataille de Mont-Cassel, où Philippe Ier est battu par Robert de Frise.

En 1075, siége de Dole, par Guillaume le Conquérant. Philippe Ier, qui s'est porté contre lui, l'oblige à se retirer, le charge dans sa retraite, et lui tue beaucoup de monde.

En 1087, nouvelle attaque de Guillaume, qui entre à main armée dans le Vexin français, et brûle Mantes. Ce prince meurt à Rouen le 9 septembre de la même année.

En 1095, première croisade, ou guerre des Chrétiens d'Europe contre les Turcs, à l'effet de conquérir sur eux la Terre-Sainte. Godefroy de Bouillon en est l'un des principaux chefs.

En 1096, Gaultier ou Gauthier, gentilhomme français, à qui on donne le nom de *Sans-Avoir* ou sans argent, à cause de sa pauvreté, est fait général des croisés. Il part le 8 mars, passe par la Hongrie, et arrive à Constantinople, où il est rejoint par plus de trente mille hommes que Pierre l'Hermite, apôtre de la croisade, conduit avec lui. Godefroi de Bouillon se met en marche au mois d'août avec une armée de soixante-dix mille hommes d'infanterie et de dix mille chevaux. Toutes les troupes françaises, après avoir éprouvé bien des difficultés pendant le chemin, arrivent à Constantinople. Une première action a lieu entre Soliman et Gauthier, qui y est tué.

En 1097, Godefroi investit la ville de Nicée, et s'en rend maître le 28 juin. Le 1ᵉʳ juillet, bataille de Nicée, dans laquelle les Chrétiens tuent plus de quarante mille Infidèles. Le 18 octobre les Croisés commencent le siége d'Antioche.

En 1098, tentative des Sarrasins pour dégager Antioche; Godefroi les repousse et s'empare de cette ville le 3 juin. Il y est lui-même assiégé par une armée formidable du sultan Seljoucide de Perse, que les Chrétiens attaquent avec tant de vigueur, qu'ils lui tuent plus de cent mille hommes.

En 1099, Saint-Jean-d'Acre cède aux efforts des croisés. Jérusalem, attaquée le 9 juin, tombe en leur pouvoir le 5 juillet.

Peu de jours après, Godefroi de Bouillon gagne sur le soudan d'Egypte la bataille d'Ascalon, qui décide du sort de la Syrie. Les croisés, réduits au nombre de quinze mille, avaient eu à combattre deux cent mille hommes dont la moitié resta sur le champ de bataille.

En 1103, Guillaume, duc d'Aquitaine, entreprend le voyage de la Terre-Sainte avec une nombreuse armée, et arrive sans obstacle à Constantinople; mais l'empereur Alexis lui dresse des embûches, et fait massacrer son armée par les Turcs, à l'exception de cinq mille hommes qui pénètrent en Palestine.

En 1104, Baudouin, roi de Jérusalem, est défait.

dans un combat qu'il livre aux Sarrasins. Quelque temps après il rallie son armée, attaque de nouveau les Infidèles et s'empare de Ptolémaïde.

En 1106, bataille de *Tinchebrai*, en Normandie, où le duc Robert est tué par Henri son frère, roi d'Angleterre.

QUATRIÈME TABLEAU.

PÉRIODE DE 1108 A 1328.

TROUPES DES COMMUNES, AVENTURIERS.

QUATRIÈME TABLEAU.

ÉPOQUES.	PRINCES QUI ONT SUCCESSIVEMENT OCCUPÉ LE TRÔNE.		
	DESCENDANS DE PHILIPPE Ier.		
29 juillet 1108.	Louis VI, dit le Gros.		
1er août 1137.	Louis VII, dit le Jeune.		
18 sept. 1180.	Philippe-Auguste (IIe).		
14 juillet 1223.	Louis VIII.		
8 novem. 1226.	Saint Louis (IXe).		
25 août 1270.	Philippe le Hardi (IIIe).		
5 octobre 1285.	Philippe le Bel (IVe).		
29 novem. 1314.	Louis X, ou le Hutin.		
5 juin 1316.		Philippe V, ou le Long.	
3 janvier 1321 à 1328.			Charles le Bel (IVe).

TRAIT HISTORIQUE.

Louis IX, à la bataille de Taillebourg, qu'il livra aux Anglais le 21 juillet 1242, fit preuve d'un grand courage, d'une rare intrépidité.

La rivière qui séparait les deux armées était peu large, mais très-profonde. Il y avait un petit pont de pierres sur lequel quatre hommes seulement pouvaient passer de front ; l'extrémité de ce pont était défendue par quelques tours, dont Henri III s'était rendu maître. Louis IX tenta de forcer ce passage. Il ordonna toutes les dispositions nécessaires, et l'ardeur du soldat secondant celle du général, quelques barques s'avancèrent jusqu'à l'autre rive à travers une nuée de flèches ennemies ; mais on perdit bientôt le fruit de tant de courage et d'efforts. On commençait à plier, quand saint Louis, pour ranimer ses troupes, met pied à terre, et se jette bravement l'épée à la main dans le plus fort de la mêlée. Il renverse tout ce qui veut lui résister, et pendant quelques instans soutient presque seul l'effort de l'ennemi, qui le presse de toutes parts. Cependant il arrive à l'extrémité du pont où l'attendaient les plus grands dangers. A mesure que le nombre des Anglais se multiplie, ce prince redouble d'intrépidité; d'un côté il repousse les assaillans, et de l'autre il range en bataille les hommes qui lui arrivent. Peu à peu ses troupes se réunissent, le combat devient égal, tout change de face. Les Anglais, forcés pied à pied, sont enfin contraints de reculer et mis en pleine déroute.

QUATRIÈME TABLEAU.

ÉTAT MAJOR-GÉNÉRAL.

GRAND-SÉNÉCHAL, créé en 978.

Thibaud, dit le Bon, comte de Blois, fut le dernier qui posséda la charge de grand-sénéchal. Il mourut en l'année 1191.

CONNÉTABLE, créé vers 752.

Ce grand officier ne prit le commandement des armées qu'en 1192. Il était après le Roi le premier homme de l'Etat. Sa charge, exercée d'abord par commission, fut érigée en titre d'office en 1262; l'investiture lui en était faite par l'épée royale que le Roi lui mettait en main pour marquer qu'il la confiait à sa garde; le connétable la recevait toute nue, et faisait hommage-lige de sa dignité au souverain.

MARÉCHAUX DE FRANCE, créés en 1185.

Henri Clément, seigneur de Metz, est le premier qui ait été honoré de cette dignité. Elle n'était point héréditaire, et ne fut pas toujours à vie; la charge de maréchal ne fut même exercée que par commission pendant toute cette période.

Sous Philippe-Auguste il n'y eut qu'un seul maréchal de France. Cet officier, qui avait l'intendance de l'écurie sous l'autorité du connétable, devint cependant militaire avant ce dernier, avantage qu'il dut à la circonstance de sa présence à l'armée que le prince conduisait au-delà de la mer pour le secours de la Terre-Sainte. Le maréchal commandait l'avant-garde ou les troupes qu'il fallait détacher du corps principal. Ce fut sous saint Louis qu'on commença à nommer plusieurs maréchaux.

GRAND-MAITRE DES ARBALÉTRIERS,
créé en 1197.

Cet officier commandait toutes les troupes qui n'appartenaient point au ban et arrière-ban Il eut en outre la direction de l'artillerie jusqu'en 1291. Une de ses prérogatives les plus remarquables était la propriété acquise de toute l'artillerie trouvée dans une ville ou forteresse de l'ennemi.

DUCS ET COMTES, créés en 420.

PORTE-ORIFLAMME, créé en 1110.

L'oriflamme était une ancienne bannière que les comtes du Vexin, avoués de l'abbaye de Saint-Denis, portaient dans les guerres particulières qui s'élevaient entre l'abbé et ses voisins. Le Vexin étant rentré dans les domaines de Louis le Gros, ce prince fit de cet étendard la première bannière de l'armée.

GOUVERNEURS, LIEUTENANS DE ROI, MAJORS DE PLACES, créés en 987.

Les gouverneurs furent nommés capitaines généraux en 1302. Ducange cite une provision accordée par Philippe le Bel au comte de Saint-Paul, bouteillier de France. C'était une commission, et non une charge.

MAITRES DE L'ARTILLERIE, créés en 1291.

Ce titre fut donné aux officiers qui étaient chargés de diriger, dans les provinces, les établissemens de cette arme. Ils étaient alors sous les ordres du grand-maître des arbalétriers.

TROUPES DE LA GARDE.

SERGENS D'ARMES, créés en 768.

La compagnie des sergens d'armes, déjà augmentée en 1060 et 1108, fut totalement réorganisée en 1192. C'est ce qui a donné lieu à plusieurs historiens de regarder cette dernière époque comme celle de sa création.

ARCHERS DU CORPS, créés en 1248.

Ces militaires, peu nombreux dans ces premiers temps, furent institués pour la garde personnelle du souverain, qu'ils ne quittaient pas un instant.

PORTIERS, créés en 1261.

Ce titre, qui indique assez les fonctions de cette troupe, fut remplacé en 1285 par celui de *gardes de la porte*. Mais il faut entendre ici la porte de l'appartement du roi.

GARDES DES JUGES ROYAUX, créés en 1271.

Les capitaines ou chefs immédiats de cette troupe étaient les juges royaux ordinaires du royaume. Ils suivaient le roi et la cour dans tous les lieux de leur résidence.

INFANTERIE.

BAN ET ARRIÈRE-BAN, institué en 420.

Cette troupe ne figure ici que pour mémoire, la noblesse n'ayant fourni aucun piéton pendant cette période.

TROUPES DES COMMUNES, instituées en 1126.

Sous le règne de Philippe Ier les seigneurs feudataires de la couronne, devenus autant de tyrans dans leurs terres, vexaient les vassaux et usurpaient les biens des évêques et des abbés. Cet état de choses parut intolérable à Louis le Gros, qui s'occupa de le faire cesser; ce prince s'arma contre les seigneurs, ravagea leurs domaines, prit leurs châteaux, et parvint à les dompter. Mais jugeant bien qu'après les avoir ainsi réprimés, ils ne seraient pas disposés à secourir l'Etat s'il survenait quelques guerres étrangères, il imagina l'institution d'une nouvelle milice qui le rendît moins dépendant des seigneurs. Il proposa aux communes, vers l'an 1126, de les affranchir, c'est-à-dire de les laisser libres de s'administrer elles-mêmes, à la charge de lui fournir les troupes dont il aurait besoin. L'absence des principaux vassaux, qui se trouvaient alors en Terre-Sainte, était une conjoncture favorable au succès de cette entreprise. On concerta avec les évêques et les bourgeois les moyens d'exécution, et il fut convenu que les villes lèveraient elles-mêmes des troupes de bourgeois qui marcheraient à l'armée, quand les circonstances le rendraient nécessaire.

Telle fut l'origine des *troupes des communes*, dont une partie fut désignée pour le service à cheval. Chaque soldat reçut en même temps le nom d'*archer*, qu'il suffit d'énoncer pour indiquer l'arme dont ils faisaient usage.

Cette milice, qui se signala dans plusieurs occasions, mais qui souvent aussi se dégrada par son indiscipline, fut détruite en 1302 à la fameuse bataille de Courtrai. On ordonna en conséquence une nouvelle levée de soldats nationaux qui portèrent pendant quelque temps le nom de *sergens de pied*.

AVENTURIERS, admis en 1176.

L'institution des troupes des communes était une atteinte aux prérogatives de la noblesse, qui, jusque là, était entrée seule dans la composition de l'armée. Cependant rien n'indique qu'elle ait excité des plaintes; on en trouve au contraire un nouvel exemple dans les *Aventuriers* que Louis VII prit à sa solde en 1176, dans l'intention d'en priver Henri II, roi d'Angleterre, qui en comptait alors vingt mille dans son armée. Mais cette nouvelle tentative ne fut pas heureuse. L'indiscipline et le désordre toujours croissans de ces troupes les firent chasser vers l'an 1183. Néanmoins ils se maintinrent encore long-temps en France, où ils vivaient de rapines et de brigandages; quoique attaqués et battus plusieurs fois, ils ne disparurent entièrement qu'en 1250. Cependant l'armée manquait d'infanterie; le mauvais exemple des aventuriers avait été suivi par un assez grand nombre d'archers des communes, et l'insuffisance de cette troupe, que plusieurs échecs avaient d'ailleurs démoralisée ou affaiblie, rendait nécessaire une nouvelle levée d'étrangers. Cette fois on eut recours aux Allemands; la levée eut lieu en 1285.

RIBAUDS, institués vers 1183.

Ceux qu'on appelait *Ribaldi* ou Ribauds étaient des soldats armés à la légère, tous gens déterminés qui affrontaient ordinairement les plus grands dangers; ils avaient beaucoup de rapport avec les grenadiers; mais, dans la suite, ils se décrièrent tellement par leur vie corrompue, qu'on appela de leur nom les hommes qui se plongeaient dans la débauche. Parmi les officiers qui suivaient la cour, il y en avait un qu'on appelait *roi des Ribauds*. On ne pense pas que sa charge, qui était d'exercer la police sur les femmes publiques et les mauvais lieux, s'étendît au commandement des Ribauds, qui n'ont subsisté que quelques années, et dont la suppression ne paraît pas avoir éprouvé de difficultés.

CAVALERIE.

BAN ET ARRIÈRE-BAN, institué en 420.

Jusqu'ici on a confondu sous ce titre les nobles armés de pied en cap, et les cavaliers armés à la légère, quoique ceux-ci fussent pour la plupart des étrangers qu'on appelait *carabins*, et que la noblesse levait à ses frais. Maintenant, l'institution d'une nouvelle milice à cheval, tout-à-fait indépendante du ban et arrière-ban, exige un article particulier où ces carabins, et généralement toutes les troupes de cavalerie légère, doivent prendre rang.

CAVALERIE LÉGÈRE, instituée en 1126.

Ce ne fut qu'à l'époque de la création de cette arme que la cavalerie présenta deux corps distincts : la grosse cavalerie et la cavalerie légère. Cette dernière, composée des *archers à cheval des communes* et des *carabins* réunis en compagnies, reçut son complément par l'adjonction d'un corps d'*arbalétriers génois*, levé par Philippe-Auguste en 1197, et qu'il devenait indispensable d'opposer aux aventuriers que soudoyait Henri II, roi d'Angleterre. Nos chevau-légers ne pouvaient combattre avantageusement ces aventuriers, parce que ceux-ci se servaient de l'*arbalète*, arme très-meurtrière et déclarée odieuse à Dieu par le second concile de Latran en 1139.

La cavalerie légère fut encore renforcée en 1245 de quelques cavaliers allemands connus alors sous le nom de *reitres*.

ARTILLERIE.

Quelques écrivains ont placé en l'an 1300 la découverte de la poudre à canon; mais le plus grand nombre prétend que ce fut en 1330. Toutefois ces diverses assertions sont tellement dénuées de preuves, que l'époque de cette découverte est encore un problême.

GÉNIE.

Le génie et l'artillerie continuent à ne former qu'une seule arme; mais l'invention de la poudre à canon, et par suite la fabrication des armes à feu, vont bientôt établir une distinction entre ces deux corps.

TROUPES DIVERSES.

Il ne paraît pas que la *maréchaussée*, qui fait encore le seul objet de cet article, ait éprouvé d'importans changemens pendant cette période. On fera seulement remarquer que l'indiscipline des troupes des communes, qui ne connaissaient d'autre juridiction que celle du connétable et des grands officiers de l'armée, donna lieu à la création d'un *prévôt des maréchaux* à la suite des corps.

ORGANISATION DES CORPS MILITAIRES.

Les troupes des communes marchaient par paroisse, les curés à leur tête, avec la bannière de l'église. Ces ecclésiastiques n'allaient point à l'armée pour combattre l'ennemi, mais pour prêcher et confesser leurs paroissiens. Quant aux chefs militaires qui commandaient les archers, les anciennes chartres n'en font aucune mention; toutefois on croit avec le P. Daniel, que ces corps, quand ils étaient réunis dans une même armée, passaient sous l'autorité de quelques seigneurs de distinction, d'autant plus que beaucoup de gentilshommes s'étaient incorporés dans les *communes* pour être admis au gouvernement des villes ou autres principales charges.

On ne peut rien dire non plus de l'organisation des bandes de cavalerie légère; on sait seulement qu'elles étaient fortes de trois à quatre cents hommes.

Les mêmes emplois existaient toujours depuis 770 dans les compagnies du ban et arrière-ban, savoir :

        Bannerets,
        Bacheliers,
        Ecuyers,
        Pages.

ÉQUIPEMENT ET ARMEMENT.

Au retour des premières croisades, les chevaliers adoptèrent la *tunique saladine* et la *salade*, ou casque léger sans crète, appelées ainsi du nom du fameux sultan *Saladin*. La tunique était une robe qui s'ajoutait à l'ancien costume des chevaliers ; celui-ci se composait toujours du *camboron* ou sayon de cuir, rembourré de laine et de crin ; les princes portaient en outre la *cotte d'armes* ou dalmatique sans manches, en drap d'or ou d'argent, et chargée des écussons et des armoiries de chevalier. La coiffure se composait du heaume ou casque à visière grillée et mobile, que les chevaliers remplaçaient par l'*armet* ou calotte de fer que portait la cavalerie légère. Les hauts chevaliers étaient également distingués des autres par le *haubert* ou chemise de mailles en fer doubles.

La masse d'armes était alors l'arme en usage. Les sergens d'armes de la garde la portaient en argent ; ils avaient en outre des arcs et des flèches.

Dans une mêlée où Louis le Gros se trouva engagé en 1119, un soldat saisit la bride de son cheval, en criant : « *Le roi est pris!* » —On ne prend jamais le roi, répondit Louis avec le plus grand sang-froid, pas même au jeu d'échecs ; et d'un coup de sa *masse d'armes* il l'abattit mort à ses pieds.

Louis le Jeune paraît avoir été le premier qui se couvrit de pur fer. On rapporte qu'en 1147 son avant-garde ayant été surprise, et les Sarrasins le poursuivant à cause de ses éperons d'or, il s'adossa contre un gros arbre, et là, le sabre à la main, il força les assaillans, la plupart blessés ou mutilés, de se retirer sans l'avoir reconnu, pour aller piller ailleurs.

Philippe-Auguste se trouva également dans une position à peu près semblable. A la bataille de Bouvines en 1214, ce prince, renversé de son cheval, fut long-temps entouré d'ennemis, et reçut des coups de toute espèce d'armes sans répandre une goutte de sang. On assure même qu'étant couché à terre, un soldat allemand voulut lui enfoncer dans la gorge un javelot à double crochet, mais que tous ses efforts furent inutiles.

Ce ne fut guère que sous le règne de Philippe le Bel, vers 1302, que les ducs et les comtes commencèrent à adopter l'armure complète de fer. C'est aussi à la même époque que les sergens de pied des communes prirent la lance en remplacement de l'arc.

RECRUTEMENT.

BAN ET ARRIÈRE-BAN.

Suivant un ancien titre de Philippe le Bel, tout feudataire, évêque, abbé, abbesse, prêtre, clerc, gentilhomme et roturier devait marcher à la première réquisition du seigneur, avec l'équipage convenable à sa position, fourni de provisions nécessaires pour sa nourriture, et muni de voitures pour les transporter. On n'exceptait de cette loi que les maires, consuls, jurats, échevins et gouverneurs des villes, les jeunes gens au-dessous de seize ans et les vieillards au-dessus de soixante, les notaires, les médecins, les jurisconsultes, les boulangers, les meûniers, les pauvres, les malades, et les nouveaux mariés pendant la première année de leur mariage. Les femmes, en certains endroits, étaient elles-mêmes obligées d'accompagner leurs maris, lorsqu'ils faisaient la garde ou le guet.

Quoique tout le monde ne partît pas, personne cependant n'était affranchi des charges de la guerre. Beaucoup de gens, que leur état dispensait de marcher, étaient employés à des travaux d'embellissement ou d'utilité. Il y en avait aussi qui faisaient sentinelle dans les villes et sur les frontières. D'autres enfin, suivant leurs facultés, devaient fournir un homme ou payer un impôt.

L'obligation de l'*ost*, ou service de campagne, n'était pas la même dans tous les lieux. Ici le vassal n'était point tenu de sortir des limites de sa seigneurie; là il avait droit de refuser de marcher si l'expédition était telle qu'il ne pût revenir chez lui le même jour. Dans quelques endroits la durée du service était de deux jours; dans quelques autres, de trois, de neuf, de quatorze, et quelquefois même elle allait jusqu'à six semaines. On la fixa ensuite dans toute la France à soixante jours pour les nobles et à quarante pour les roturiers; ce temps expiré, ils s'en retournaient s'ils voulaient. Le roi ne pouvait les forcer de demeurer que pour la défense du royaume; et dans ce cas il les soudoyait à ses frais. Autrement, s'il entreprenait de les mener à quelque conquête hors de ses États, la loi *laissait à leur choix de le suivre, si tel était leur bon plaisir.*

MILICES.

Le nombre des soldats ou archers que les communes devaient fournir était indiqué dans les chartres de leurs franchises, et ne passait guère quatre à cinq cents pour chaque ville.

Ces troupes ayant été détruites à la bataille de

Courtrai, en 1302, Philippe le Bel ordonna une nouvelle levée, non plus d'*archers*, mais de *sergens de pied*, à raison d'un par vingt feux. Ces levées se répétèrent annuellement jusqu'en 1356, mais sur des bases différentes, c'est-à-dire en prenant un *sergent de pied*, tantôt sur vingt feux, tantôt sur cent, etc., suivant les besoins. Les ducs, les marquis, les comtes, les barons, les dames, les demoiselles, les archevêques, les abbés et autres prélats ou gens d'église n'étaient pas même dispensés de concourir à ces levées. Ils furent astreints en 1303 à fournir un gentilhomme armé par chaque 500 liv. de rente ; c'est ce qui résulte d'anciens titres qui ont été conservés, notamment de lettres adressées à l'évêque de Paris, au mois de septembre de cette même année. Les roturiers étaient encore moins ménagés : celui qui possédait un mobilier de 50 à 500 francs était obligé de servir en personne ou de payer une dispense.

Du reste, tous ces réglemens n'étaient qu'éventuels ; leurs dispositions cessaient d'être exécutoires en même temps que les circonstances qui les avaient fait prescrire s'évanouissaient ; mais le roi conservait toujours le droit d'ordonner telles levées que les besoins de l'État pouvaient exiger. C'est ainsi qu'en 1314 tous les nobles, les roturiers, les habitans des universités et des cités, sans exception, en état de porter les armes, eurent ordre de se trouver dans la ville d'Arras, à la fête de Notre-Dame, équipés et montés suivant leurs qualités, *sous peine de corps*. Le mandement, daté du mois d'août, porte que ceux qui voudront payer pour se dispenser du service s'arrangeront avec les commissaires chargés de la levée.

ADMINISTRATION ET INSTITUTIONS.

Les changemens survenus dans l'organisation militaire de la France dûrent nécessairement s'étendre à la partie administrative; mais le silence des historiens à cet égard ne permettant pas de rien hasarder, on se bornera à faire remarquer que la paie journalière des arbalétriers fut fixé à un *sol* par homme, d'où est venu le mot *solde* et par suite celui de *soldat*.

On voit, par une lettre du pape Innocent III, que Philippe-Auguste avait formé le dessein d'ouvrir un hôtel des invalides aux officiers et soldats qui ne pouvaient plus continuer le service militaire.

En 1241, Louis IX institua la *ceinture militaire*, qu'il donna à son frère. Cet ornement était extrêmement pesant par l'or, l'argent et les pierreries dont il était surchargé.

Vers 1250, saint Louis, au retour de la première croisade, fit bâtir l'hôpital des Quinze-Vingts pour y loger, dit-on, trois cents gentilshommes qui avaient eu les yeux crevés par les Sarrasins.

Quoiqu'on soit arrivé au moment où ces tableaux vont prendre plus d'étendue, on ne négligera aucun des renseignemens qui se rattachent plus ou moins à leur objet. Ainsi l'on fera observer qu'indépendamment des *chevaliers de Saint-Jean-de-Jérusalem,* institués, suivant l'abbé Lenglet, en 1113, et qui s'emparèrent de l'île de Rhodes en 1309, il se forma en 1118 un nouvel ordre organisé sous le nom de *Templiers,* parce qu'ils avaient la garde du temple de Jérusalem. On notera également que ce fut en 1154 que vinrent s'établir en France quelques *chevaliers de Saint-Lazare-de-Jérusalem,* institués en 1124.

Ces trois ordres, qui se composaient de chevaliers de toutes les nations chrétiennes, comptaient un grand nombre de Français. La catastrophe qui mit fin à celui des *Templiers* a paru mériter quelques détails. Ces moines guerriers, auxquels on a attribué des crimes énormes et difficiles à croire, furent accusés, sous Philippe le Bel, d'avoir suscité une sédition dans Paris, à raison de l'altération des monnaies. Le 13 octobre 1307, le grand-maître, Jacques Molay, et 60 chevaliers furent arrêtés par ordre du roi. Ce prince fit aussitôt commencer leur procès, qui dura plusieurs années, puisque ce n'est que le 22 mars 1312 que cet ordre fut aboli au concile de Vienne par le pape Clément V. Enfin, le 13 mars 1314, Jacques Molay, condamné au bûcher pour n'avoir pas voulu confirmer les aveux que lui avait arrachés la torture, expira dans les flammes avec le frère du dauphin de Viennois, un des principaux chevaliers de cet ordre.

Quoique les tournois et les joûtes aient continué d'être en usage pendant un assez grand nombre d'années, on croit devoir faire remarquer qu'ils avaient été défendus par un concile en 1148.

PRÉCIS HISTORIQUE ET CHRONOLOGIQUE

DES OPÉRATIONS MILITAIRES.

En 1109, guerre entre la France et l'Angleterre. — Bataille de Gisors, gagnée par Louis le Gros sur les Anglais.

En 1115, prise et destruction du fort de Puiset.

En 1116, les hostilités se renouvellent avec les Anglais.

En 1119, bataille de Brenneville en Vexin, gagnée le 20 août par les Anglais, et dans laquelle Louis le Gros est au moment d'être pris. — Breteuil, Civry et plusieurs autres places tombent en son pouvoir.

En 1124, le roi conduit en Champagne une armée de deux cent mille hommes pour s'opposer aux entreprises de l'empereur Henri V, que cet appareil militaire fait changer de résolution.

En 1143, Louis VII, qui a des sujets de plainte contre le comte de Champagne, entre à main armée sur ses terres, assiége Vitry en Perthois, prend cette ville d'assaut, et fait mettre le feu à une église où treize cents personnes s'étaient réfugiées.

En 1147, seconde croisade. Louis part avec une armée de quatre-vingt mille hommes.

En 1148, bataille de Méandre, gagnée sur les Infidèles. Siége de Damas; Louis VII, trahi par les Grecs, est obligé de se retirer.

En 1149, ce prince est pris sur mer; mais le roi de Sicile le délivre des mains des Sarrasins.

En 1152, le 18 mars, Louis répudie Éléonore de Guyenne. Cette princesse épouse Henri d'Anjou, devenu depuis roi d'Angleterre. Ce mariage prive la France de plusieurs provinces.

En 1176, guerre avec les Anglais. Elle n'offre point d'événemens importans.

En 1187, Philippe-Auguste demande au roi d'Angleterre la restitution du Vexin. La guerre se déclare; Philippe prend possession d'Issoudun, et signe une trève de deux ans.

En 1188, défaite de Gui de Lusignan à la bataille de Tibériade; prise de Jérusalem par Saladin, soudan d'Égypte. Ces événemens donnent lieu à une troisième croisade.

En 1190, Philippe et Richard, roi d'Angleterre, s'embarquent pour la Palestine. Le prince français avait déjà pris la ville d'Acre et défait dix-sept mille Sarrasins, lorsque la conduite impérieuse du monarque anglais le détermina à revenir en France.

En 1191, Philippe oblige le comte de Flandre à lui céder le comté d'Artois.

En 1193, le même s'empare de la Normandie.

En 1194, Richard, qui était tombé au pouvoir

de l'empereur Henri VI, recouvre sa liberté et vient défendre ses droits. Le 5 juillet, Philippe donne dans une embuscade entre Blois et Berteval, et perd dans cette affaire ses équipages, sa caisse militaire, le sceau de l'État et tous les titres de la couronne.

En 1196, paix de Gaillon, où les deux rois se rendent réciproquement ce qu'ils avaient pris l'un sur l'autre, à l'exception du Vexin normand, qui reste à Philippe. — Nouvelle rupture ; bataille de Nonancourt, où Richard est battu par Philippe-Auguste.

En 1197, combat de Gisors; Philippe y court le plus grand danger.

En 1203, Jean-sans-Terre, successeur de Richard, est accusé de parricide. La cour des pairs confisque tous les biens qu'il a en France, au profit de la couronne. Philippe-Auguste exécute cet arrêt, et s'empare, presque sans combattre, de la haute Normandie ; il n'est arrêté que devant Château-Gaillard, qu'il est obligé d'assiéger.

En 1204, quatrième croisade composée de Français et de Vénitiens. Elle a pour résultat la prise de Constantinople et la création d'un empire latin, dont Baudouin, comte de Flandre, devint le premier empereur.

En 1206, expédition ou croisade contre les Albigeois, peuple du Languedoc, qui se distingue par des opinions contraires aux dogmes du christianisme.

En 1211, bataille de Castelnaudari, entre Simon de Montfort, qui combat contre les Albigeois, et le comte de Foix, dont les domaines avaient été attaqués par les croisés.

En 1213, bataille de Muret, gagnée par Simon de Montfort sur Pierre II, roi d'Aragon, qui y est tué. — Prise d'Ypres, Tournai, Cassel, Douai et Lille.

En 1214, bataille de Bouvines, gagnée le 27 juillet par Philippe-Auguste sur Othon IV, empereur d'Allemagne, et les comtes de Flandre et de Boulogne, ligués à l'instigation de Jean-sans-Terre. Trente mille alliés restent sur le champ de bataille, et les deux comtes sont faits prisonniers. L'armée ennemie était forte de cent cinquante mille hommes.

En 1216, les Anglais s'insurgent contre Jean-sans-Terre, et proclament roi le fils de Philippe-Auguste. Ce jeune prince passe en Angleterre pour combattre le souverain légitime ; mais la mort de ce dernier change la face des affaires, et Louis est forcé de repasser en France.

En 1222, Simon de Montfort est tué devant Toulouse, qu'il assiégeait.

En 1224, Louis VIII refuse de restituer aux Anglais les terres qu'il a confisquées. Il passe la Loire, assiége et prend Niort, s'empare de Saint-Jean-d'Angely, oblige La Rochelle à se rendre, et soumet tout ce qui appartient aux Anglais, depuis Poitiers jusqu'à la Garonne.

En 1225, trève de trois ans accordée à l'Angleterre, moyennant trois mille marcs d'argent.

En 1226, la guerre se rallume contre les Albigeois. Louis VIII s'avance vers le Rhône avec une armée de deux cent mille hommes, et se rend maître d'Avignon le 12 septembre.

En 1238, saint Louis retire des mains des Vénitiens la couronne d'épines de Notre-Seigneur.

En 1242, guerre entre la France et l'Angleterre. Louis s'empare de Fontenay et de toutes les places en-deçà de la Charente. Les 21 et 22 juillet, batailles de Taillebourg et de Saintes, où les Anglais sont doublement défaits.

En 1243, traité de Bordeaux, portant trève de cinq ans entre saint Louis, qui conserve une partie de ses conquêtes, et Henri III, qui s'engage à payer cinq mille livres sterling. Il est bon cependant d'observer que le roi aurait pu garder tout ce qu'il avait conquis ; mais ce prince *savait allier une politique profonde avec une justice exacte :* c'est un témoignage que Voltaire n'a pu s'empêcher de lui rendre.

En 1248, cinquième croisade. Saint Louis s'embarque le 25 août pour la Palestine.

En 1249, ce prince arrive devant Damiette, met en fuite les Infidèles, et le lendemain 5 juin il entre dans la place. L'armée se met en route pour le Caire.

En 1250, le 8 février, journée de Massoure, où l'avant-garde des croisés taille en pièces un corps considérable de Sarrasins. Les vaincus sont poursuivis jusque dans la ville, où ils se rallient, et massacrent le comte d'Artois, qui était tombé en leur pouvoir. Cet échec force saint Louis à rétrograder. Les Sarrasins l'attaquent à Charmasach le 5 avril, et le font prisonnier. Le 5 mai, ce prince, qui a racheté sa liberté, passe en Palestine avec six mille hommes qui lui restent de son armée.

En 1251, prise de Tyr et de Césarée.

En 1254, le 25 avril, Louis s'embarque pour l'Europe, et rentre dans Paris le 7 septembre.

En 1270, sixième croisade. Le 1ᵉʳ mars, saint Louis part de Saint-Denis, et s'embarque le 1ᵉʳ juillet avec un corps de soixante mille hommes. Le 17 il aborde à Tunis, dont il commence le siége, et huit jours après il est maître du château. Mais les maladies et les fatigues accablent son armée; il succombe lui-même le 25 août.

Philippe le Hardi, en ramenant l'armée en France, essuie une tempête violente qui submerge une partie de ses vaisseaux avec quatre à cinq mille personnes, et tout l'argent qu'il avait tiré des Sarrasins.

En 1282, Vêpres Siciliennes; massacre de huit mille Français, en grande partie Provençaux, sujets de Charles d'Anjou, roi de Naples, qui était maître de la Sicile.

En 1285, Philippe marche contre Pierre d'Aragon, prend Perpignan déjà abandonné, et se rend maître de la ville d'Elne, qu'il ruine de fond en comble. Passage des Pyrénées; prise de Gironne après sept mois de siége. Attaque de la flotte française par les Aragonais, qui lui détruisent quelques vaisseaux, et forcent les Français à brûler eux-mêmes vingt de leurs galères.

En 1292, guerre entre la France et l'Angleterre.

En 1294, la Guienne et ce que le roi d'Angleterre possède en deçà de la mer est confisqué. Cette mesure donne lieu à une descente des Anglais à l'embouchure de la Gironde.

En 1295, prise de Bayonne et de quelques autres places, d'où les Anglais sont chassés la même année par Charles de Valois, frère du roi.

En 1296, défaite des Anglais, qui se retirent de la Guienne. Descente des Français à Douvres; ils brûlent, pillent la côte et se rembarquent.

En 1297, bataille de Furnes, gagnée le 13 août, sur les Flamands, par Robert d'Artois.

En 1302, le 11 juillet, bataille de Courtrai, où les Flamands sont vainqueurs. Robert d'Artois y périt, ainsi que l'élite de la noblesse française. — Convocation du ban et arrière-ban ; nouvelle levée de milices.

En 1303, le 20 mai, traité entre Philippe et Édouard, roi d'Angleterre, qui abandonne les Flamands à leurs propres forces. Ceux-ci perdent, le 18 août, la bataille de Mons en Puelle, où le roi court le plus grand danger; vingt-cinq mille ennemis restent sur la place.

En 1305, les Flamands obtiennent la paix.

En 1310, traité de paix avec l'empereur Henri VII.

En 1315, Louis X marche contre les Flamands, qui l'obligent à lever le siége de Courtrai.

En 1324, à la suite de quelques démêlés entre Charles le Bel et le roi Édouard, les Français s'emparent de la Guienne et de l'Agénois. Le comte de Kent conclut un traité que le prince anglais refuse de ratifier.

En 1325, un second traité, signé le 31 mai, fait cesser les hostilités. Mais de nouvelles intrigues de la part d'Isabelle, reine d'Angleterre, occasionent bientôt une rupture dont les suites sont arrêtées par la fuite de cette princesse dans le Hainaut, où elle arme contre son mari et les *Spincer*.

CINQUIÈME TABLEAU.

PÉRIODE DE 1328 A 1422.

COMPAGNIES D'ORDONNANCE.
DÉCADENCE
DU BAN ET ARRIÈRE-BAN.

CINQUIÈME TABLEAU.

ÉPOQUES.	PRINCES QUI ONT SUCCESSIVEMENT OCCUPÉ LE TRÔNE.
	DESCENDANS DE CHARLES DE VALOIS, *frère de Philippe le Bel.*
1ᵉʳ février 1328.	Philippe de Valois (VIᵉ).
23 août 1350.	Jean, dit le Bon.
8 avril 1364.	Charles le Sage.
16 sept. 1380 à 1422.	Charles VI.

TRAIT HISTORIQUE.

Le 26 août 1346, les Français perdirent la bataille de Crécy ; une reconnaissance mal faite, ou plutôt un rapport infidèle fait au roi de France, lui fit prendre une mauvaise disposition. La division des chefs amena la confusion des troupes. Une fois le combat engagé, les ordres ne purent plus être entendus ; Philippe lui-même, lorsqu'il aperçut l'ennemi, emporté par son ressentiment personnel, ne s'occupa plus que de combattre le roi Édouard (1), et s'avança sur lui à la tête d'un gros de cavalerie. L'attaque fut très-meurtrière ; Philippe ayant eu son cheval tué, remonta sur un se-

---

(1) En 1340, ce prince avait envoyé un cartel adressé à *Philippe de Valois*, sans autre titre. Philippe de Valois répondit avec dignité que la lettre ne s'adressait pas sans doute à lui ; qu'il voulait bien cependant apprendre au roi d'Angleterre qu'un vassal ne devait pas défier son seigneur (la Guienne et plusieurs autres fiefs que possédaient les Anglais relevaient de la couronne de France) ; qu'au reste, malgré l'indécence de cette démarche, il pourrait accepter la proposition, si l'on convenait que le royaume d'Angleterre, comme celui de France, dût être le prix du vainqueur.

cond et se jeta dans la mêlée; il s'y enfonça si avant, qu'il courut risque d'être pris : les fidèles qui l'entouraient le couvrirent de leurs corps, et l'entraînèrent hors du combat.

Cette sanglante journée fit perdre à la France trente mille hommes et douze cents princes, seigneurs ou chevaliers. Les comtes d'Alençon, de Blois et de Flandre, les ducs de Lorraine et de Bourbon, et le vieux roi de Bohême qui, quoique aveugle, avait voulu assister au combat, y furent tués. C'est à la suite de cette bataille que Philippe vaincu, et cherchant un asile, vint frapper à la porte d'un château, où il arriva vers le milieu de la nuit. Le châtelain ayant demandé qui il était ; *Ouvrez,* dit-il, *c'est la fortune de la France.*

CINQUIÈME TABLEAU.

ÉTAT-MAJOR GÉNÉRAL.

CONNÉTABLE, créé vers 752.

MARÉCHAUX DE FRANCE, créés en 1185.

GRAND-MAITRE DES ARBALÉTRIERS, créé en 1197.

DUCS ET COMTES, créés en 420.

PORTE-ORIFLAMME, créé en 1110.

MAITRE SOUVERAIN DE TOUTES LES ARTILLERIES DE FRANCE, créé en 1344.

Plusieurs maîtres d'artillerie ayant été créés en 1344, celui qui existait précédemment prit le commandement sur les autres, sous le titre de *maitre souverain de toutes les artilleries de France*, lequel fut remplacé, en 1378, par celui de *maitre général visiteur de l'artillerie du roi*.

MAITRES DE L'ARTILLERIE, créés en 1291.

GOUVERNEURS, LIEUTENANS DE ROI, MAJORS DE PLACE, créés en 987.

On a fait remarquer, dans le tableau précédent, que les gouverneurs portaient le titre de *capitaines généraux* depuis 1302.

INSPECTEURS GÉNÉRAUX, créés en 1350.

Ces officiers devaient faire la revue des troupes pour constater leur état, et rendre compte de leurs besoins. En 1372, le roi cessa de les nommer, et chargea de ce soin le connétable, les maréchaux de France et le grand-maître des arbalétriers, chacun en ce qui le concernait.

COMMISSAIRES DES GUERRES, créés en 1356.

L'ordonnance qui les institua est du 28 janvier. Elle porte qu'il en sera créé douze pour *obvier à l'abus des fausses montres*.

CONTROLEURS DES GUERRES, créés en 1356.

On n'a pas de renseignemens positifs sur l'époque de leur création; mais on sait qu'il en existait déjà en 1356, ce qui fait supposer qu'ils ont été institués en même temps que les commissaires des guerres.

TROUPES DE LA GARDE.

SERGENS D'ARMES, créés en 768.

Cette compagnie de cavalerie a été supprimée en 1356. Son effectif avait été fixé à cent hommes par Philippe de Valois.

ARCHERS DU CORPS, créés en 1248.

GARDES DE LA PORTE, créés en 1261.

Ils eurent le nom de *portiers* jusqu'en 1285.

GARDES DES JUGES ROYAUX, créés en 1271.

INFANTERIE.

BAN ET ARRIÈRE-BAN, institué en 420.

Cette troupe ne fournissant plus de fantassins, n'est portée ici que pour mémoire.

TROUPES DES COMMUNES, instituées en 1126.

La défaite des Français à la bataille de Maupertuis, le 19 septembre 1356, occasiona la fuite de cette milice, qui se mêla aux aventuriers, et les soutint dans leurs rapines et leurs brigandages.

AVENTURIERS, admis en 1176.

Bien que cette époque de 1176 soit celle de l'admission des premières troupes connues sous le nom d'*aventuriers*, on doit faire remarquer que la France n'en eut pas constamment à son service. Ces auxiliaires ayant été détruits en 1250, ce ne fut plus que cent ans après, qu'un grand nombre d'*aventuriers*, licenciés par les Anglais, se répandirent de nouveau dans la France. On pensa d'abord qu'en soudoyant ces misérables, on arrêterait les désordres qu'ils commettaient; mais cette mesure n'eut aucun succès, et leur indiscipline resta la même.

Ces aventuriers ou *grandes compagnies*, comme on les désignait alors, furent de nouveau soudoyés en 1365, et conduits en Espagne par Duguesclin, qui avait ordre de les y abandonner; cependant ils reparurent bientôt, et l'on fut contraint d'avoir recours aux armes pour s'en défaire. Ce but, d'ailleurs assez difficile, fut atteint en 1386. Ce qui favorisait le plus ces étrangers était le besoin qu'on avait de les ménager, pour les retrouver dans les occasions de guerre. Il y a lieu de croire qu'ils comptaient pour quelque chose dans l'armée de deux cent mille hommes que Charles VI conduisit en Flandre en 1383.

TROUPES ÉTRANGÈRES, admises en 1285.

Les premières troupes étrangères furent admises dans l'armée française en 735; mais alors elles n'étaient point permanentes, et se retiraient dès que l'expédition était terminée. Ce ne fut qu'en 1285 que des *Allemands* vinrent remplacer les *aventuriers* dont les brigandages avaient attiré les foudres nationales. Ces Allemands restèrent au service de la France jusqu'en 1422, la mort de Charles VI ayant alors déterminé leur éloignement.

CAVALERIE.

BAN ET ARRIÈRE-BAN, institué en 420.

La décadence de cette troupe date, non pas du règne de Louis le Gros, puisqu'à l'époque de l'institution des troupes des communes, le ban et arrière-ban, composé exclusivement de troupes à cheval, prit au contraire une attitude plus imposante ; mais bien du règne du roi Jean. C'est en effet ce prince qui forma le premier des *compagnies d'hommes d'armes*, dans lesquelles les habitans des villes étaient admis, pourvu *qu'ils fussent bien habillés et bien montés*. Ces nouvelles compagnies, instituées en 1355, présentaient une masse de neuf à douze mille cavaliers. Le roi en donna une à Duguesclin en 1361,

CAVALERIE LÉGÈRE, instituée en 1126.

On comptait en 1346 quinze mille *arbalétriers génois* à la solde de la France. Quant aux *archers à cheval* des communes, on n'en peut indiquer le nombre, non plus que celui des *cavaliers allemands* qui faisaient alors partie de l'armée française, et qui se retirèrent en 1422.

ARTILLERIE.

La plupart des historiens attribuent à Bertold Schwartz, cordelier allemand et grand alchimiste, l'invention de la poudre de guerre. Cette découverte, que l'on fait remonter à l'an 1330, aurait donné lieu immédiatement à la fabrication des armes à feu; car en 1338 il existait déjà des canons dans l'armée française. L'avantage de ces nouvelles machines sur les anciennes fit abandonner celles-ci peu à peu, lesquelles disparurent entièrement en 1380. Les sièges, plus simples et moins sanglans, se réduisaient à trois opérations : faire la brèche de loin avec le canon, combler les fossés par le moyen des fascines, et monter à l'assaut. Cette révolution dans les machines de guerre s'étendit, à cette dernière époque, aux armes de jet. Quelques soldats furent armés de *couleuvrines* ou canons portatifs qui pesaient depuis vingt jusqu'à cinquante livres; les uns pouvaient se manœuvrer avec le secours de petits affûts mobiles; les autres, plus légers, s'appuyaient seulement sur des fourchettes de fer plantées en terre. Cette espèce d'artillerie de main était fabriquée en cuivre ou en fer forgé; elle lançait des balles ou petits boulets de plomb. Les premiers *canons* furent très-courts; ceux-ci lançaient des boulets de grès que l'on remplaça, vers 1400, par des boulets de fer.

En 1411, l'artillerie s'était déjà tellement multipliée, qu'on employait alors trois cents bombardes ou canons dans un siége, et deux à quatre mille couleuvrines dans les batailles.

GÉNIE.

Le génie, qui comprenait la science des *engins* ou machines de guerre, et celle des *fortifications*, se réduisit à cette dernière vers 1380. Mais par *fortifications* non-seulement on doit entendre l'art de les construire, mais aussi celui de les détruire, tant par le moyen des mines, que par d'autres travaux qui exigent une instruction particulière et tout-à-fait indépendante de la manœuvre des bouches à feu. Ainsi l'*artillerie* et le *génie* tendent au même but, en se favorisant mutuellement, mais par des procédés différens. Ce but pouvant être tantôt la défense, tantôt l'attaque, il faut nécessairement qu'il y ait équilibre entre ces deux armes; autrement, si le génie qui défend se trouvait plus faible que l'artillerie qui attaque, celle-ci aurait un succès assuré. C'est pourquoi les fortifications, établies d'abord pour résister aux anciennes machines, ont dû être modifiées et combinées de manière à paralyser ou au moins balancer la force de la nouvelle artillerie.

Ce fut en 1420 qu'on imagina les tranchées. On les construisit bientôt avec un peu plus d'art, et les boyaux furent dirigés en zig-zag pour échapper aux coups d'enfilade de l'ennemi. L'artillerie et les troupes s'avancèrent avec moins de péril derrière les parapets.

TROUPES DIVERSES.

Les compagnies de maréchaussée sont encore les seules troupes qu'on ait à mentionner dans cet article. Si l'organisation de ces compagnies éprouva quelques changemens pendant cette période, on doit croire qu'ils furent peu importans, puisqu'on n'en trouve aucune trace dans les ouvrages militaires.

ORGANISATION DES CORPS MILITAIRES.

Lance fournie se disait de l'homme d'armes et des cavaliers qui marchaient à sa suite. On ne saurait assurer quelle était la composition de la *lance* dans les compagnies du ban et arrière-ban; mais dans les nouvelles compagnies d'hommes d'armes que le roi Jean institua en 1355, elle fut de trois ou quatre combattans.

PÉRIODE DE 1328 A 1422.

Les grades ou emplois se réduisaient aux suivans, savoir :

CAPITAINES, créés en 1355.

Ce titre, depuis 1355, fut celui de tous les commandans de compagnies, tant d'infanterie que de cavalerie. Cependant il y aurait lieu de penser que les bannerets le prirent beaucoup plus tôt, puisque celui de *capitaine général* était en usage depuis 1302. Ce qu'il y a de certain, c'est que la dénomination de *banneret* existait encore en 1271.

MAITRES, institués en 1355.

De même que les bacheliers, les hommes d'armes levés par le roi Jean en 1355 dûrent amener avec eux quelques gens dépendant de leurs domaines ; ce qui fit donner le nom de *maîtres* à ces nouveaux hommes d'armes pris pour la plupart parmi les *roturiers*, condition qui ne permettait pas de les appeler *bacheliers*, puisqu'ils n'étaient ni nobles, ni chevaliers. Le nom de *maître* passa dans la suite aux *chevau-légers* ; ainsi l'on disait qu'une compagnie de hussards ou de dragons se composait de tant de maîtres.

BANNERETS, BACHELIERS, ÉCUYERS, PAGES, créés vers 770.

Ces anciennes dénominations, à l'exception de

celle de *banneret*, qu'on remplaça par capitaine, et celle de *bachelier*, qui fut également remplacée par chevalier, se maintinrent dans les compagnies du ban et arrière-ban jusqu'à la fin de cette période.

ÉQUIPEMENT ET ARMEMENT.

L'habillement de la cavalerie légère n'était pas réglé, et tout ce qu'on a pu dire jusqu'à présent à cet égard ne doit s'entendre que du vêtement que portait généralement un peuple tout guerrier, et susceptible d'être appelé d'un instant à l'autre au combat. D'ailleurs le gouvernement ne fournissait rien à ces troupes, et par conséquent, à l'exception d'un habit mieux approprié à la circonstance, chaque citoyen, dans l'intérieur de ses foyers, restait pourvu des mêmes vêtemens qu'il portait à la guerre.

Quelques vêtemens de luxe distinguaient précédemment les hommes d'armes; mais pendant cette période, l'équipement de la grosse cavalerie ne laissa plus voir que du fer. Le casque à visière, le hausse-col, la cuirasse, les épaulières, les brassarts, les gantelets, les tassettes ou petit jupon en lames de fer qui s'attachait à la cuirasse, les genouillères, les grèves ou armures de jambes, furent autant de pièces qui s'ajustèrent ensemble de manière à gêner le moins possible les mouvemens. Le cheval fut lui-même couvert de bardes de fer.

Il n'y a pas lieu de douter que ce changement dans le costume des gens d'armes n'ait été motivé par la découverte de la poudre à canon et l'emploi des premières armes à feu. Si, sur la fin de la période précédente, les princes et quelques seigneurs portaient déjà l'armure complète de fer, c'était sans doute parce que leur dignité les rendait plus particulièrement le point de mire des ennemis.

Par suite de ce nouvel équipement des gens d'armes, les armes offensives dûrent nécessairement changer, car le sabre et la hache ne pouvaient plus rien sur ces cavaliers. On y substitua la *masse*, le *maillet* et l'*estocade* ou longue épée qui pouvait du moins pénétrer dans les petits jours que l'homme d'armes laissait voir, lorsque les mouvemens écartaient les pièces de son armure au point de leur jonction.

RECRUTEMENT.

Le recrutement du ban et arrière-ban n'éprouva d'autre changement, pendant cette période, que celui qui résulta d'une ordonnance du 28 décembre 1355, laquelle admit parmi cette troupe les *roturiers possesseurs de fiefs*.

Quant aux milices des *communes*, elles furent abandonnées après la défaite de ces troupes à la bataille de Maupertuis, livrée le 19 septembre 1356. On y suppléa par un plus grand nombre de *troupes allemandes*, qui continuèrent leur service jusqu'en 1422.

On employa aussi, dans plusieurs circonstances, les *aventuriers*, ou gens de toutes nations, que les Anglais recrutaient pour leurs expéditions, et qui se répandaient ensuite dans la France où, même en les soldant, on ne pouvait les assujétir à la discipline.

ADMINISTRATION ET INSTITUTIONS.

On n'a que peu de chose à dire des différens services administratifs pendant cette période. Cependant il n'est pas douteux que de grands changemens eurent lieu dans l'administration. Dès l'an 1355, le roi Jean publia un réglement sur les subsides, par lequel il renonça, pour lui et ses successeurs, au droit de lever sur le peuple, *vivres, charrettes, chevaux*, etc. L'année suivante, ce même prince créa, le 28 janvier, douze commissaires des guerres, pour obvier à l'abus des *fausses montres*, c'est-à-dire des revues où l'on présentait plus de monde qu'il ne devait y en avoir, parce qu'on y introduisait des hommes qui n'en faisaient point partie.

C'est sous le règne de Charles VI que la ceinture militaire cessa d'être en usage. Cette espèce de récompense avait été remplacée, en quelque sorte, par deux autres ordres militaires, savoir : celui du *Saint-Esprit*, institué en 1352, et celui de l'*Etoile*, qu'imagina le roi Jean pour ramener à sa cour les seigneurs qui s'en étaient éloignés. Mais cette décoration fut tellement prodiguée, qu'elle finit par être méprisée.

PRÉCIS HISTORIQUE ET CHRONOLOGIQUE

DES OPÉRATIONS MILITAIRES.

En 1328, le 24 août, bataille de Cassel, où les Flamands sont défaits par Philippe de Valois, qui avait failli tomber en leur pouvoir.

En 1336, rupture entre la France et l'Angleterre. Les hostilités commencent à la fois dans la Guienne et en Flandre, où Jacques d'Artevelle avait formé un parti à Édouard.

En 1339, siége de Cambrai par Édouard, roi d'Angleterre, qui ravage tous les pays circonvoisins.

En 1340, ce prince lève le siège de Cambrai. — Le 24 juin, combat naval de l'Écluse, où la flotte de Philippe, forte de cent vingt gros vaisseaux, est battue et dissipée par les Anglais. — Le 26 juillet, bataille de Saint-Omer, où Robert d'Artois, à la tête de cinquante mille hommes que lui a donnés Édouard, est défait par Eudes de Bourgogne, qui le poursuit jusqu'à Mont-Cassel. — Une trêve de deux ans est signée le 20 septembre.

En 1342, la guerre recommence en Bretagne.

En 1343, nouvelle trêve entre les deux rois.

En 1345, les Anglais débarquent à Bayonne;

ils assiégent Bergerac, prennent cette ville et s'emparent d'Angoulême, ainsi que de plusieurs autres places où les troupes françaises rentrent la même année.

En 1346, descente d'Édouard en Normandie. Combat de Caen, où le comte d'Eu, connétable de France, tombe au pouvoir des Anglais, qui prennent la ville et s'avancent jusqu'aux portes de Paris, portant partout le fer et le feu. Pressé alors par Philippe, Édouard se retire, brûle les faubourgs de Beauvais, et passe la Somme. — Le 26 août, bataille de Crécy; Philippe y reçoit deux blessures et perd plus de vingt-cinq mille hommes, au nombre desquels se trouvent le duc d'Alençon, frère du roi, et plusieurs autres princes. Édouard victorieux va mettre le siége devant Calais.—Combat de la Roche-de-Rien, gagné par les Anglais sur les Bretons; Charles de Blois y est dangereusement blessé et fait prisonnier.

En 1347, reddition de Calais le 27 août. Une des clauses de la capitulation portait que six notables de cette ville seraient remis pour être exécutés à mort. Eustache de Saint-Pierre et les cinq autres qui s'offrirent comme lui, ne dûrent leur grâce qu'aux prières et aux larmes de la reine d'Angleterre.

En 1349, trêve entre Édouard et Philippe de Valois.

En 1355, escalade et prise du château de Nantes par les Anglais, qui en sont chassés peu d'heures après et taillés en pièces par Gui de Rochefort. — Débarquement d'Édouard à Calais; ce prince ravage la Picardie et l'Artois, tandis que son fils, débarqué à Bordeaux, dévaste tout le pays jusqu'aux portes de Toulouse.

En 1356, le 5 avril, Jean se rend à Rouen, où il surprend Charles le Mauvais, roi de Navarre; il le saisit de ses propres mains, et fait exécuter en sa présence les principaux seigneurs de la suite de ce monarque, tous coupables d'un complot formé contre la vie du roi et celle de son fils. — Le 19 septembre, bataille de Maupertuis, où le roi Jean tombe au pouvoir des Anglais, après avoir perdu six mille hommes, l'élite de son armée.

En 1357, Marcel, prévôt de Paris, lève l'étendard de la révolte. Cette ville devient un théâtre d'horreurs et de carnage; les rues y sont barrées de chaînes, et servent de retranchemens aux séditieux.

En 1358, défaite d'un attroupement de paysans, rassemblé en Picardie, dans le dessein d'exterminer la noblesse. Cette révolte, appelée la *Jacquerie*, parce qu'un nommé Jacques en était le chef, fut suivie du massacre de plusieurs seigneurs, et de la destruction de leurs propriétés. Le 4 août, le dauphin, qui gouverne en l'absence du roi, fait sa rentrée dans Paris, et cette ville se pacifie.

En 1359, le 28 octobre, Édouard débarque à Calais, avec une armée d'environ cent mille hommes.

En 1360, traité de Bretigny près de Chartres, par lequel Édouard obtient l'ancien duché d'Aquitaine, pour le posséder en toute suzeraineté avec le Ponthieu, le territoire et la ville de Calais.

En 1361, le 2 avril, bataille de Brignais, à trois lieues de Lyon, gagnée par les grandes compagnies d'*aventuriers* sur Jacques de Bourbon, comte de la Marche. Ce général et son fils y sont blessés mortellement; la noblesse française qui s'y trouvait éprouve une perte considérable.

En 1364, le 8 avril, prise de Mantes par Duguesclin. — Le 16 mai, bataille de Cocherel, gagnée par le même sur les Anglais et les troupes du roi de Navarre, commandées par Jean de Grailly, captal de Buch, qui y est fait prisonnier. — Le 29 septembre, bataille d'Auray, gagnée par les Anglais sur Charles de Blois; la mort de ce prince et la prise de Duguesclin en sont les tristes résultats.

En 1365, le 12 avril, traité de Guérande, par lequel la Bretagne est pacifiée et le duché de ce nom abandonné à Jean de Montfort, vainqueur d'Auray. — La même année Charles V signe la paix avec le roi de Navarre, et rétablit le calme dans ses

États, en purgeant la France des grandes compagnies, que Duguesclin conduit en Espagne.

En 1369, descente du duc de Lancastre à Calais. — Les Anglais, qui ravagent la Picardie, sont tenus en échec par le duc de Bourgogne.

En 1370, combat de Pont-Villain, où Duguesclin, devenu connétable, taille en pièces une grande partie de l'armée anglaise, commandée par Robert Knolles.

En 1372, le connétable passe la Loire avec trois mille lances (15,000 cavaliers), prend Poitiers, et soumet toute la province dont cette ville est la capitale. Il fait ensuite le siége de Thouars.

En 1373, le 20 juillet, nouvelle descente des Anglais à Calais, au nombre de trente mille hommes. Cette armée, qui se dirigeait vers le midi de la France, est si maltraitée par Duguesclin pendant sa route, qu'elle se trouve réduite à six mille hommes en arrivant à Bordeaux.

En 1377, une flotte française de trente-cinq vaisseaux de ligne et d'une infinité de bâtimens de transport aborde dans le comté de Kent. Jean de Vienne, qui la commande, surprend et brûle plusieurs villes, se rembarque et va répandre la terreur et la désolation sur les côtes d'Angleterre.

En 1378, conspiration du roi de Navarre. Le duc de Bourgogne et Duguesclin s'emparent des places qu'il possède en Normandie. Cherbourg, qu'il a cédé aux Anglais, est la seule place qui résiste. Duguesclin passe ensuite en Bretagne et combat le duc Jean de Montfort, dont Charles V a confisqué les biens.

En 1380, Duguesclin, chargé d'une nouvelle expédition contre les Anglais dans le midi de la France, assiége le château de Randan, et meurt le 13 juillet. Le gouverneur, qui venait de capituler, dépose les clefs du château sur le cercueil du connétable.

En 1382, le 27 novembre, bataille de Rosbeck, gagnée par les Français sur Philippe d'Artevelle, chef des Flamands insurgés, qui y périt avec vingt-cinq mille des siens. Pendant ce temps les Parisiens, exaspérés par une surcharge d'impôts, se révoltent et s'arment de *maillets d'armes* qu'ils enlèvent à l'arsenal pour assommer les préposés du gouvernement.

En 1383, le 10 janvier, Charles VI rentre triomphant dans la capitale. Ce prince tire une vengeance éclatante des *Maillotins*, nom donné par le peuple aux insurgés parisiens. — Le 3 août, le roi retourne en Flandre à la tête d'une armée de deux cent mille hommes ; il chasse les Anglais, qui soutenaient les Flamands, et fait rentrer ceux-ci sous l'obéissance de leur comte.

En 1387, incendie et destruction par les Anglais d'une partie de la flotte française que Charles VI avait fait équiper l'année précédente pour opérer une descente dans leur pays.

En 1390, trève de trois ans avec les Anglais.

En 1392, Charles VI, qui a des raisons pour porter ses armes en Bretagne, est arrêté le 5 août, dans la forêt du Mans, par un homme mal vêtu qui lui dit : *Noble roi, ne chevauche pas outre; retourne sur tes pas, car tu es trahi.* Cette apparition fait une telle impression sur le monarque qu'il en perd la tête.

En 1395, le 5 mai, trève de vingt-huit ans entre l'Angleterre et la France.

En 1399, le 28 septembre, bataille de Nicopolis, gagnée par le sultan Bajazet contre les chrétiens. L'élite de la noblesse française périt dans cette sanglante journée.

En 1405, le duc de Bourgogne, qui prétend à la régence, marche sur Paris et se fait donner le gouvernement de Picardie, en même temps qu'il obtient de partager l'autorité avec le duc d'Orléans.

En 1413, le 21 avril, nouvelle sédition à Paris. Simon Caboche, boucher de cette ville, est à la tête des mécontens, qu'on appelle pour cette raison *Cabochiens*. Les seigneurs les plus qualifiés sont emprisonnés, les magistrats outragés, et le prévôt de Paris périt sur l'échafaud.

En 1415, le 21 août, Henri V, roi d'Angleterre, qui n'a pu obtenir la fille de Charles VI, se jette sur les côtes de Normandie avec six mille hommes d'armes et vingt-cinq mille chevaux, et se rend maître d'Harfleur après trente-cinq jours de siége. Le 23 octobre, il gagne la bataille d'Azincourt sur le connétable d'Albret, qui y est tué avec dix mille hommes. La crainte de voir les Français revenir à la charge, lui fait donner l'ordre de passer les prisonniers au fil de l'épée ; mais sa volonté ne fut exécutée qu'en partie ; les soldats se refusèrent à cet excès de cruauté.

En 1417, nouvelle descente des Anglais en Normandie. Caen est forcé de leur ouvrir ses portes.

En 1418, le 13 janvier, siége de Rouen par Henri V. — Le 12 juin, Paris se soulève, et le peuple se livre à la fureur la plus atroce contre la faction des Armagnacs; femmes, enfans, vieillards, tout est massacré ; trois mille cinq cents personnes périssent sous le couteau des assassins.

En 1419, le 13 janvier, Rouen capitule. Le vainqueur se conduit avec cette ville moins en roi qu'en chef de brigands. — Le 17 octobre, congrès d'Arras, où l'on stipule que le roi d'Angleterre épousera Catherine, fille de Charles VI, et qu'à la mort de ce prince la France lui appartiendra en toute propriété.

En 1420, Charles VI et Henri V marchent contre le dauphin, que les tribunaux ont déclaré incapable de succéder à la couronne, et qui, après avoir appris sa condamnation, en appelle à Dieu et à son épée.

En 1421, ses affaires et le besoin de recruter son armée rappellent Henri en Angleterre. Pendant son absence sept mille Écossais rejoignent le dauphin. — Le 22 mars, bataille de Baugé, gagnée par le maréchal de La Fayette et le comte de Buchan, chef des Écossais, sur le duc de Clarence, qui y est tué. — Le dauphin perd à son tour celle de Saint-Riquier en Picardie, que lui livre le duc de Bourgogne. — Le 10 juin, Henri V reparaît en France à la tête de vingt-huit mille hommes; mais il n'a pas le temps d'exécuter ses desseins; il meurt à Vincennes le 31 août suivant.

SIXIÈME TABLEAU.

PÉRIODE DE 1422 A 1515.

CAVALERIE D'ORDONNANCE,
FRANCS-ARCHERS.

SIXIÈME TABLEAU.

ÉPOQUES.	PRINCES QUI ONT SUCCESSIVEMENT OCCUPÉ LE TRÔNE.	
	DESCENDANS DE CHARLES VI.	
	Branche des Valois.	Branche d'Orléans.
21 octobre 1422.	Charles VII.	
22 juillet 1461.	Louis XI.	
30 août 1483.	Charles VIII.	
7 avril 1498 à 1515.	....	Louis XII.

TRAIT HISTORIQUE.

En février 1429, Jeanne-d'Arc, surnommée la *Pucelle d'Orléans*, née à Domrémi près de Vaucouleurs, vient trouver le roi à Chinon, lui annonçant que Dieu l'a destinée à faire lever le siége d'Orléans, et qu'elle doit le conduire à Reims pour y être sacré. La démarche de cette fille cause d'abord de la surprise; mais les preuves qu'elle donne de sa mission déterminent bientôt les généraux à lui accorder leur confiance. Ils mettent quelques troupes à sa disposition, et le 28 avril, Jeanne-d'Arc, à la tête de six mille hommes, introduit un convoi dans la ville d'Orléans, où elle se jette elle-même, à la sollicitation de Dunois, qui y commande: les sorties qu'elle fait ont un tel succès, que les Anglais, qui ont déjà perdu six mille hommes, sont forcés de lever le siége le 8 mai 1429. Jargeau, Meun, Beaugency tombent successivement en notre pouvoir; l'ennemi perd deux mille hommes, et parmi les prisonniers se trouvent le comte de Suffolck et le général Talbot, ainsi que plusieurs autres chefs. Jeanne conduit alors le roi à Reims, et après avoir assisté au couronnement, demande à se retirer. Cependant, retenue par Charles VII, elle contribue encore aux succès de l'armée française ; mais le 24 mai 1430, l'ennemi la saisit, et le 30 mai de l'année suivante, l'infortunée, livrée au bûcher, périt sur la place de Rouen, où un tribunal vendu aux Anglais l'avait condamnée à être brûlée vive comme magicienne, et pour avoir repris les vêtemens d'homme malgré les défenses qui lui avaient été faites.

SIXIÈME TABLEAU.

ÉTAT-MAJOR GÉNÉRAL.

CONNÉTABLE, créé vers 752.

MARÉCHAUX DE FRANCE, créés en 1185.

GRAND-MAITRE DES ARBALÉTRIERS, créé en 1197.

DUCS ET COMTES, créés en 420.

CAPITAINES-GÉNÉRAUX, créés en 1302.

Ce titre, qui n'était donné qu'aux gouverneurs de provinces, devint la qualification des commandans des quatre sections ou grandes bandes de francs-archers organisées en 1445. Le corps des Albanais eut également un capitaine-général en 1479. Celui de la cavalerie légère ne fut créé qu'en 1494.

PORTE-ORIFLAMME, créé en 1110.

L'oriflamme avait disparu de nos armées depuis que les Anglais s'étaient rendus maîtres absolus du royaume, mais ce ne fut qu'en 1461 que la charge de porte-oriflamme cessa d'exister.

PORTE-CORNETTE BLANCHE, créé en 1495.

Le quartier de la cornette blanche ou royale était toujours auprès de celui du roi. Il fallait que celui qui avait la charge de porter cette bannière restât sur le champ de bataille mort ou vif. Le roi payait sa rançon quand il était fait prisonnier.

La cavalerie légère avait aussi sa cornette blanche; mais celle-ci était parsemée de fleurs de lis, tandis que la cornette royale était sans ornemens et sans mélange de couleurs.

MAITRE GÉNÉRAL VISITEUR DE L'ARTILLERIE DU ROI, créé en 1344.

Cet officier, nommé d'abord *maitre souverain de toutes les artilleries de France*, porta ce nouveau titre depuis 1378 jusqu'en 1477, qu'il prit celui de *maitre en chef de l'artillerie*.

MAITRES DE L'ARTILLERIE, créés en 1291.

GOUVERNEURS, LIEUTENANS DE ROI, MAJORS DE PLACES, créés en 987.

INSPECTEURS GÉNÉRAUX, créés en 1350.

Ces officiers étaient désignés depuis 1372 par le connétable, les maréchaux de France et le grand-maître des arbalétriers.

COMMISSAIRES ET CONTRÔLEURS DES GUERRES, créés en 1356.

TROUPES DE LA GARDE.

ARCHERS DU CORPS, créés en 1248.

Une seconde compagnie fut formée en 1475, et une troisième en 1477.

GARDES DE LA PORTE, créés en 1261.

GARDES DES JUGES ROYAUX, créés en 1271.

Ces militaires furent nommés *gardes de la prévôté* en 1422.

HOMMES D'ARMES, créés en 1422.

Cette compagnie passa dans la cavalerie d'ordonnance en 1445.

GENTILSHOMMES, créés en 1474.

L'ordonnance de leur création est du 4 septembre. Chacun de ces gentilshommes avait à sa suite deux archers qu'on leur retira en 1477, pour former la troisième compagnie des archers du corps.

Une deuxième compagnie de gentilshommes fut créée en 1497.

CENT-SUISSES, créés en 1478.

ARBALÉTRIERS OU CRENEQUINIERS, créés en 1494.

SIXIÈME TABLEAU.

INFANTERIE.

BAN ET ARRIÈRE-BAN, institué en 420.

La découverte de la poudre à canon, et surtout l'emploi des armes à feu, hâtèrent la désorganisation de ce corps, qui n'existait déjà plus comme *infanterie*. Cependant on continuera de le porter dans quelques tableaux pour rappeler deux ou trois circonstances où l'on eut recours à l'appel de la noblesse.

TROUPES DES COMMUNES, instituées en 1126.

Le nombre de ces troupes, réduit à quatre mille en 1439, fut porté à seize mille en 1448, époque de la réorganisation de ces milices sous le nom de *francs-archers* : elles demeurèrent sur ce pied jusqu'en 1479 que Louis XI jugea à propos de les supprimer. Cependant dès l'an 1485, il fut rétabli un corps de seize mille *archers* d'élite; mais l'avantage qu'avaient sur eux les *Allemands* et les *Suisses* nouvellement admis parmi les troupes françaises, les fit abandonner une seconde fois en 1509.

La dénomination de *francs-archers* avait été donnée aux troupes des communes, parce que ces militaires étaient exempts de tout subside.

AVENTURIERS, admis en 1176.

On pourrait dire qu'il n'en parut aucun pendant cette période, car il est fâcheux d'avoir à confondre avec ces misérables un corps de huit cents Suisses, qui resta fidèle à nos drapeaux, lorsque les troupes de cette nation, devenues libres par le terme de leurs capitulations, quittèrent la France en 1518, pour s'allier avec le pape Jules II. Cependant ces militaires ne sauraient être placés dans une autre catégorie. Ils n'étaient point libres de s'enrôler à l'étranger; ils appartenaient à leur pays, qui pouvait seul légitimer leur engagement.

TROUPES ÉTRANGÈRES, admises en 1285.

Cette dénomination s'applique aux troupes qui, du consentement de leur souverain, passent au service d'une autre nation. On doit les distinguer des *troupes auxiliaires* qui partagent momentanément les succès et les revers de l'armée dont elles sont chargées de soutenir les opérations. C'est assez de citer ces dernières; quant aux autres, on va les examiner séparément.

Allemands. Ce sont les premières troupes étrangères qui parurent en France. Les Allemands retournèrent dans leur pays en 1422, jusqu'en 1492 qu'il en vint de nouveaux qu'on appela *lansquenets*, pour les distinguer des cavaliers qui portaient le nom de *reitres*. Leur nombre s'accrut en 1510 par suite d'une levée de *bandes noires* dans les États du duc de Wurtemberg.

Suisses. La première alliance avec ces étrangers date de 1444; elle eut lieu pour huit ans, et fut renouvelée en 1452 pour le même temps. A l'échéance de leur engagement, c'est-à-dire en 1461, Louis XI les renvoya. En 1464, Jean d'Anjou, duc de Calabre, en amena cinq cents aux princes armés contre le roi. Ce fut la crainte de voir passer ainsi ces étrangers dans les rangs de ses ennemis qui détermina ce monarque à conclure avec eux, en 1475, un traité par lequel il promettait de leur donner tous les ans la somme de 20,000 francs. En 1479, il en fit venir six mille pour remplacer les *francs-archers* qu'il venait de supprimer. A la mort de ce prince, arrivée en 1483, on crut pouvoir se passer des Suisses; mais les intrigues du duc d'Orléans donnèrent bientôt lieu de les rappeler, et un nouveau corps de six mille hommes rentra en France en 1485 : cet effectif, augmenté en 1491, fut porté à vingt-cinq mille en 1494. Un si grand nombre d'hommes, fourni par une nation si peu considérable, est assurément une chose étonnante. Cependant l'histoire nous apprend que six ans après, quinze mille Suisses, qui occupaient le Milanais, se réunirent aux troupes françaises, ce qui devait faire un total de quarante mille Suisses.

Mais la France avait-elle conservé jusque là les vingt-cinq mille qu'elle soldait en 1495 ? c'est une question qu'on ne peut résoudre. On sait seulement qu'en 1500 Louis XII réduisit le nombre des Suisses à neuf mille, qu'il engagea pour dix ans. Ce fut au bout de ce temps, vers 1510, que ces étrangers passèrent au service du pape Jules II, à l'exception de huit cents, qui demeurèrent en France comme *aventuriers*.

VOLONTAIRES, institués en 1479.

Louis XI en réunit un corps qu'il maintint sur pied et solda jusqu'en 1485. On doit faire remarquer que le nom de *volontaires* ne s'applique ici qu'aux *nationaux*, celui d'*aventuriers* servant exclusivement à désigner les volontaires étrangers.

CAVALERIE.

BAN ET ARRIÈRE-BAN, institué en 420.

Depuis l'institution des compagnies d'ordonnance, organisées sous le roi Jean, le ban et arrière-ban n'était plus qu'un corps dénaturé ; la noblesse et la bourgeoisie s'y trouvaient confondues; de nouveaux titres avaient succédé aux anciens ; c'était un nouvel état de choses qui ne pouvait qu'exciter le dépit des chevaliers. Aussi beaucoup de ces derniers cessèrent-ils de se rendre aux armées ; c'est ce qui engagea Charles VII à réorganiser le corps des hommes d'armes. Cette importante réforme eut lieu en 1445. Ce prince fit former quatorze compagnies, composées des hommes les plus vaillans et les plus robustes, et y ajouta la compagnie de la garde, qui en porta le nombre à quinze et la force totale à huit ou neuf mille hommes, non compris quantité de volontaires, presque tous gentilshommes. En sorte que le ban et arrière-ban ne fut plus qu'une milice extraordinaire, qui n'était convoquée que lorsque la *gendarmerie*, jointe à l'*infanterie*, ne suffisait pas pour les opérations militaires.

CAVALERIE D'ORDONNANCE, organisée en 1444.

D'après ce qui a été dit ci-dessus, les *compagnies d'ordonnance* doivent être distraites du ban et arrière-ban. Ces compagnies étaient de deux sortes : celles de *chevau-légers*, organisées en 1444, et celles de *gendarmerie*, qui ne furent séparées du ban et arrière-ban qu'en 1445, quoique leur création date de 1355. Ces deux armes seront examinées séparément.

Gendarmerie. Le nombre des compagnies de gendarmes fut porté de quinze à vingt-cinq, en 1465, par suite d'un engagement pris par Louis XI d'en mettre quelques-unes sur pied en faveur de jeunes seigneurs qui les avaient réclamées. Mais le surcroît de dépenses qu'occasionait cette création ne permit pas sans doute de conserver un si grand nombre de gendarmes, car, en 1479, le roi réforma onze compagnies de cette arme, qu'il remplaça par autant de compagnies d'*archers*.

Chevau-légers. Les compagnies de chevau-légers furent formées, comme on l'explique ci-après, de la réunion des *archers des communes* et des *arbalétriers*. Il en fut organisé quinze compagnies en 1444. Ce nombre fut porté à vingt-six en 1479, par la création de onze nouvelles compagnies, en remplacement de celles de *gendarmes* supprimées.

CAVALERIE LÉGÈRE, instituée en 1126.

La cavalerie légère se composa d'abord des *archers des communes* et des *arbalétriers*. Ces troupes ayant été réunies et organisées en compagnies d'ordonnance par Charles VII, en 1444, il ne resta plus de *cavalerie légère* proprement dite, que quelques *arbalétriers* qui n'avaient pu entrer dans la composition de ces corps, et qu'on renvoya en 1453. Dès lors le nom de *cavalerie légère* aurait pu s'appliquer aux chevau-légers d'ordonnance. Cependant il ne paraît pas qu'il en ait été ainsi; on voit, au contraire, que cette dénomination fut donnée à une nouvelle espèce de cavalerie qui fut admise dans l'armée française en 1470, et qui se composa de trois armes différentes :

1° Des *carabins*, qui furent les premiers admis. Il ne faut pas les confondre avec les anciens carabins albanais, que la noblesse levait à ses frais, et qui n'étaient que des auxiliaires qu'elle se procurait dans certaines occasions, principalement dans les guerres particulières qui s'élevaient alors entre les principaux seigneurs. Les carabins dont il est ici question formaient une troupe permanente, qui resta fort long-temps en France, et qu'on fit entrer plus tard dans la composition de nos régimens.

2° Des *stradiots*, corps de quatre cents hommes, amené en France en 1494 par Georges Castriot, qui le porta à mille chevaux après avoir obtenu le titre de *capitaine-général* de la cavalerie légère. « Ce sont, dit Comines, gens vêtus à pied
» comme à cheval, comme Turcs, sauf la tête, où
» ils n'ont point de turban ; sont dures gens, cou-
» chent dehors tout l'an ; ils étaient tous Grecs,
» venus des places que les Vénitiens y ont, et sont
» vaillans hommes. »

3° Des *argoulets*, qui formaient un corps de deux mille Albanais, presque tous *aventuriers*, et payés seulement en temps de guerre. Ceux-ci furent admis en 1507.

Ces trois classes d'*albanais* n'étaient pas seulement distinguées par les mots *carabins*, *stradiots* et *argoulets*; elles l'étaient aussi par la différence des armes dont ces cavaliers faisaient usage.

ARTILLERIE.

Le matériel de cette arme se multiplie et se perfectionne. La forme et la dimension des bouches à feu permettent de lancer des projectiles aussi volumineux que ceux dont on chargeait les anciennes machines. Des espèces de *pierriers* jettent au loin des cailloux, des quartiers de meule, d'énormes boulets et des artifices incendiaires. Tels étaient les *engins volans*, dont Jean de Bureau, en 1462, menaçait Bordeaux révolté; ceux que le duc de Bourgogne jeta l'année suivante dans la ville de Gand, ainsi que le projectile qui, lors du siége de Naples, en 1495, creva l'église des Minimes. L'armée qui opérait à cette époque en Italie comptait 140 gros canons et 400 pièces de campagne. Un matériel aussi considérable exigeant nécessairement une garde spéciale, on y affecta les troupes suisses, qui obtinrent cette faveur en 1496; mais en 1510 ces étrangers s'étant retirés, la garde de l'artillerie fut confiée aux *lansquenets*.

GÉNIE.

En 1487, un ingénieur génois essaie de faire sauter avec la poudre les murs de Sérézanella. Quatre ans après, Céphalonie résiste aux efforts de Pierre Navarre, qui veut renouveler la même épreuve; ce n'est qu'en 1583 qu'il obtient un plein succès sous le château de l'OEuf. Dès lors la mine supplée à l'artillerie, et fait seule les brèches dans les fossés escarpés et profonds; les anciennes forteresses tombent de toutes parts. Mais en même temps une nouvelle fortification s'élève en Europe, affaiblit ou élude les efforts de l'attaque, crée à la défense des ressources inconnues, et les ramène peu à peu à l'ancien équilibre. On élargit les remparts. Les parapets en maçonnerie, que le canon faisait voler en éclats, sont remplacés par des parapets en terre. Des fossés revêtus et profonds cachent l'escarpe, et rendent plus difficiles l'escalade, la brèche et l'assaut. Des levées en terre, des boulevards, des ravelins achèvent de couvrir les murailles, éloignent l'ennemi, qui a plusieurs sièges à faire, plusieurs lignes à percer. Enfin les casemates sont opposées aux pierriers, et les bastions remplacent les tours mal flanquées, qui avaient l'inconvénient de favoriser l'attaque du mineur.

TROUPES DIVERSES.

MARÉCHAUSSÉES DE FRANCE, instituées en 1060.

Sous Charles VII, il fut ordonné que le prévôt des maréchaux aurait sa résidence à la cour; mais cette nécessité de suivre le prince dans tous les voyages présentait des inconvéniens que Louis XI fit cesser en permettant à cet officier de commettre dans chaque province un gentilhomme pour le représenter, avec pouvoir d'assembler la noblesse et la bourgeoisie pour s'opposer aux gens qui couraient les champs, volaient et opprimaient le peuple.

Louis XII fit plus, il autorisa les gentilshommes commis par le prévôt des maréchaux, à se choisir des *lieutenans* et un certain nombre d'*archers*, pour servir sous leurs ordres. Ces gentilshommes prirent alors le nom de *prévôts*. Insensiblement cette augmentation de pouvoir les ayant attachés aux provinces auxquelles s'étendait leur commandement, il leur fut enjoint d'y fixer leur résidence; on leur donna des lieutenans, tant de robe longue que de robe courte, des greffiers et un trompette. De là la nécessité de créer des *prévôts de l'armée* pour les distinguer des *prévôts provinciaux*.

PIONNIERS.

Lors de l'établissement des camps de paix en 1479, Louis XI y fit réunir 2,500 *pionniers*. Mais ces hommes, n'étant que des ouvriers requis ou gagés momentanément pour le service de l'armée, on ne les porte ici que pour mémoire, et l'on ne fera dater la création de ces troupes que de l'époque à laquelle elles furent instituées et organisées militairement.

GARDE NATIONALE, créée en 1493.

Toutes les troupes comprises dans ce travail devant être considérées comme des corps régulièrement organisés, on s'est dispensé de rappeler les différentes circonstances qui donnèrent lieu d'armer les bourgeois; ce qui arriva fort souvent à Paris, où l'entrée des souverains étrangers et autres solennités réclamaient quelques dispositions semblables. On n'a donc fait remonter l'origine de la garde nationale qu'à l'année 1493, parce qu'à cette époque seulement l'on voit la milice bourgeoise prendre un caractère militaire que comportait alors son état de permanence. Ce fut en partant pour l'expédition de Naples, que Charles VII ordonna qu'il serait fait choix, dans chaque bonne ville, d'un certain nombre d'*arbalétriers*, *archers*, *piquiers* et *couleuvriniers*, pour maintenir l'ordre dans l'intérieur, et marcher sous les ordres des barons et gentilshommes, si les circonstances venaient à l'exiger. Il fit désigner en conséquence, dans chaque généralité ou département de la France, vingt barons, quarante chevaliers et cent gentilshommes qui devaient se tenir toujours prêts à prendre les armes à la première occasion.

ORGANISATION DES CORPS MILITAIRES.

Les *francs-archers* furent divisés, en 1448, en quatre classes de quatre mille hommes, qui étaient armés de différentes manières. Mais lors du rétablissement de ces troupes, en 1485, cette distinction cessa, et l'armement devint uniforme.

La force des compagnies d'ordonnance, en 1445, était de cent lances, c'est-à-dire de cent *maîtres*, ayant chacun cinq hommes de suite, savoir : trois *archers*, un *coutilier* et un *page*. Toutefois cette force ne resta pas long-temps la même, et l'inégalité des compagnies était telle en 1498, qu'on en comptait alors de cent, de soixante, de cinquante, de quarante, de trente et même de vingt-cinq lances. La force de la lance avait été également modifiée, et se composait, à cette époque, de sept hommes, dont quatre archers.

Quant aux grades et emplois, tant d'infanterie que de cavalerie, ils sont indiqués ci-après, savoir :

CAPITAINES-GÉNÉRAUX, créés en 1448.

Ces officiers, comme commandans des quatre classes de francs-archers instituées en 1448, ne peuvent être mis au rang des gouverneurs de provinces, qui prirent le même titre en 1302. Ces nouveaux capitaines-généraux avaient beaucoup moins d'autorité, et la dénomination de *colonel* qu'on leur donna dans la période suivante, fixe le rang qu'ils doivent occuper dans celle-ci.

CAPITAINES, créés en 1335.

On a déjà fait remarquer qu'on ignorait quels étaient les chefs des bandes ou compagnies d'archers des communes ; mais il est certain qu'en 1448 ces chefs portaient le nom de capitaine, qui a toujours été donné depuis aux officiers commandant les compagnies d'infanterie.

LIEUTENANS, créés en 1444.

Un lieutenant est le second officier d'une compagnie ; en l'absence du capitaine, il a la même autorité que lui.

ENSEIGNES, créés en 1444.

Le mot *enseigne* avait trois significations, et

servait à désigner à la fois une compagnie, son drapeau et l'officier chargé de le porter. *Enseigne* se dit aussi généralement de tout symbole de guerre; mais dans les armées françaises, il s'employait plus spécialement pour exprimer le drapeau de l'infanterie et l'étendard de la cavalerie.

GUIDONS, créés en 1444.

Guidon se disait d'un étendard qui n'était en usage que dans les compagnies de gendarmerie et celles de la garde; l'officier chargé de le porter était connu sous le même nom. Cet étendard différait de l'*enseigne*, en ce que celle-ci, commune d'ailleurs aux deux armes, avait une forme carrée, tandis que le guidon était beaucoup plus étroit, et se terminait par deux pointes arrondies.

CORNETTES, créés en 1495.

La cornette était l'étendard de la cavalerie légère. De même que les autres enseignes, elle donnait son nom à l'officier qui la portait. Celui-ci était le troisième officier de sa compagnie, parce qu'alors il n'existait point de sous-lieutenant. Cet étendard se composait d'une pièce de taffetas, figurant un carré d'environ un pied et demi, et sur laquelle étaient brodées les armes, les devises et le chiffre du prince ou du mestre de camp commandant.

SERGENS, créés en 1485.

Le nom de *sergent* est fort ancien ; non-seulement il fut porté par les premiers chevaliers ou hommes d'armes de la garde, mais il l'était encore par quelques gentilshommes qui se rendaient aux armées sans aucune suite. Les soldats des communes furent aussi appelés pendant quelque temps *sergens de pied*. Mais il paraît que ce ne fut qu'en 1485, lors d'une nouvelle levée de troupes des communes, que ce titre commença à devenir la qualification d'un emploi particulier qui consistait à commander la troupe sous les ordres du capitaine. Au surplus, on ne sait rien de positif à cet égard ; quelques auteurs même prétendent que cet emploi ne fut institué que sous Louis XII.

MAITRES, créés en 1355.

La dénomination de *maître*, qui avait été donnée en 1355 aux hommes d'armes des compagnies mélangées de nobles et de roturiers, fut définitivement substituée à celle de *chevalier* en 1445.

ÉCUYERS, créés vers 770.

Les cavaliers qui portaient ce titre prirent celui de *coutilier* en 1445. Ces militaires commandaient les *archers* de l'homme d'armes auquel ils étaient attachés.

PAGES, créés vers 770.

On ne pense pas que les *pages* eussent d'autres fonctions que celle de porter les messages de leurs *maîtres*, comme cela se pratiquait dans l'ancienne chevalerie.

TROMPETTES, créés vers 1444.

Le dictionnaire militaire désigne les trompettes comme ayant existé de tout temps. Mais si ces instrumens étaient en usage chez les Romains, cela ne prouve pas qu'il y en ait toujours eu dans la cavalerie française. Les anciens états de solde des compagnies d'ordonnance n'en font aucune mention. Cependant, comme ces compagnies subirent en 1444 une nouvelle organisation, et que plusieurs emplois y furent créés, il y a lieu de croire que celui de trompette date de la même époque.

ÉQUIPEMENT ET ARMEMENT.

Au commencement de cette période, la *cotte d'armes* des cavaliers fut remplacée par le *hoqueton*, espèce de mantille en forme de blouse, qu'on appela bientôt après *casaque*, parce qu'on en ferma les manches, en même temps qu'on en ouvrit le devant. Dans cet état on la portait agraffée au cou; elle se rejetait en arrière dans le beau temps, et dans le mauvais on la tenait fermée pour conserver l'armure.

Sous Louis XI, les francs-archers portaient la *salade* ou casque à visière sans crête, une *jaque* ou juste-au-corps fortement rembourré pour résister aux coups de lance, et en outre une *brigandine* ou corselet en lames de fer rivées ensemble.

Les armes des francs-archers furent, pendant le règne de Louis XI, la *vouge* ou *guisarme* (espèce de hallebarde), la rondelle ou bouclier ovale, l'arc et la trousse garnie de flèches. En 1485, lorsque ces troupes furent réorganisées, le roi supprima une partie des arcs, et y substitua la pique.

Déjà quelques armes à feu paraissaient dans les armées. Les premières (on parle ici des armes portatives) furent des tubes en fer battu appelés *canons à main*. Ces petites pièces d'artillerie, qu'on appuyait sur un chevalet, se chargeaient et se tiraient comme un canon. Les modifications apportées à la construction de cette arme lui firent bientôt donner le nom d'*arquebuse à croc*. Néanmoins elle ne servait que dans les siéges, ou pour la défense de pied ferme de quelques positions importantes. Vers 1480, on diminua encore cette arme de longueur et de grosseur, et on l'enchâssa dans un fût de bois. Cependant ce changement ne dispensait pas de l'appuyer sur une *béquille* ou fourchette; mais sa manœuvre était devenue beaucoup plus facile. On en comptait déjà un assez grand nombre en 1495.

RECRUTEMENT.

Charles VII, en 1448, rétablit les *troupes des communes* sous le nom de *francs-archers*, ainsi appelés parce que ces militaires étaient exempts de tout subside, ce qu'on a déjà eu occasion de dire dans un autre article. Chaque paroisse dut élire parmi ses habitans *le plus avisé pour l'exercice de l'arc*, et l'équiper. Le franc-archer recevait en temps de guerre la valeur de vingt sous de notre monnaie actuelle. Pendant la paix il était tenu de porter tous les dimanches l'habit de guerre et de se réunir aux archers des autres paroisses pour s'exercer à tirer de l'arc.

Cette troupe était commandée par quatre capitaines généraux qui devaient la passer en revue tous les ans, aller dans chaque élection pour en faire la levée, réformer ceux qui n'étaient pas propres au service, et les faire remplacer.

Louis XI, en supprimant les francs-archers, augmenta la taille de trois millions qui lui servirent à soudoyer un corps de six mille Suisses qu'il substitua à cette milice. Mais en 1485, Charles VIII la rétablit et ordonna, à cet effet, la levée d'un soldat armé et soudoyé par cinquante feux.

Du reste, le droit de faire des levées générales n'en subsistait pas moins, et dans ce cas tout le monde devait marcher, quelques priviléges qui eussent été d'ailleurs accordés. La peine, en cas de désobéissance, était la confiscation de corps et de biens.

ADMINISTRATION ET INSTITUTIONS.

Une ordonnance de 1445 fixa la paie de chaque homme d'armes à trente livres par mois. Louis XII rendit aussi plusieurs ordonnances à ce sujet. Il défendit, en 1499, que le paiement de la solde fût différé d'un seul jour, et régla en même temps le logement des gens de guerre, et les fournitures que leur devaient les bourgeois. Enfin le 20 février 1514, ce prince rendit encore une ordonnance sur le service des troupes en marche.

Ce fut le 1ᵉʳ août 1469, que Louis XI institua l'ordre de Saint-Michel. On lui doit également l'établissement des camps de paix qui eut lieu en 1479, pour exercer les troupes aux grandes manœuvres.

PRÉCIS HISTORIQUE ET CHRONOLOGIQUE

DES OPÉRATIONS MILITAIRES.

En 1423, le 31 juillet, bataille de Crevant, près d'Auxerre, gagnée par les Anglais sur Charles VII.—Combat de Gravelle dans le Maine, où le comte d'Aumale bat les Anglais et leur tue seize cents hommes.

En 1424, le 17 août, bataille de Verneuil, gagnée par les Anglais sur les Français aux ordres du comte de Buchan, qui y périt avec cinq mille hommes.

En 1426, siége de Montargis par les mêmes.— Le 4 septembre, Dunois et Lahire forcent les Anglais dans leurs retranchemens et les contraignent à lever le siége de cette ville.

En 1428, le 14 octobre, siége d'Orléans par le comte de Salisbury, qui venait d'amener un puissant secours aux Anglais.

En 1429, le 18 février, journée des *Harengs*, ainsi nommée parce que les Anglais conduisaient un convoi de poissons aux troupes qui assiégeaient Orléans, lorsque le comte de Clermont les attaqua avec trois mille hommes. L'ennemi, quoique très-inférieur en nombre, eut tout l'avantage dans cette rencontre.—Le 28 avril, Jeanne d'Arc, dite depuis la *Pucelle d'Orléans*, part de Blois avec six mille hommes et introduit un convoi dans la ville assiégée, d'où elle force ensuite les Anglais à s'éloigner. Ceux-ci se retirent le 8 mai, après avoir perdu plus de six mille hommes. Le 13 du même mois elle prend Jargeau, se saisit de Meun et s'empare de Beaugenci.—Le 28, elle gagne la bataille de Patai en Beauce, dans laquelle le général Talbot, qui commande les Anglais, est fait prisonnier avec plusieurs autres chefs, après avoir perdu deux mille hommes.

En 1430, le 11 juin, défaite du prince d'Orange au combat d'Anton en Dauphiné. C'est une quinzaine de jours avant cet événement que Jeanne d'Arc, qui s'était jetée dans Compiègne, tomba, dans une sortie, au pouvoir des Anglais.—Bataille de Germigny près de Meaux, gagnée sur les Anglais par Pothon de Xaintrailles.—Le 1er novembre, le comte de Vendôme vient au secours de Compiègne et force l'ennemi d'en lever le siége.—En décembre, nouvelle bataille à la Croisette près de Châlons-sur-Marne, où huit mille Anglais sont battus par trois mille Français sous le commandement de Barbazan, dit *le chevalier sans reproches*.

En 1431, au mois de septembre, combat de Saint-Célerin, entre Alençon et Beaumont, dans lequel Ambroise de Lore défait un corps considérable de troupes anglaises.

En 1432, le 4 juillet, bataille de Bullegneville, à quatre lieues de Neuf-Château, gagnée par le comte de Vaudemont sur René d'Anjou, duc de Barre, qui y est fait prisonnier.

En 1435, les Anglais perdent Pontoise par l'indiscrétion de son commandant.

En 1437, reprise de cette ville par l'ennemi.— Siége de Montereau, où Charles VII se distingue par sa valeur.

En 1440, le 17 juillet, Pontoise, après trois mois de siége, cède à un assaut où le roi monte un des premiers.

En 1442, pendant que Charles VII et le Dauphin combattent les Anglais dans la Guienne, Talbot vient investir Dieppe avec une armée de dix mille hommes.

En 1443, le roi délivre cette place, qui avait déjà soutenu neuf mois de siége.

En 1444, le 1er juin, traité de Tours, par lequel la France et l'Angleterre concluent une trêve de deux ans.—Charles VII se rend devant Metz; cette ville, au bout de sept mois de siége, se rachète moyennant trois cent mille florins.

En 1448, le 24 mars, les Anglais violent la trêve

qui avait été prolongée de trois ans, et s'emparent de Fougères en Bretagne. La guerre se rallume.

En 1449, les Français assiégent Harfleur.

En 1450, le 1er janvier, prise de cette ville après six mois de résistance. — Le 28 avril, bataille de Formigny, entre Bayeux et Carentan, gagnée par le connétable de Clisson, à la tête de trois mille hommes, sur le lord Thomas Kiriel, qui en avait sept mille, dont trois mille sept cent soixante-quatorze furent tués et quatorze cents faits prisonniers avec leur général. — Prise de Caen par Charles VII, qui achève de conquérir la Normandie, où les Anglais ne rentrent plus.

En 1452, bataille de Castillon, gagnée par les Français sur le célèbre Talbot. Ce général, âgé alors de quatre-vingts ans, y est tué, ainsi que son fils.

En 1453, première alliance de la France avec les Cantons helvétiques.

En 1457, descente des Français sur les côtes d'Angleterre. Ils pénètrent dans le port de Sandwich, pillent cette place et reviennent chargés d'un riche butin.

En 1464, ligue des principaux seigneurs de la France contre Louis XI. Le 16 juillet, bataille de Montlhéry, entre les troupes du roi et celles du duc de Bourgogne, qui reste maître du champ de bataille.

En 1465, les 5 et 29 octobre, traités de Saint-

Maur et de Conflans, par lesquels Louis XI accorde aux princes ligués tout ce qu'ils exigent.

En 1468, le 3 octobre, le roi, qui a protesté contre ces deux traités, se rend à Péronne pour apaiser Charles le Téméraire, qui s'est plaint de leur inexécution. Mais celui-ci, instruit que les Liégeois qui viennent de se révolter n'ont fait que céder à l'instigation du monarque français, fait arrêter ce prince et le retient prisonnier. — Le 14, Louis XI rachète sa liberté en souscrivant un traité que lui dicte le duc de Bourgogne.

En 1471, la guerre se rallume en Picardie, entre le roi et le duc de Bourgogne; elle se termine par une trêve de trois mois, que Louis fait ensuite prolonger en cédant quelques terres.

En 1472, le roi entre en Bourgogne avec une armée de cinquante mille hommes. Le duc, forcé de se retirer, se jette dans la Picardie, prend et brûle Nesle, s'empare de Roie et tente d'enlever Beauvais d'emblée; mais Jeanne Lainé, surnommée Jeanne Hachette, se joint à la garnison avec d'autres femmes de la ville, et force le duc à lever le siége, après deux assauts où il a été vivement repoussé. — Louis XI, qui s'est rendu en Roussillon, forme le siége de Perpignan, que la défense de Jean II le contraint d'abandonner. — Le 10 novembre, les deux souverains signent un traité de paix et d'alliance.

En 1475, Louis XI se rend de nouveau dans le Roussillon. Perpignan lui ouvre ses portes le 15 mars, après une longue résistance. Toute la province se soumet à l'exemple de la capitale. Ce prince est bientôt rappelé sur ses pas par la nécessité d'arrêter Edouard, roi d'Angleterre, qui vient de débarquer à Calais avec une nombreuse armée. — Le 29 août, l'ennemi consent à une trêve de neuf ans, qui est signée à Péquigny, moyennant soixante-douze mille écus et une pension de cinquante mille que Louis XI s'engage à payer aux Anglais.

En 1476, le duc de Bourgogne va faire la guerre aux Suisses. Il assiége la petite ville de Granson, qui se rend à discrétion après une si vigoureuse défense, que le duc irrité fait pendre ou noyer la garnison. Les Suisses, accourus pour venger leurs compatriotes, lui livrent combat et taillent son armée en pièces. Ce prince n'est pas plus heureux à la bataille de *Morat*, où il essuie une déroute complète.

En 1477, le 5 janvier, siége et bataille de Nanci, où le duc de Bourgogne est tué. — Louis XI se rend maître de l'Artois; Cambrai lui ouvre ses portes, et le comte de Meulent le met en possession de Tournai. Le Hainaut subit également la loi du vainqueur. Les Flamands effrayés appellent à leur secours le duc de Gueldres, qui est tué le 28 juin, dans un combat que lui livre Mony, général français, sous les murs de Tournai. Le 30, les Flamands sont défaits une seconde fois par le même général.

En 1479, guerre entre Louis XI et Maximilien, fils de l'empereur Frédéric III. Les généraux français s'emparent du duché de Bourgogne. Maximilien, pour faire diversion, assiége la ville de Thérouenne avec vingt-huit mille hommes. — Le 4 août, bataille de Guinegatte, gagnée par Maximilien sur les Français commandés par le maréchal Desquerdes. L'ennemi est obligé de s'arrêter pendant trois jours devant le château de Malaunoi, défendu par cent soixante Gascons.

En 1485, le duc d'Orléans et le comte de Dunois, qui ont pris les armes contre Anne de Beaujeu, régente, se soumettent et signent la paix.

En 1486, le 5 janvier, Charles VIII part de Tours pour se porter dans la Guienne, où ses troupes rétablissent le calme et la subordination.

En 1487, ce prince marche contre le duc de Bretagne, qui donne asile aux mécontens. Les troupes royales s'emparent de Vannes, et forment le siége de Nantes, où elles échouent. Desquerdes, plus heureux, fait des progrès rapides dans la Flandre; il se rend maître de Saint-Omer, et reprend Thérouenne.

En 1488, nouvelle expédition en Bretagne, commandée par Louis de la Trémouille. Prise de Château-Briant, d'Ancenis et de Fougères. Le 28 juillet, bataille de Saint-Aubin-du-Cormier contre le duc d'Orléans et le prince d'Orange, qui y sont faits prisonniers. — Le 21 août, un traité de paix est signé à Sablé avec le duc de Bretagne, mais ce prince meurt presque aussitôt, et sa fille, aidée du roi d'Angleterre, soutient et continue la guerre.

En 1491, ligue de Maximilien et d'Henri VII contre la France.

En 1492, Henri VII débarque à Calais, et assiége inutilement Boulogne. Le 3 novembre, Charles VIII signe le traité d'Étaple, par lequel il s'engage à payer un million cent quarante-cinq mille écus d'or, et cinquante mille livres tournois par an jusqu'à l'entier remboursement de cette première somme. De son côté, Maximilien, qui est déjà maître d'Arras et de Saint-Omer, mais qui vient de faire une vaine tentative sur Amiens, consent à une trêve d'un an.

En 1493, Charles VIII part pour l'Italie avec une nombreuse armée dans l'intention de faire valoir ses droits sur le royaume de Naples. — Combat de Rapallo, où le duc d'Orléans défait un corps de Napolitains qui a débarqué sur ce point. Prise de Sazane par les Français. Le roi se rend à Pise, et le 17 novembre il fait son entrée dans Florence.

En 1494, Rome lui ouvre ses portes.

En 1495, Charles obtient de nouveaux succès. Il est reçu à Capoue le 18 février, et fait son entrée dans Naples le 26 du même mois. Cependant, menacé par une ligue qui se forme contre lui, il quitte cette capitale le 20 mai pour rentrer en France. Le 6 juillet, bataille de Fornoue, gagnée par huit mille neuf cents Français sur quarante mille Italiens. Le 15 juillet, bataille de Seminara, gagnée par d'Aubigné sur Ferdinand le Catholique et Gonzalve de Cordoue. — Vers le 15 août, quatre mille Français laissés dans Naples sont forcés d'évacuer ce royaume, faute d'argent et de subsistances. — Charles repousse Ferdinand, qui est entré dans le Languedoc, et d'Ablon, envoyé dans le Roussillon, emporte d'assaut la ville de Salces, le 8 octobre.

En 1499, Louis XII envoie une armée en Italie; la conquête du Milanais est l'affaire de vingt jours. Ce prince s'y rend, et fait son entrée à Milan le 6 octobre.

En 1500, insurrection des Milanais. Une nouvelle armée passe en Italie sous le commandement de Louis de la Trémouille, qui remet cette contrée sous la puissance du roi.

En 1501, alliance de Louis XII avec Ferdinand le Catholique, dans le but de s'emparer du royaume de Naples. Deux armées françaises concourent ensemble, l'une par terre, l'autre par mer, à la prise de Capoue et de Naples. Frédéric, trahi et vaincu par Ferdinand son parent, se remet à la discrétion de Louis XII, qui lui donne le comté du Maine avec une pension de trente mille écus. — Incursion des Suisses dans le Milanais.

En 1502, différend entre les Français et les Espagnols, à l'occasion du partage du royaume de Naples. La guerre éclate entre ces deux puissances.

En 1503, le 5 avril, traité de Lyon, par lequel Louis XII et Ferdinand se dessaisissent de leur part respective du royaume de Naples, en faveur de Claude de France et Charles de Luxembourg, dont le mariage est décidé. Mais Ferdinand trompe Louis XII, et fait attaquer les Français. — Le 21 avril, deuxième bataille de Séminara, où d'Aubigné est fait prisonnier. Le 23 du même mois, bataille de Cérignole, gagnée par Gonzalve de Cordoue sur le duc de Nemours, qui y est tué dès le commencement de l'action.

En 1507, soulèvement des Génois, et massacre des Français. Louis XII marche sur Gênes; ce prince y porte la terreur, et pardonne aux principaux de la ville, qui lui paient seulement une amende de trois cent mille ducats.

En 1508, le 10 décembre, ligue de Cambrai contre les Vénitiens, entre Louis XII, l'empereur Maximilien, Jules II et Ferdinand le Catholique. Le but de cette expédition est la conquête et le partage des États de Venise en terre ferme.

En 1509, au mois d'avril, Louis XII entre en campagne. Le 14 mai, bataille d'Agnadel, où les

Vénitiens sont défaits. Après cette victoire le roi se rend maître en dix-sept jours de toutes les places qui faisaient le sujet de la guerre, par rapport à lui.

En 1510, ligue de la Sainte-Union, formée par Jules II, l'Espagne et l'Angleterre, dans le dessein de s'opposer aux entreprises de Louis XII.

En 1511, journée de la Bastide de Génivole dans la Romagne, où Bayard défait les troupes alliées. Prise de Concordia et de Bologne par Trivulce. Le même, quelques jours après, défait l'armée de Jules.

En 1512, défense du Milanais par Gaston de Foix, duc de Nemours. Le 7 février, il oblige les Espagnols à lever le siége de Bologne. Il rencontre et défait Baglione, qui commandait une partie de l'armée vénitienne.—Prise de Brescia, d'où l'ennemi est chassé après avoir perdu huit mille hommes. — Le 11 avril, bataille de Ravenne, gagnée par Gaston de Foix sur les Espagnols, commandés par D. Pedro-Navarro, qui y est fait prisonnier. Gaston, s'étant trop engagé dans la poursuite des vaincus, est tué par un gros d'Espagnols qui exécutait sa retraite en bon ordre.

En 1513, Louis XII et les États de Venise se réconcilient. — Nouvelle conquête du Milanais, et soumission de Gênes. Le 6 juin, bataille de Novarre, gagnée par les Suisses sur les Français que commande La Trémouille. — En juillet, débarquement à Calais de trente mille Anglais que Maximilien rejoint avec vingt-trois mille hommes. — Le 23 août, bataille de Guinegate, ou *journée des éperons*, dans laquelle Bayard et le duc de Longueville sont faits prisonniers et leurs troupes mises dans la déroute la plus complète. Le 7 septembre, siége de Dijon par les Suisses et les Allemands. Le 15 du même mois, Tournai, investi par Henri VIII, lui ouvre ses portes après huit jours de résistance.

SEPTIÈME TABLEAU.

PÉRIODE DE 1515 A 1589.

LÉGIONS, RÉGIMENS,
INSTITUTION DES DRAGONS.

SEPTIÈME TABLEAU.

ÉPOQUES.	PRINCES QUI ONT SUCCESSIVEMENT OCCUPÉ LE TRÔNE.
	DESCENDANS DE CHARLES V.
1er janv. 1515.	François Ier, neveu de Louis XII.
31 mars 1547.	Henri II.
10 juill. 1559.	François II.
5 déc. 1560.	Charles IX.
30 mai 1574 à 1589.	Henri III.

TRAIT HISTORIQUE.

La bataille de Marignan fut le début militaire de François Ier. Un roi de vingt et un ans, plein de feu et de confiance, avide de réputation, né avec le génie de la guerre, ayant l'extérieur et les sentimens d'un héros, devait naturellement se livrer au désir de vaincre et de conquérir; aussi s'empressa-t-il de profiter des préparatifs que Louis XII avait faits pour une nouvelle expédition dans le Milanais.

La France avait pour alliée la république de Venise, et pour ennemis le pape Léon X et l'empereur Maximilien, auxquels les Suisses s'étaient réunis. Le 13 septembre 1515, vingt-cinq mille hommes, portant sur l'épaule et sur la poitrine la clef de saint Pierre, les uns armés de ces longues piques de dix-huit pieds, que plusieurs soldats poussaient ensemble, en bataillons serrés, les autres tenant leurs grands espontons à deux mains, viennent fondre à grands cris sur le camp du roi. Il fallut combattre. Armé chevalier par le célèbre Bayard, le jeune prince, pour son coup d'essai, s'avança à pied contre l'infanterie ennemie, accompagné d'une partie de sa noblesse. La victoire fut disputée deux jours; les Français et les Suisses se trouvèrent mêlés ensemble dans l'obscurité pendant la première journée; le lendemain, François Ier, qui avait passé la nuit sur un affût de canon, s'aperçut qu'il était à cinquante pas d'un bataillon suisse. Dans cette seconde journée l'ennemi fut complètement défait, et laissa quatorze mille hommes sur le champ de bataille. Le roi eut son cheval blessé de deux coups de pique, et lui-même reçut de violentes contusions. Le vieux maréchal de Trivulce, qui s'était trouvé à dix-sept batailles, disait qu'elles n'étaient que des jeux d'enfans en comparaison de celle-ci, qu'il appelait le *combat des géans*.

SEPTIÈME TABLEAU.

MINISTRES DE LA GUERRE.

La charge de *ministre de la guerre* fut créée en 1547. Les secrétaires d'état qui l'obtinrent successivement pendant cette période sont :

Guillaume Bochetel, en 1547;
Jacques Bourdin, en 1549;
Claude de Laubespine de Hauterive, en 1560;
Claude Pinart, en 1570;
Louis de Revol, en 1588.

ÉTAT-MAJOR GÉNÉRAL.

CONNÉTABLE, créé vers 752.

MARÉCHAUX DE FRANCE, créés en 1185.

GRAND MAITRE DES ARBALÉTRIERS, créé en 1197.

Cette charge, devenue vacante sous Louis XI, ne fut plus remplie que par Aymar de Pise, qui la posséda depuis 1523 jusqu'en 1534, époque de sa mort.

COLONELS GÉNÉRAUX, créés en 1544.

Cet emploi, exercé d'abord par commission, fut érigé en charge de la couronne, en 1584. Il n'y eut primitivement qu'un *colonel général de l'infanterie*. En 1558, le capitaine général des Albamais prit le titre de *colonel général de la cavalerie légère;* et en 1571, Charles IX institua un *colonel général de l'infanterie suisse.* On doit aussi faire observer qu'il exista en différens temps plusieurs *colonels généraux* d'infanterie et de cavalerie; mais cela n'arrivait que lorsque les troupes étaient partagées en-deçà et en-delà des monts.

SERGENT-MAJOR GÉNÉRAL DE L'INFANTERIE, créé en 1515.

Cet officier recevait les ordres du général, et les inscrivait sur des tablettes, afin qu'il n'y fût rien changé. Ses fonctions étaient de régler les gardes, les convois, les partis et les détachemens. Le jour d'un combat, le général lui faisait également connaître le plan de bataille, la disposition de la cavalerie, de l'infanterie, de l'artillerie, et l'ordre que toutes les troupes devaient tenir.

MESTRES DE CAMP GÉNÉRAUX, créés en 1552.

Ces officiers étaient chargés d'assigner aux troupes les quartiers qu'elles devaient occuper. En l'absence des colonels généraux, ils avaient la même autorité et la même inspection.

LIEUTENANT-COLONEL DE LA CAVALERIE LÉGÈRE, créé vers 1560.

Avant Charles IX il n'y avait point d'officier de cette milice avec ce titre. Celui qui était pourvu de cette charge commandait en l'absence du colonel général et du mestre de camp. Autrement ses fonctions se bornaient au commandement du régiment du colonel général.

CAPITAINES GÉNÉRAUX, créés en 1302.

Ces officiers commencèrent à prendre le titre de *colonel général* vers 1543. Il fut donné d'abord au capitaine général de la cavalerie légère; celui des dragons le prit en 1558. Il n'y eut plus alors d'autres capitaines généraux que les gouverneurs de province.

DUCS ET COMTES, créés en 420.

MARÉCHAUX DE CAMP, créés vers 1534.

Le titre de *maréchal de camp* était déjà connu avant l'époque indiquée comme celle de la création de cet emploi. Cela vient de ce que ces officiers étaient choisis anciennement parmi les *mestres de camp*, qui ne recevaient cette commission que pour une campagne seulement, et n'en continuaient pas moins de s'appeler *mestres de camp;* si dans un récit historique on les qualifie autrement, c'est une circonstance dont on ne doit pas tenir compte ; car ce ne fut que sous François Ier que cet emploi commença à devenir permanent, quoiqu'il ne fût toujours qu'une commission, et non un titre d'office.

PORTE-CORNETTE BLANCHE, créé en 1495.

AIDES DE CAMP, créés vers 1534.

Il y eut de tout temps dans les armées des officiers que les généraux chargeaient de porter leurs ordres ; mais on ignore quel était alors leur titre. Celui d'*aide de camp* ne paraît leur avoir été donné qu'en 1534, lorsqu'on ajouta à leurs fonctions celle d'aider le maréchal de camp dans la répartition du logement des troupes.

SERGENS DE BATAILLE, créés en 1515.

Ces officiers étaient chargés de disposer les troupes en bataille, d'après les ordres qu'ils recevaient du *sergent-major général*. Ils avaient en conséquence le commandement des brigades, qui n'était pas encore dans les attributions des maréchaux de camp.

MAITRE EN CHEF DE L'ARTILLERIE, créé en 1344.

L'officier revêtu de cette dignité porta différens titres qu'on a fait connaître dans les tableaux précédens ; il ne prit celui de *maître en chef de l'artillerie* qu'en 1477.

MAITRES DE L'ARTILLERIE, créés en 1291.

CONTROLEUR GÉNÉRAL DE L'ARTILLERIE, créé en 1515.

On aurait pu se dispenser de parler de cet emploi, vu qu'il ne consistait qu'à tenir registre des recettes et des dépenses de l'artillerie.

SURINTENDANT DES FORTIFICATIONS,
créé en 1543.

Cet officier rendait compte au roi des projets des places, de l'avancement des travaux, de la conduite et de la capacité des ingénieurs. C'était sur son rapport que le roi prenait et formait ses résolutions.

GOUVERNEURS, LIEUTENANS DE ROI, MAJORS DE PLACE, créés en 987.

Le titre de *lieutenant de roi*, dont on n'a pu fixer l'origine, était en usage en 1577.

AIDES MAJORS DE PLACE, créés vers 1577.

L'époque de leur création est tout-à-fait incertaine. Mais comme l'état-major général de l'infanterie date de 1525, et celui de la cavalerie légère de 1565 ; que d'un autre côté le titre de lieutenant de roi existait déjà en 1577, on est porté à croire que l'institution des aides majors de place date à peu près de cette dernière époque.

COMMISSAIRES ET CONTROLEURS DES GUERRES,
créés en 1356.

D'après une ordonnance de Charles IX, du mois de février 1574, nul ne pouvait être admis aux offices de *commissaires* s'il n'était gentilhomme, et n'avait suivi les compagnies d'ordonnance durant six ans au moins.

TROUPES DE LA GARDE.

ARCHERS DU CORPS, créés en 1248.

Cette troupe, portée successivement à trois compagnies, prit le nom de *gardes du corps* en 1545. Une autre compagnie créée sous le même titre en 1515 y fut réunie en ladite année 1545.

GARDES DE LA PORTE, créés en 1261.

GARDES DE LA PRÉVÔTÉ, créés en 1271.

GENTILSHOMMES, créés en 1474.

Il paraîtrait, suivant ce qu'en dit Du Haillan, que du temps de Charles IX, ces gardes portaient à leur hache d'armes le nom de *bec de corbin*, ce qui les fit appeler *gentilshommes* au bec de corbin.

CENT-SUISSES, créés en 1478.

ARBALÉTRIERS, créés en 1494.

Cette compagnie de cavalerie, qui avait été instituée par Louis XII, fut supprimée en 1545.

GARDES DU CORPS, créés en 1515.

Cette compagnie fut réunie en 1545 à celles des *archers du corps*, qui prirent alors le même titre.

GARDES FRANÇAISES, créées en 1563.

Ce fut le premier corps de la garde organisé en régiment. Il était composé de dix enseignes ou dix compagnies, et porta pendant quelque temps la dénomination d'*enseignes de la garde*. Cette troupe fut licenciée en 1573 pour apaiser les huguenots, dont elle avait excité les murmures. Mais Henri III étant monté sur le trône l'année suivante, ce prince la rétablit et la remit sur un très-bon pied.

GARDES SUISSES, créées en 1573.

Il en fut organisé deux compagnies pour remplacer les *gardes françaises* qui venaient d'être licenciées.

INFANTERIE.

BAN ET ARRIÈRE-BAN, institué en 420.

Cette troupe fit le service à pied en 1545, non pas qu'on eût besoin de l'employer comme *infanterie*, mais parce qu'elle n'était plus en état de servir autrement.

AVENTURIERS, admis en 1176.

Il est probable que les *Suisses* qui étaient demeurés dans nos rangs en 1510 quittèrent le nom d'*aventuriers* en 1516, lorsque cette nation capitula de nouveau avec la France; c'est-à-dire que ces militaires dûrent entrer dans le contingent fixé par la capitulation. Ce qui n'est point une conjecture, c'est qu'en 1523, quelques *aventuriers* s'étant répandus dans le royaume, François Ier fut si indigné de leur conduite, qu'il les déclara ennemis de l'État, et les abandonna à qui pourrait les prendre et les tuer. Par suite de cette disposition, on en fut bientôt débarrassé ; mais, attirés de nouveau par les guerres de religion, et soutenus par les différens partis qui les soudoyaient, ils renouvelèrent leurs désordres pendant les dernières années de cette période.

TROUPES ÉTRANGÈRES, admises en 1285.

Allemands. Leur nombre, qui était de vingt-deux mille en 1515, se trouvait réduit à neuf mille en 1537, lorsque François Ier prit à sa solde dix mille *lansquenets*. Il en fut fait une autre levée en 1557 ; mais on ignore ce qu'il en restait encore des anciens. Cette dernière levée fut de quatre mille.

Suisses. Ces étrangers, qui s'étaient retirés en 1510, capitulèrent de nouveau avec la France, en 1516, d'autres disent en 1518. Cette fois ils s'engagèrent à ne servir aucun autre État contre nous. On ne peut s'empêcher de rendre hommage à la valeur de ces troupes. La France leur doit plus d'une victoire, et dans plusieurs circonstances on les a vus braver la mort pour celui qui les avait *achetés*. On se sert de cette expression pour faire remarquer que cette condition de troupes *vendues* justifie en quelque sorte leur conduite opposée dans d'autres conjonctures. Si en effet deux puissances contractent des engagemens, il faut que toutes deux y satisfassent; ou si l'une y manque, l'autre ne doit plus rien. Il y a plus, c'est que la partie lésée est autorisée dans ce cas à user légalement de tous les moyens propres à faire exécuter le traité. Ce n'est donc pas sans raison que, privés de leur solde, qu'on suspendait ou qu'on retardait, les Suisses saisirent différentes fois les occasions les plus favorables pour refuser leurs services, si l'on ne faisait droit à leurs justes réclamations; et bien certainement on aurait tort de leur reprocher leur défection au combat de la *Bicoque* en 1522, et la prise de François Ier à la bataille de *Pavie* en 1524. Aussi ce prince n'en faisait-il point mépris, puisque lui-même en fit lever, le 1er juillet 1544, quarante-huit compagneis, qu'il tint sur pied jusqu'en octobre suivant. Henri II capitula à son tour avec eux en 1549, et cette alliance fut renouvelée en 1564. Charles IX eût été fort en danger, si les six mille Suisses qu'il courut rejoindre à Monceaux le 29 septembre 1567, ne l'eussent ramené dans Paris en dépit des protestans qui voulaient s'emparer de sa personne.

Italiens et Piémontais. Ce fut en 1515 que François Ier prit à sa solde les bandes de Piémont, et en 1584 que Henri III leva celles de Montferrat.

VOLONTAIRES, institués en 1479.

Il n'en existait plus depuis 1487, quand François Ier, par une ordonnance du 12 février 1533, ordonna l'enrôlement de tous les *vagabonds et gens sans aveu*. Cette mesure, qui dut causer d'abord quelque surprise, avait cependant un but très-sage et très-politique, celui de purger les provinces, que ce monarque avait l'intention de faire concourir à la composition d'une armée nationale; ce qu'il manifesta par une autre ordonnance du 24 juillet 1534, par laquelle ce prince créa sept *légions* de volontaires, qui devaient présenter ensemble un effectif de quarante-deux mille hommes, dont trente mille *hallebardiers* et douze mille *arquebusiers*. Cette ordonnance reçut un commencement d'exécution; mais la nécessité où l'on se trouvait en temps de guerre de diviser les troupes d'une même légion, fit abandonner cette nouvelle organisation, et l'on en revint aux bandes, qui présentaient bien moins d'inconvéniens. Cependant on doit croire que Henri II trouva que le plan de son prédécesseur offrait aussi quelques avantages, puisque ce prince, par une ordonnance de 1558, recréa sept nouvelles légions qui différaient peu des anciennes. Néanmoins, cette seconde tentative n'eut pas plus de succès que la première. Les guerres des Huguenots, et la défection de quelques compagnies qui se déclarèrent pour le prince de Condé, suspendirent l'organisation de ces corps, et en dissipèrent ce qui était déjà rassemblé. Toutefois les légionnaires ne furent point perdus ; ceux-ci, aussi bien que les vieilles bandes, servirent à former de nouveaux corps auxquels on donna le nom de *régimens*, comme les appelaient les Allemands et les Suisses ; *et quoiqu'on ne trouve marqué nulle part en quel lieu se fit cette organisation, il est certain*, dit le P. Daniel, *que ce ne fut point plus tard qu'en* 1562.

Quant au titre de *volontaires*, ce fut à l'époque de l'organisation des régimens qu'il cessa d'être en usage pour désigner les troupes nationales qui n'appartenaient point au ban et arrière-ban. Ces troupes furent comprises sous le nom d'*infanterie française*, et celles qui étaient tirées des États voisins, sous celui d'*infanterie étrangère*.

CAVALERIE.

BAN ET ARRIÈRE-BAN, institué en 420.

Ce corps, qui fit le service à pied en 1545, cessa tout-à-fait en 1544 de marcher comme grosse cavalerie, et ne fut plus astreint qu'au seul service de *chevau-légers*.

CAVALERIE D'ORDONNANCE, créée en 1444.

Gendarmerie. On dit qu'il en existait cinquante compagnies en 1547 ; mais comme l'usage était alors de comprendre sous ce titre les compagnies de gendarmes et celles de chevau-légers, il est présumable que la moitié de ces compagnies étaient de chevau-légers.

Chevau-légers. Leur nombre fut réduit à trois mille en 1547. Cette troupe s'accroissait, dans certaines occasions, des compagnies du ban et arrière-ban qui depuis 1554 n'étaient plus astreintes qu'à ce service.

CAVALERIE LÉGÈRE, instituée en 1126.

Elle était composée, comme pendant la période précédente, des *carabins*, des *stradiots* et des *argoulets*.

DRAGONS, institués vers 1541.

Ce fut Charles de Cossé, maréchal de Brissac, qui imagina et leva cette milice, lorsqu'il était à la tête des armées françaises détachées dans le Piémont. D'après le témoignage de plusieurs écrivains, ce maréchal s'étant vu forcé de battre en retraite, et manquant de troupes à cheval, aurait suppléé à leur défaut en faisant délivrer aux *arquebusiers* tous les chevaux de trait disponibles, et ce seraient l'activité et la valeur que montrèrent ces nouveaux cavaliers dans une circonstance si difficile, qui les auraient fait appeler *dragons*, nom qui emporte en effet l'idée du courage, et qui pour cette raison avait été donné à Constantin Paléologue, empereur des Grecs. Au surplus, cette version s'accorde parfaitement avec l'ancienne manière d'être, ou la condition de cette troupe, puisque pendant près de trois cents ans les *dragons* n'ont cessé de faire le double service de fantassins et de cavaliers, et qu'indépendamment du nom de dragons, ils portèrent aussi successivement ceux d'*arquebusiers*, de *mousquetaires* et de *fusiliers*, par lesquels on désignait les troupes d'infanterie.

ARTILLERIE.

La garde de l'artillerie, passée récemment aux lansquenets, fut reprise par les Suisses en 1516. Cette arme fit de si rapides progrès sous François Ier, que déjà en 1525 le parc d'artillerie employait jusqu'à quatre mille chevaux. Quelques nouveautés se firent aussi remarquer parmi les projectiles. En 1536, des grenades furent ajoutées aux munitions destinées pour Arles, que menaçait

Charles-Quint; en 1577, les Polonais, au siége de Dantzig, conçurent l'idée bizarre et terrible de tirer à boulets rouges; enfin, en 1580, parurent les bombes dont Valturins avait proposé l'usage; l'essai en fut fait par un artificier de Venloo, qui réussit à brûler *Wactendoenck* avec ces nouveaux projectiles.

Quoiqu'on ait exclu de ce travail tous les essais et toutes les inventions qui n'ont point eu un résultat positif pour l'armée, on croit devoir en excepter les mines artificielles et flottantes que Jennibelli construisit en 1585 pour la défense d'Anvers. Cette espèce d'artillerie, connue sous le nom de *machines infernales*, est employée sur mer pour faire sauter les vaisseaux de l'ennemi.

GÉNIE.

Cette arme, obligée de lutter contre le grand développement donné à l'attaque, ne tend sans cesse qu'à ruiner ses propres inventions. A la mine succède la contre-mine, qui sert à défendre Naples en 1521, et Marseille en 1527. Les architectes chargés jusque là du soin de bâtir sur un modèle uniforme les places et les châteaux antiques, finissent par devenir étrangers aux nouveaux travaux que nécessitent les effets de la poudre; les *ingénieurs* les remplacent, et la fortification devient dans leurs mains une science plus féconde en combinaisons. On retrouve dans leurs ouvrages les types de la contre-garde, des chemins couverts, des places d'armes, et de la plupart des systèmes en tenailles, à redans, bastionnés et casematés. La Flandre et la Hollande se couvrent, au milieu des guerres civiles, de lignes et de forteresses. Dans ces travaux immenses s'exécutent presque tous les ouvrages extérieurs qui de nos jours encore entrent dans la composition des places. Là commence un art important, celui de ménager les eaux pour la défense des places et du pays. En 1552, Bonnel construit au fond des fossés des moineaux ou petites casemates enterrées, crénelées à fleur de terre, et percées d'évens pour laisser évaporer la fumée des arquebusades ; en 1558, Montluc, pour soutenir la tranchée, imagine les demi-places d'armes.

TROUPES DIVERSES.

MARÉCHAUSSÉES, instituées en 1060.

On n'a pas connaissance que ce corps, pendant cette période, ait éprouvé de changemens importans.

PIONNIERS.

Les *pionniers* ne sont encore portés ici que pour

mémoire. La raison qu'on a déjà donnée de cette disposition se trouve appuyée par un passage de notre histoire qui nous apprend qu'en 1515 « le roi » renforça son armée de trois mille pionniers *non* » *militaires.* »

GARDE NATIONALE, instituée en 1493.

Les renseignemens recueillis sur cette troupe, pendant la période qu'embrasse ce tableau, ne méritent pas d'être rapportés.

ORGANISATION DES CORPS MILITAIRES.

Les bandes d'infanterie, qui étaient fortes en 1515 de mille et quelquefois même de deux mille hommes, furent réduites en 1527 à quatre cents. Mais suivant l'ordonnance du 24 juillet 1534, portant institution des légions, celles-ci dûrent comprendre six bandes de mille hommes, commandées chacune par un capitaine. Chaque bande se divisait en deux fractions placées chacune sous le commandement d'un lieutenant qui avait sous ses ordres un enseigne, deux fourriers, trois sergens, deux tambourins et un fifre. Les soldats étaient partagés par sections de cent hommes, tant *arquebusiers* que *hallebardiers*, commandées par un centenier et quatre caps d'escadre suppléés au besoin par des lanspessades, c'est-à-dire par des soldats appointés qui les aidaient dans leur service. En 1558, lors du rétablissement des légions, l'organisation de ces corps éprouva quelques changemens. Chaque légion fut divisée en quinze compagnies fortes chacune de quatre cents hommes, et commandée par un capitaine et un lieutenant avec un enseigne, des sergens et des caporaux; les soldats, comme dans les anciennes légions, étaient partagés en *piquiers* et *arquebusiers*. Cette dernière organisation fut aussi celle qu'on donna aux *régimens*, sauf le nombre de compagnies, qui fut plus ou moins considérable, selon la fortune ou le rang des colonels.

C'est pendant cette période que quelques soldats commencèrent à jeter des *grenades;* plusieurs écrivains en fixent même l'époque à l'an 1536.

Quant à la cavalerie, on sait que la lance fut portée à huit chevaux en 1515. Elle se composait de l'homme d'armes, de cinq archers, d'un écuyer et d'un valet; mais la solde de ces troupes étant devenue insuffisante, François Ier, par une ordonnance de 1530, réduisit les compagnies, à quatre-vingts lances, et fit répartir entre celles-ci la paie des vingt lances réformées. Cela dura jusqu'en 1547, que Henri II supprima les écuyers et les valets, et fixa la composition des compagnies de gendarmerie ainsi qu'il suit, savoir : un capitaine, un lieutenant, un enseigne, un guidon, un maréchal des logis, trente-cinq maîtres et soixante-quinze archers.

On va passer maintenant à l'examen des différens emplois.

CAPITAINES GÉNÉRAUX, créés en 1448.

François Ier s'étant réservé ou plutôt ayant ajourné la nomination des colonels créés dans les légions, les capitaines de compagnie qu'il chargea d'en remplir provisoirement les fonctions furent appelés *capitaines généraux* jusqu'en 1543, que le roi nomma enfin les nouveaux chefs de légions. Ainsi la date de création indiquée n'est pas celle de ces officiers, mais celle des capitaines généraux qui commandaient anciennement les bandes de francs-archers.

COLONELS, créés en 1534.

Leur nomination n'eut lieu qu'en 1543. L'année suivante on leur donna le titre de *mestre de camp*; ceux de l'infanterie seulement reprenaient leur premier nom quand la charge de *colonel général* devenait vacante.

LIEUTENANS-COLONELS, créés en 1543.

Cette dénomination n'indiqua pendant cette période qu'une fonction qui ne changeait rien au grade. Elle était donnée au capitaine qui avait le commandement de la compagnie *colonelle* du régiment du colonel général.

SERGENS-MAJORS, créés en 1515.

Le sergent-major d'un régiment était un officier du corps qui remplissait les mêmes fonctions que les *majors* actuels; ce dernier nom ne leur a été donné que dans le courant de la période suivante.

AUMÔNIERS, créés vers 1558.

On a déjà dit que depuis la conversion de Clovis il existait à la suite des armées des ecclésiastiques qui étaient chargés de la confession et de l'instruction religieuse des troupes; mais jusqu'ici on n'a pas eu occasion de les comprendre dans l'organisation des corps; on ne saurait même assurer en quel temps ils y furent introduits. Cependant on a cru pouvoir le fixer à l'an 1558, qui est l'époque de l'institution des *régimens*.

CAPITAINES, créés en 1355.

LIEUTENANS, créés en 1444.

SOUS-LIEUTENANS, créés vers 1585.

Le sous-lieutenant d'une compagnie en est le troisième officier. Quoique l'époque de la création de cet emploi soit incertaine, on peut néanmoins la fixer à la fin de cette période, puisqu'on trouve déjà des militaires de ce grade sous le règne de Henri IV.

Seulement on doit faire observer qu'il n'en existait alors que dans les compagnies de cavalerie.

CORNETTES, créés en 1495.

ENSEIGNES, créés en 1444.

GUIDONS, créés en 1444.

MARÉCHAUX DES LOGIS, créés en 1444.

FOURRIERS, créés en 1534.

Le fourrier d'une compagnie était chargé de tout ce qui avait rapport au logement. Il n'agissait toutefois que sous les ordres du maréchal des logis, qui prit dans le suite le nom de *fourrier-major*, pour le distinguer des *maréchaux des logis* qui remplissaient dans les compagnies de cavalerie les mêmes fonctions que les *sergens* dans les compagnies d'infanterie.

SERGENS, créés vers 1485.

CENTENIERS, créés en 1534.

Cet emploi, qui n'existait que dans les légions, fut supprimé en 1558.

COUTILIERS, créés vers 770.

Ces cavaliers, qui portèrent jusqu'en 1445 le nom d'*écuyers*, reprirent ce dernier titre en 1515. On supprima leur emploi en 1547.

CAPS D'ESCADRE, créés en 1534.

On appelait *escadre* la quatrième partie d'une *centène*, et *cap* ou chef d'escadre celui qui la commandait. Ce titre fut remplacé en 1558 par celui de *caporal*, et le nom d'*escouade* fut en même temps substitué à celui d'escadre.

LANSPESSADES, créés en 1534.

Les lanspessades étaient, comme on l'a déjà fait remarquer, des soldats appointés qui aidaient ou suppléaient les caporaux dans leur service.

PAGES, créés vers 770.

L'emploi de *page* fut supprimé en 1547. Ces espèces de militaires portaient alors le nom de *valet*, qui leur avait été donné en 1515.

TAMBOURINS, créés en 1534.

Ce sont les mêmes qu'on appelle aujourd'hui *tambours*, nom qui leur fut donné en 1558.

TROMPETTES, créés vers 1444.

FIFRES, créés en 1534.

Le *fifre* est un instrument trop connu pour en donner l'explication. On notera seulement que les militaires qui en jouaient dans les légions, et qu'on désignait par le nom même de cet instrument, entrèrent aussi dans la composition des régimens.

ÉQUIPEMENT ET ARMEMENT.

Dès l'an 1533, les *archers* commencèrent à avoir une manche à la livrée de leur capitaine. Cet usage ne cessa que sous le règne de Henri II, qui institua les écharpes. Chaque soldat en portait deux en croix ; l'une à la livrée de la nation, l'autre à la livrée du corps. C'est aussi vers la même époque que la casaque fut abolie.

En 1550, l'équipement de la cavalerie légère se composait :

Pour les *carabins*, du cabasset en tête, d'une cuirasse échancrée à l'épaule droite, afin de mieux coucher en joue, et du gantelet à coude pour la main qui tenait la bride ;

Pour les *stradiots*, d'une cotte ou soubreveste d'armes, courte et sans manches ; d'une salade à vue coupée, et de manches et gants de mailles.

Les argoulets portaient le cabasset.

Le mousquet fut introduit en 1527 ; mais les arquebuses n'en continuèrent pas moins d'être en usage, ainsi qu'on en a la preuve par l'organisation des légions, et même l'institution des dragons ou *arquebusiers à cheval,* qui n'eut lieu que sous le maréchal de Brissac, en 1541. Le mousquet n'était encore à cette époque qu'une arme grossière, réservée pour les siéges, et d'ailleurs si pesante, qu'on était obligé, pour la tirer, d'en appuyer l'extrémité sur une fourchette; on peut citer encore la bataille de Cérisolles (1544), où les arquebusiers étaient commandés par le capitaine Montluc. Cependant le travail des armes à feu s'était déjà beaucoup perfectionné, car dès l'année 1543 le pistolet fut donné aux cavaliers et aux mineurs; l'année suivante on en arma quelques fantassins. Toutefois le pistolet n'entrait pas absolument dans l'armement des gendarmes; une ordonnance de 1549 les invite seulement à en avoir à l'arçon, *si bon leur semble*.

Les autres armes des cavaliers étaient, pour les gendarmes, l'épée et la lance; pour les carabins, une longue escopette de trois pieds et demi; pour les argoulets, une arquebuse de deux pieds et demi de long; et pour les stradiots, la masse à l'arçon et la zagaie au poing, espèce de pique longue de dix à douze pieds.

RECRUTEMENT.

Un travail dressé pour le ministère de la guerre, imprimé en 1815, et intitulé : EXPOSITION DES MOYENS SUCCESSIVEMENT EMPLOYÉS POUR RECRUTER L'ARMÉE, contient le passage suivant :

« On trouve à la date du 24 juillet 1534, une
» ordonnance de François Ier sur les bandes de gens
» de pied. Cette ordonnance porte qu'il sera levé

» sept légions de pied, fortes chacune de six cents
» hommes.

» Le contingent de chaque province fut déter-
» miné : la levée devait se faire par enrôlement :
» elle était trop nombreuse pour que ces enrôlemens
» fussent volontaires.

» L'armement et la solde étaient à la charge des
» provinces.

» On ignore sur quelles bases la répartition fut
» faite entre les provinces ; la population était alors
» inconnue. »

C'est tout ce qu'il a été possible de recueillir sur le recrutement de l'armée pendant le temps qu'embrasse ce tableau. Seulement on doit ajouter que par un édit du 4 juillet 1541, François Ier convertit le service que devaient les ecclésiastiques en contributions d'hommes et d'argent.

ADMINISTRATION ET INSTITUTIONS.

Le 22 octobre 1549, Henri II supprima la retenue de vingt sous par mois qu'exerçaient les capitaines de gendarmerie sur chaque lance de leur compagnie, ainsi que les fournitures que les officiers et les cavaliers d'ordonnance exigeaient de leurs hôtes ; et il augmenta en conséquence la solde de chaque grade. Ce changement a fait rapporter à cette époque l'institution des étapes; mais cette assertion se trouve contredite par le fait même de l'augmentation de la solde. Il faut seulement en conclure que les habitans cessèrent dès lors de devoir les vivres aux militaires.

Une ordonnance du 24 juillet 1534 disposa que les légionnaires qui se distingueraient par quelque action d'éclat recevraient un *anneau d'or*. Cette récompense fut en effet décernée l'année suivante à un soldat qui passa la Doire à la nage, pour s'emparer d'un bateau qu'il avait aperçu à l'autre bord, et qu'il entraîna avec lui au milieu d'une grêle de balles. Ce fait d'armes était d'autant plus méritoire, qu'on s'occupait alors d'établir un pont sur la Doire, et que la prise du bateau procura un moyen de favoriser cette entreprise.

Une autre institution qui se rapporte encore à cette période, est celle de l'ordre du *Saint-Esprit*, créé le 31 décembre 1579.

C'est aussi pendant le même temps, c'est-à-dire en 1522, que les chevaliers de Saint-Jean-de-Jérusalem furent chassés de l'île de *Rhodes*, dont ils portaient le nom depuis la prise de cette île en 1309. Ces moines guerriers ayant obtenu de Charles-Quint la possession de *Malte*, que ce prince leur céda en 1530, ils adoptèrent ce nouveau nom, qu'ils portent encore aujourd'hui, quoique cette île ait cessé de leur appartenir.

PRÉCIS HISTORIQUE ET CHRONOLOGIQUE

DES OPÉRATIONS MILITAIRES.

En 1515, François Ier passe les Alpes pour recouvrer le Milanais. Le 13 septembre, bataille de Marignan, où les Suisses laissent quatorze mille hommes sur le champ de bataille.—Conquête du Milanais.

En 1520, guerre dans les Pays-Bas, entre François Ier et Charles-Quint. Prise de Saint-Amand, de Mortagne et de Mouzon par les Impériaux, qui mettent ensuite le siége devant Mézières, dont la défense est confiée à Bayard, qui les oblige à se retirer.

En 1522, reprise de la Navarre par les Espagnols. — Le 22 avril, bataille de la Bicoque, entre Monza et Milan, où l'insurbordination des Suisses cause la défaite des Français. Par suite de cette victoire, les Impériaux s'emparent de Lodi, de Pizzigithone et de Crémone, dont le château seul tient bon.—Le 30 mai, prise d'assaut et sac de Gênes par les mêmes. — Pendant ce temps, les Anglais ravagent les côtes de la Normandie, descendent en Bretagne, brûlent Morlaix, et reviennent ensuite se jeter dans la Picardie, où le duc de Vendôme les oblige enfin à la retraite.

En 1523, les Français continuent leurs opérations militaires en Italie ; ils s'emparent d'une partie du Milanais, et forment le blocus de Milan. Bayard prend Lodi et ravitaille Crémone. — Les Anglais, qui ont reparu en Picardie, sont tenus en respect par La Trémouille.

En 1524, Fontarabie, assiégée depuis un an, se rend aux Espagnols. — Les Impériaux reprennent le dessus ; les Français, chassés de Milan, sont poursuivis et atteints près des bords de la Sézia ; là Bayard et Vandenesse, qui dirigeait l'artillerie, sont tués dans un combat où l'amiral Bonnivet a reçu lui-même un coup de mousquet. Les vainqueurs entrent en Provence, et mettent le siége devant Marseille. Après quarante jours d'attaques non interrompues, ils sont contraints de se retirer. François Ier s'enfonce alors dans le Milanais ; il entre à Milan le 15 octobre, et le 28 du même mois, ce prince met le siége devant Pavie.

En 1525, le 24 février, bataille de Pavie, où François Ier tombe au pouvoir des Impériaux ; La Trémouille et Bonnivet y sont tués.

En 1526, le 14 janvier, traité de Madrid entre l'empereur et François Ier, par lequel ce prince rachète sa liberté en cédant le duché de Bourgogne et le comté de Charolais ; il renonce également à ses prétentions sur Naples, Milan et Gênes, et laisse ses deux fils en ôtage.

En 1527, ligue entre la France et l'Angleterre, qui a pour but principal d'obliger Charles-Quint à rendre les deux princes qu'il s'obstine à retenir.

En 1528, Charles-Quint et François Ier se défient réciproquement.—Le 19 septembre, les Français emportent Pavie d'assaut.

En 1529, le 3 août, traité de Cambrai, par lequel Charles-Quint se désiste de ses prétentions sur la Bourgogne, et François Ier renonce à l'hommage de la Flandre et de l'Artois, s'engageant en outre à payer deux millions d'écus pour la rançon de ses fils.—Le 30 août, bataille de Landriano, gagnée par les Impériaux sur le comte de Saint-Paul, qui y est fait prisonnier. L'ennemi reprend Pavie.

En 1536, nouvelle guerre entre Charles-Quint et François Ier. Soixante mille Impériaux passent le Var, et viennent mettre le siége devant Marseille; la résistance de cette ville les oblige bientôt à la retraite, et Charles-Quint repasse les Alpes. D'autres troupes de ce prince s'emparent de Guise en Picardie; mais Péronne, qu'elles vont ensuite attaquer, se défend si vigoureusement, qu'elles finissent par lever le siége.

En 1537, continuation des hostilités entre les mêmes.—Prise d'Hesdin et de Saint-Venant par es Français, qui s'emparent encore de quelques autres places. Les Impériaux, de leur côté, reprennent ce que les Français leur avaient enlevé pendant la campagne précédente.— Le 10 juillet, trève de dix mois, pour les Pays-Bas et la Picardie seulement.

En 1538, le 18 juin, traité de Nice; François Ier et Charles-Quint conviennent d'une trève de dix ans.

En 1543, un acte de mauvaise foi de la part de Charles-Quint rallume la guerre entre les deux souverains.

En 1544, le 14 avril, bataille de Cérisolles près de Carignan, où les Impériaux perdent treize mille hommes, dont trois mille prisonniers. — Paix de Crépy en Valois, signée le 17 septembre.

En 1548, Henri II s'empare de toutes les places qui avoisinent Boulogne, que le roi d'Angleterre devait remettre à François Ier.

En 1551, rupture entre Henri II et Charles-Quint.

En 1552, siége de Metz par l'empereur.

En 1553, le duc de Guise, qui défend Metz, force l'ennemi à lever le siége, après avoir perdu près de trente mille hommes. Charles-Quint, furieux de cet affront, attaque Thérouenne et Hesdin, qu'il prend successivement.

En 1554, le 3 août, bataille de Marciano, en Toscane, gagnée par les Impériaux sur le maré-

chal de Strozzi; siége de Sienne par les mêmes.—
Le 13 août, combat de Renti, où Gaspard de Ta-
vannes taille en pièces deux mille hommes de
l'armée impériale.— Siége de Renti par les Français, qui sont bientôt forcés de l'abandonner, faute
de vivres.

En 1556, le 5 février, trève de cinq ans, signée
à Vaucelle entre l'empereur et Henri II.

En 1557, la guerre se rallume entre le roi et
Philippe II, fils et successeur de Charles-Quint.
Marie, reine d'Angleterre, se déclare en même
temps contre la France.— Le 10 août, bataille de
Saint-Quentin, où les Français perdent douze mille
hommes, dont neuf mille blessés ou prisonniers
et trois mille tués, au nombre desquels est le duc
d'Enghien ; le connétable de Montmorency fait
partie des prisonniers. Saint-Quentin, défendu par
Coligni, n'est emporté qu'au onzième assaut, le
27 août.— Le Catelet, Noyon, Chauny tombent
également au pouvoir des Espagnols, tandis que
les Anglais se rendent maîtres de Ham.

En 1558, le 1ᵉʳ janvier, siége de Calais par le
duc de Guise, qui prend la citadelle d'assaut, et
force la ville à capituler au bout de dix jours.—
Le 23 juin, le même prend Thionville après dix-sept
jours de siége.— Le 2 juillet, le maréchal de Ther-
mes, nommé depuis huit jours, investit Dunkerque et le prend d'assaut.— Le 13 du même mois,

ce maréchal est fait prisonnier à la bataille de Gravelines gagnée par les Espagnols. — Au mois d'août, combat de Péquigny, où le duc de Nemours surprend le camp des ennemis et le met en déroute.

En 1559, paix de Cateau-Cambrésis, stipulée le 2 avril avec l'Angleterre, et le lendemain avec l'Espagne.

En 1560, conjuration d'Amboise ayant pour but l'enlèvement du roi et le massacre des Guises.—Défaite et punition des coupables; La Renaudie, leur chef, périt en se défendant. — Le 1ᵉʳ mars, massacre de Vassi, commis sur les Calvinistes par les gens du duc de Guise.

En 1562, première guerre de religion. — Le prince de Condé, qui commande les Protestans, prend successivement Orléans, Blois, Tours, Angers, Poitiers, La Rochelle, Rouen, Dieppe, le Havre et Lyon.— L'armée royale entre en Normandie et fait le siége de Rouen, qu'elle emporte d'assaut; le roi de Navarre y reçoit une blessure mortelle. — Condé, venu jusqu'aux portes de Paris, et repoussé par le duc de Guise, se rend en Normandie dans le dessein de s'unir aux Anglais, qui lui ont acheté le Havre.— Le 19 décembre, bataille de Dreux, où les chefs des deux partis, le connétable et Condé, sont faits prisonniers.

En 1563, le 5 février, siége d'Orléans par le duc de Guise, qui est assassiné devant la place, le 18 du même mois, par Poltrot de Méré, gentilhomme protestant. — Le 28 juillet, le Havre, investi par le maréchal de Brissac, est forcé de se rendre. — Paix avec l'Angleterre.

En 1567, les Protestans, qui ont formé le projet de se rendre maîtres du roi, alors à Meaux, sont arrêtés dans cette entreprise par la valeur et la fidélité des Suisses, qui ramènent Charles IX dans Paris. Les conjurés, désappointés, n'en sont que plus animés; une seconde guerre de religion commence. — Le 25 octobre, Condé s'approche de Paris. — Le 19 novembre, bataille de Saint-Denis, où le connétable de Montmorenci, âgé de soixante-quatorze ans, reçoit huit blessures mortelles.

En 1568, le 27 mars, paix de Longjumeau, entre les Catholiques et les Protestans. — Au mois de septembre, Condé, qu'on veut faire arrêter, reprend les armes, et entre le 19 de ce mois dans La Rochelle.

En 1569, le 13 mars, bataille de Jarnac, où le prince de Condé, qui est blessé au bras et a la jambe cassée, est fait prisonnier et assassiné de sang-froid par le capitaine des gardes du duc d'Anjou. — Le 25 juin, bataille de La Rochelle-Abeille, en Limosin, gagnée par l'amiral Coligni, qui perd le 3 octobre celle de Moncontour, où il reçoit une blessure. Douze cents Français périssent dans cette affaire.

En 1570, le 25 juin, combat d'Arnay-le-Duc, où Coligni, avec six mille hommes, sans canons, défait le maréchal de Cossé, qui commandait treize mille Catholiques. — Le 15 août, paix de Saint-Germain-en-Laye en faveur des Protestans; ils obtiennent quatre places de sûreté : La Rochelle, Montauban, Cognac et La Charité.

En 1572, le 24 août, assassinat de l'amiral Coligni. Ce crime devient le signal du massacre général des Protestans accourus à Paris pour assister au mariage du roi de Navarre (Henri IV). Ce prince n'évite lui-même la mort qu'en abjurant le calvinisme. Cependant plusieurs gouverneurs de provinces refusent d'exécuter les ordres de la cour, qui leur commandent de faire main-basse sur tous les Protestans. Ceux-ci, instruits des événemens, courent aux armes et s'emparent des plus fortes places du Berri, de l'Aunis, du Poitou, du Vivarais, des Cévennes et du Languedoc.

En 1573, siége de La Rochelle par le duc d'Anjou. Le 24 juin, après neuf assauts, où les assiégeans ont perdu beaucoup de monde, cette ville traite à des conditions avantageuses. — Le 6 juillet, édit de pacification, auquel plusieurs garnisons protestantes refusent de se soumettre.

En 1576, les Protestans, renforcés de huit mille

Allemands, consentent à la paix que leur offre la cour. Le libre exercice de leur religion, la concession de chambres mi-parties dans les huit parlemens du royaume, c'est-à-dire de chambres composées d'un égal nombre de membres catholiques et protestans, et des places de sûreté, sont les conditions principales de ce traité.

En 1580, prise de La Fère par le maréchal de Matignon.

En 1584, ligue contre le roi de Navarre; les Guises en sont les chefs.

En 1585, les Ligueurs choisissent le cardinal Charles de Bourbon pour l'opposer au roi de Navarre dans ses prétentions à la couronne de France. — Traité de paix conclu à Nemours au désavantage des Protestans, qu'il dépouille de tout ce qui leur avait été accordé. Cette nouvelle frappe tellement le prince de Béarn (Henri IV), qu'un côté de sa moustache en blanchit, dit-on, tout-à-coup.

En 1586, la guerre, momentanément suspendue par suite de quelques pourparlers, se rallume, et, sans cependant produire aucun événement remarquable, nourrit et fortifie la haine que se sont vouée les différens partis.

En 1587, la ligue des *Seize*, ainsi nommée parce que ceux qui la composaient étaient distribués dans les seize quartiers de Paris, oblige le roi à continuer la guerre contre l'héritier présomptif de la couronne. — Le 20 octobre, bataille de Coutras en Guienne, gagnée par le roi de Navarre sur le duc de Joyeuse. — Le 27 du même mois, combat de Vimori, où les Suisses et les Allemands qui rejoignent le roi de Navarre, sont battus par le duc de Guise. — Le 24 novembre, combat d'Auneau en Beauce, où le même taille en pièces la plus grande partie de ces troupes, et dissipe le reste.

En 1588, le 9 mai, le duc de Guise rentre dans Paris, malgré la défense du roi. — Le 12, Henri III rassemble dans cette ville un corps de six mille Suisses; les Parisiens, effrayés et animés par les Ligueurs, tendent des chaînes, barricadent les rues, les dépavent, garnissent de pierres leurs fenêtres, sonnent le tocsin, et investissent les Suisses, qui n'ont point d'ordre de s'opposer à ces mouvemens hostiles. Cependant Henri III, que cette émeute épouvante, sort le lendemain de Paris, et va passer l'été à Rouen. — Le 23 décembre, le duc de Guise est assassiné comme il entrait dans le cabinet du roi; le lendemain son frère éprouve le même sort.

En 1589, le sang des Guises ranime le feu de la guerre civile. Les Ligueurs sont résolus à tout entreprendre pour venger la mort de leurs chefs; ils donnent le commandement au duc de Mayenne, qui reçoit en même temps le titre de lieutenant-général de la couronne de France. — Dans ces fatales circonstances, Henri III, menacé de toutes parts, a recours au roi de Navarre. Les Royalistes et les Calvinistes se réunissent pour faire cause commune. Les deux souverains, après avoir fait quelques progrès du côté de la Loire, marchent sur Paris pour en faire le siége. Le 26 juillet, ils sont rejoints par un corps de dix mille Suisses, et le 31 du même mois, Henri III établit son quartier à Saint-Cloud. Ce prince, assassiné le lendemain par Jacques Clément, jeune moine fanatique, mourut le 2 août, du coup de couteau qu'il avait reçu dans le bas-ventre.

HUITIÈME TABLEAU.

PÉRIODE DE 1589 A 1789.

INFANTERIE LÉGÈRE,
CARABINIERS, CUIRASSIERS, CHASSEURS, CHEVAU-LÉGERS, HUSSARDS.

HUITIÈME TABLEAU.

ÉPOQUES.	PRINCES QUI ONT SUCCESSIVEMENT OCCUPÉ LE TRÔNE.
	DESCENDANS DE SAINT LOUIS, Par Robert de France et Antoine de Bourbon.
2 août 1589.	Henri IV.
14 mai 1610.	Louis XIII.
14 mai 1643.	Louis XIV.
1er sept. 1715.	Son arrière-petit-fils : Louis XV.
10 mai 1774 à 1789.	Son petit-fils : Louis XVI.

TRAIT HISTORIQUE.

La prise de Prague eut lieu le 26 novembre 1741. La manière dont les Français s'emparèrent et sortirent de cette ville nous a paru devoir faire l'objet d'un récit particulier.

Les troupes françaises s'étaient réunies autour de cette place sous le commandement du comte Maurice de Saxe, qui avait la mission de la mettre au pouvoir de l'électeur de Bavière. L'entreprise n'était pas facile. M. de Chevert, qu'anime le désir de vaincre, s'adresse à un grenadier du régiment de Beauce : «Vois-tu cette sentinelle là-devant?— Oui, mon colonel. — Elle va te dire : *Qui va là ?* ne réponds rien, mais avance. — Oui, mon colonel. — Elle tirera sur toi et te manquera; fonds sur elle; je suis là pour te défendre.— Oui, mon colonel. » Aussitôt il s'approche ; on ajuste, le coup part, on le manque, la sentinelle est tuée ; et Chevert, déjà monté sur le rempart, est bientôt rejoint par les Français qui ont enfoncé les portes de la ville, où la victoire achève de couronner leur bravoure.

L'année suivante, le maréchal de Belle-Isle fut forcé de s'enfermer dans cette place, où vinrent l'assiéger les Impériaux. Manquant de secours et de vivres, il fait des propositions qui sont rejetées. Un corps d'armée qui s'avance pour le dégager est obligé lui-même de prendre poste dans les environs de Ratisbonne. Cependant la position du maréchal devenant plus critique, il sort de Prague pendant la nuit du 16 au 17 décembre, à la tête de quinze mille hommes, et exécute sur Egra cette belle retraite que les militaires mettent au nombre des plus savantes manœuvres. M. de Chevert, qui avait facilité la prise de la place, y fut laissé avec dix-huit cents hommes, qui n'en sortirent que le 2 janvier 1743, après avoir obtenu une capitulation honorable.

HUITIÈME TABLEAU.

MINISTRES DE LA GUERRE.

CHARGE créée en 1547.

Louis de Revol, depuis 1588.
De Neuville Villeroi, nommé en 1594.
Pierre Brulart, en 1606.
Claude Mangot, en 1616.
Armand Duplessis-Richelieu, en 1617.
Pierre Brulart, la même année 1617.
Charles de Beauclerc, en 1624.
Abel Servien, en 1630.
Michel Le Tellier, en 1645.
François-Michel Le Tellier de Louvois, en 1666.
Louis-François-Marie Le Tellier de Barbezieux, en 1685.
Michel Chamillard, le 5 janvier 1701.
Daniel-François Voisin, le 10 juin 1709.
Un conseil remplace le ministère, en 1715.
Claude Le Blanc, nommé ministre en 1718.
François-Victor de Breteuil, en 1723.
Claude Le Blanc, en 1726.
Nicolas-Prospère Bauyn, en 1728.
François-Victor de Breteuil, le 16 février 1740.
Marc-Pierre-Réné de Voyer d'Argenson, en 1744.
Antoine-Réné de Voyer de Paulmy, en 1751.

Charles-Louis-Auguste Fouquet de Belle-Isle, en 1758.

Etienne-François de Choiseul, en 1761.

De Monteynard, en 1771.

Louis-Nicolas de Félix du Muy, en 1774.

Le comte de Saint-Germain, le 12 décembre 1775.

Le prince de Montbarrey, le 10 octobre 1777.

De Ségur, en 1781.

Le comte de Brienne, en 1787.

ÉTAT-MAJOR GÉNÉRAL.

CONNÉTABLE, créé vers 752.

Cette charge fut supprimée par Louis XIII, en 1627, à la mort du connétable de Lesdiguières.

MARÉCHAL-GÉNÉRAL DES CAMPS ET ARMÉES, créé en 1660.

Le *maréchal-général* commandait tous les maréchaux de France. Le vicomte de Turenne fut le premier revêtu de cette charge, et le maréchal de Saxe le dernier.

MARÉCHAUX DE FRANCE, créés en 1185.

COLONELS GÉNÉRAUX, créés en 1544.

Celui des *carabins* fut supprimé en 1684, et sa charge réunie à celle du colonel général des dragons.

SERGENT-MAJOR GÉNÉRAL DE L'INFANTERIE, créé en 1515.

Une ordonnance du 10 décembre 1670 réduisit ce titre à celui de *major général*.

MESTRES-DE-CAMP GÉNÉRAUX, créés en 1552.

LIEUTENANT-COLONEL DE LA CAVALERIE LÉGÈRE, créé en 1560.

La charge de cet officier fut supprimée vers 1655. Ses fonctions ont été expliquées dans le tableau précédent.

CAPITAINES GÉNÉRAUX, créés en 1302.

Ce titre, qui n'était plus porté depuis 1558, du moins dans le sens d'*officier général*, que par les gouverneurs de province, fut ajouté en 1598 à celui de grand-maître de l'artillerie. Il fut également donné en 1635 au duc de Savoie pour commander en chef les armées d'Italie. L'autorité que Louis XIII entendit lui conférer par ce titre était telle, que le maréchal de Créqui, employé dans ce pays, eut ordre de lui obéir. MM. de

Castelnau, d'Humières, de Bellefonds et de Gadagne furent également élevés à cette dignité. On doit y ajouter le comte de Tessé, nommé capitaine général en 1702, et enfin le duc de Navailles, et le duc de Noailles. Mais ces derniers n'avaient d'autorité que sur les lieutenans généraux.

DUCS ET COMTES, créés en 420.

On cessera de porter ces anciens commandans militaires dans l'état-major général. L'institution des lieutenans généraux, qui date de 1633, peut être regardée comme l'époque où les titres de *duc* et de *comte* n'eurent plus d'autre signification que celle qu'ils ont aujourd'hui.

LIEUTENANS-GÉNÉRAUX, créés en 1633.

Ces officiers marchèrent immédiatement après les maréchaux de France, jusqu'au règne de Louis XIV. Le cardinal Mazarin fit alors revivre le titre de *capitaine général*, qui avait été donné au duc de Savoie en 1635 pour commander le maréchal de Créqui, employé alors à l'armée d'Italie. Mais il n'en fut pas tout-à-fait de même quand le cardinal rétablit cette dignité ; elle ne donna plus alors le commandement que sur les *lieutenans généraux*. MM. de Castelnau, d'Humières, de Bellefonds et de Gadagne sont les premiers qui furent honorés de ce titre ; on doit y ajouter M. le comte de Tessé, qui l'obtint en 1702 pour commander en Italie, et enfin les deux ducs de Noailles et de Navailles. Lorsque cette charge eut été supprimée, les lieutenans généraux reprirent rang après les maréchaux. On voit même par une ordonnance du 1er août 1765, qu'un lieutenant général pouvait, en cas de mort du *général en chef*, prendre le commandement de l'armée par préférence à un maréchal de France moins ancien que lui dans le même grade de lieutenant général.

MARÉCHAUX-DE-CAMP, créés vers 1534.

C'est seulement en 1666 que le nombre des *maréchaux-de-camp* s'étant beaucoup multiplié, ces officiers remplacèrent les sergens de bataille dans le commandement des brigades, qu'ils durent toutefois quitter l'année suivante, par suite de la création des *brigadiers*. Le commandement ne leur fut rendu qu'en 1788, époque de la suppression de ce nouvel emploi.

BRIGADIERS DES ARMÉES, créés en 1667.

Ces officiers, créés d'abord pour commander les brigades de cavalerie légère et de dragons, ne furent introduits dans l'infanterie que l'année suivante. Leur emploi fut supprimé le 17 mars 1788.

PORTE-CORNETTE BLANCHE, créé en 1495.

Les fonctions militaires de cette charge ont cessé sous Louis XIII.

MARÉCHAL GÉNÉRAL DES LOGIS DES CAMPS ET ARMÉES, créé en 1602.

On désignait ainsi l'officier général chargé de la répartition des logemens de l'armée. La cavalerie en avait un particulier.

AIDES-DE-CAMP, créés vers 1534.

SERGENS DE BATAILLE, créés en 1515.

Ces officiers quittèrent le commandement des brigades d'infanterie en 1666, et furent tout-à-fait supprimés en 1668.

MARÉCHAUX DE BATAILLE, créés en 1613.

Emploi de cavalerie analogue à celui de sergent de bataille. Il fut supprimé un an avant ce dernier, c'est-à-dire en 1667.

INSPECTEURS GÉNÉRAUX, créés en 1668.

L'emploi d'*inspecteur général* date de 1350; mais ce ne fut qu'en 1776 que le roi nomma et créa des inspecteurs. Jusque là ces officiers avaient été appelés *commissaires*, ou bien leurs fonctions avaient été remplies par les maréchaux de France ou les sergens de bataille. C'est encore ce qui arriva en 1776, époque où l'inspection des troupes entra momentanément dans les attributions des lieutenans-généraux et des maréchaux-de-camp.

DIRECTEURS GÉNÉRAUX, créés en 1694.

Il en fut créé quatre pour l'infanterie et autant pour la cavalerie. Ces officiers rendaient compte au ministre de la situation des troupes, d'après leurs propres revues ou celles des inspecteurs, qui se trouvaient alors placés sous leurs ordres. Ils décidaient toutes les difficultés qui pouvaient survenir pour cas de discipline et d'intérêt, et réglaient tout ce qui avait rapport aux différens services administratifs, tels que l'habillement, la solde, etc. La dépense presque superflue qu'occasionait cet emploi le fit supprimer à la mort de chaque titulaire.

OFFICIERS D'ÉTAT-MAJOR, créés en 1766.

Ces officiers, chargés spécialement des reconnaissances militaires, étaient divisés en trois classes : *colonels*, *lieutenans - colonels* et *capitaines* ou *lieutenans*. Ils furent supprimés en 1770 et rétablis en 1778; mais alors ils durent être choisis parmi les capitaines seulement.

MAITRE EN CHEF DE L'ARTILLERIE, créé en 1344.

Cet officier prit le titre de *grand-maître* et ca-

pitaine général de l'artillerie en 1598. Henri IV érigea alors cette dignité en charge de la couronne en faveur de Maximilien de Béthune, marquis de Rosny, depuis duc de Sully. Elle fut occupée en dernier lieu par le comte d'Eu, qui s'en démit en 1755, et n'a point été rétablie depuis.

MAITRES DE L'ARTILLERIE, créés en 1291.

Ces officiers prirent le nom de *directeurs de l'artillerie* en 1690.

CONTROLEUR GÉNÉRAL DE L'ARTILLERIE, créé en 1515.

Cet emploi fut supprimé en 1703.

SURINTENDANT DES FORTIFICATIONS, créé en 1543.

A la mort de Louvois en 1693, Louis XIV fit des fortifications un ministère particulier qu'il confia à M. Pelletier de Souzi, avec le titre de *directeur général des fortifications*. Cette charge, qui n'était plus depuis 1657 qu'un office administratif, fut supprimée le 4 décembre 1762.

COMMISSAIRE GÉNÉRAL DES FORTIFICATIONS, créé en 1657.

La direction des siéges et des travaux d'art ayant cessé en 1657 d'être attachée à la surintendance des fortifications, on institua l'emploi de *commissaire général,* qui fut supprimé à la mort de Vauban, en 1707. Le directeur général décida alors les questions d'art, en prenant l'avis d'un conseil formé des principaux ingénieurs.

DIRECTEURS DES FORTIFICATIONS, créés en 1602.

Ces officiers prirent le titre de *directeurs du génie* en 1690. Quelques-uns avaient déjà porté celui d'*ingénieur général,* qui explique mieux l'autorité qu'ils avaient sur les autres *ingénieurs.*

INGÉNIEURS ORDINAIRES DU ROI, créés en 1602.

Bien que les officiers qui se livraient aux travaux des fortifications eussent obtenu ce nouveau titre, il paraît qu'ils n'en continuèrent pas moins de compter dans les compagnies dont ils faisaient partie, et que ce ne fut qu'en 1690 qu'on en forma un corps particulier.

INGÉNIEURS GÉOGRAPHES, créés en 1688.

Ce titre fut donné en 1688 aux officiers d'infanterie qui s'occupaient des plans et des tracés que nécessitaient les opérations militaires ; et ils commencèrent alors à former un corps séparé. Un réglement du 2 septembre 1775 fixa leur uniforme. Une ordonnance du 31 décembre 1776 disposa aussi qu'il en serait attaché, *par extraordinaire,* au corps royal du génie. Toutefois ils ne furent réputés militaires que le 26 février 1777.

GOUVERNEURS, LIEUTENANS DE ROI ET MAJORS DE PLACES, créés en 987.

AIDES-MAJORS DE PLACES, créés en 1577.

SOUS-AIDES-MAJORS DE PLACES, créés en 1768.

Ce titre fut substitué le 1er mars 1768 à celui de *capitaine des portes*, emploi pour lequel on n'a pas d'autres renseignemens à donner.

INTENDANS D'ARMÉE, créés en 1635.

Ces fonctionnaires, dont le titre indique suffisamment les attributions, furent nommés *commissaires ordonnateurs en chef* en 1704.

COMMISSAIRES GÉNÉRAUX, créés en 1637.

Il n'en fut d'abord créé qu'un seul pour toute l'armée; mais cette charge étant trop considérable, on la laissa s'éteindre en 1654, et l'on se borna à créer un *commissaire général de la cavalerie légère*.

COMMISSAIRES ORDONNATEURS, créés en 1704.

L'ordonnance du 11 avril 1704 les institua pour exercer dans les camps et aux armées.

COMMISSAIRES PROVINCIAUX, créés en 1704.

Ils furent institués par la même ordonnance qui créa les précédens. Ces fonctionnaires avaient l'autorité sur les commissaires des guerres de leurs provinces respectives.

COMMISSAIRES DES GUERRES, créés en 1356.

Bien que ces fonctionnaires aient dû prendre l'uniforme en 1746, ils ne furent réputés militaires que le 20 août 1767.

CONSEILLERS COMMISSAIRES AUX REVUES,
créés en 1692.

Ils furent institués et établis dans tous les lieux d'étapes par une ordonnance du 27 août 1692. On les réunit aux *commissaires des guerres*, sous ce dernier titre, le 11 avril 1704.

CONTROLEURS DES GUERRES, créés en 1356.

Ces fonctionnaires furent supprimés par une ordonnance du mois d'avril 1782.

TROUPES DE LA GARDE.

Le nom ou la dénomination de *maison du roi* ne fut donnée aux troupes de la garde qu'en 1671. La suppression entière de ces troupes fut proposée en 1775 par le comte de Saint-Germain, qui venait d'obtenir le porte-feuille de la guerre. Le but de ce ministre était de faire faire le service de la cour par les corps d'infanterie et de cavalerie, à tour de rôle, afin que le roi pût connaître tous les militaires de son royaume. Mais cette mesure ne fut point jugée convenable; le roi, pour diminuer les dépenses, consentit seulement à réformer les *mousquetaires* et les *grenadiers à cheval*. Le même motif obligea, en 1787, à donner plus d'extension à cette réforme, comme on le verra par les notes qui accompagnent la désignation suivante des troupes de la garde.

GARDES DE LA PORTE, créés en 1261.

Il n'en existait qu'une seule compagnie, qui fut supprimée le 30 septembre 1787.

GARDES DE LA PRÉVOTÉ, créés en 1271.

GENTILSHOMMES dits *au bec de corbin*, créés en 1474.

Les deux compagnies de cavalerie de cette arme furent supprimées le 21 mai 1629. Cette troupe ayant été remise sur pied en 1649, la seconde compagnie fut licenciée de nouveau en 1688; l'autre éprouva le même sort en 1724.

CENT-SUISSES, créés en 1478.

GARDES-DU-CORPS, créés en 1248.

Les quatre compagnies de cavalerie de cette arme qui avaient été successivement organisées, ne cessèrent pas d'exister pendant toute la durée de cette période.

GARDES FRANÇAISES, créées en 1563.

GARDES SUISSES, créées en 1573.

Cette troupe se composa d'abord de deux compagnies d'infanterie. Elle ne fut organisée en régiment qu'en 1610.

CHEVAU-LÉGERS, créés en 1593.

Il n'en existait qu'une seule compagnie, qui fut comprise dans la réforme du 30 septembre 1787.

HOMMES D'ARMES, créés en 1600.

Ils prirent en 1609 le titre de *gendarmes du dauphin*, et ils étaient alors organisés en escadron. Mais, le 29 avril 1611, Louis XIII les réduisit à une seule compagnie, sous le nom de *gendarmes de la garde*, qu'ils conservèrent jusqu'au 30 septembre 1787, époque de leur suppression.

MOUSQUETAIRES, créés en 1622.

On n'en créa d'abord qu'une seule compagnie, qui fut supprimée en 1646. Cette troupe, rétablie en 1649, se partagea alors en deux compagnies; l'une d'elles fut licenciée en 1657, et remise sur pied en 1660. Leur existence se prolongea ainsi jusqu'au 15 décembre 1775, qu'on les réforma toutes deux.

GRENADIERS A CHEVAL, créés en 1676.

La seule compagnie de cette arme qu'on avait organisée pour la garde, fut supprimée le 15 décembre 1775.

INFANTERIE.

BAN ET ARRIÈRE-BAN, institué en 420.

Le ban et arrière-ban, qui avait fait le service à pied dans la période précédente, le fit encore de la même manière en 1639. Cette milice présentait alors si peu de ressources, qu'on fut obligé de permettre aux nobles l'équipage de fantassin, en se faisant seulement accompagner de deux de leurs serviteurs, dont l'un serait armé d'une pique, et l'autre d'une arquebuse. Cette décadence provenait de la dislocation des fiefs et de l'acquisition qu'en avaient faite les roturiers, qui n'appartenaient point à ce corps, ainsi que de l'exclusion des ecclésiastiques de tout service militaire.

AVENTURIERS, admis en 1176.

La fin des guerres de religion et l'avénement de Henri IV au trône de France furent le signal de la dispersion de ces troupes. Les seuls aventuriers qui restèrent dans le royaume furent ceux qu'on admit dans les régimens comme *enrôlés volontaires*.

TROUPES DE LIGNE, ci-devant VOLONTAIRES, instituées en 1479.

L'infanterie de ligne, pendant cette période, ne cessa pas d'être formée en régimens. Son recrutement continua aussi de se faire, tant par *enrôlemens volontaires* que par voie de *milices*. Ces deux espèces de recrutement sont traitées séparément aux articles qui leur sont réservés. Quant au nombre de régimens qui furent successivement organisés et employés simultanément, il serait impossible de le fixer d'une manière bien exacte, surtout pour les premiers règnes de cette époque. Car, bien que l'infanterie fût une troupe permanente, cependant quand une guerre était déclarée, quelques seigneurs obtenaient la faveur de lever des régimens provisoires, dont l'existence éphémère et mal constatée finissait presque en même temps que les hostilités. Il a donc fallu, pour établir le nombre des régimens qui furent successivement créés, s'en rapporter aux ordonnances dont il a été conservé des exemplaires. Après en avoir extrait les noms de tous les régimens créés ou supprimés, on a réuni à ces derniers les corps existans à l'époque de 1789; puis, remontant à l'origine de chacun d'eux au moyen des créations ordonnées et des renseignemens insérés dans différens documens et ouvrages militaires qui ont été également consultés, on est parvenu à obtenir, année par année, le nombre de régimens employés, y compris ceux de troupes étrangères, que, pour plus d'exactitude, on s'est déterminé à comprendre en bloc dans le même travail.

Il en est résulté, pour chaque règne, le détail suivant :

A l'avénement de Henri IV, en 1589, on ne comptait que quatre régimens, connus dans l'histoire sous le nom de *vieux corps*.

En 1620, lorsque Louis XIII lui succéda, ce nombre, qui s'était déjà élevé à dix, fut porté à quinze. A la mort de ce prince il était de trente-trois.

Sous Louis XIV, la force de l'armée prit un développement extraordinaire. En 1702, le nombre des régimens d'infanterie était de cent trente-huit; il fut porté cette même année à cent soixante-seize; à deux cent trente-cinq en 1705, à deux cent cinquante-neuf en 1706, et enfin à deux cent soixante en 1709; encore faut-il observer qu'on n'y a point compris les deux régimens de la garde.

En 1715, Louis XV, arrivé au trône, réduisit le nombre des régimens à cent dix-sept. Cette mesure était principalement le résultat de la paix de Rastadt, que Louis XIV avait signée l'année précédente. Cependant de nouvelles guerres étant survenues, plusieurs corps furent successivement ajoutés à ceux qu'on avait conservés; on en comptait cent trente-sept en 1747. Mais ensuite ce nombre diminua insensiblement; et lorsque Louis XVI prit la couronne, il n'en existait plus que quatre-vingt-onze, dont un, dit des *grenadiers de France*, avait été formé des compagnies d'élite des régimens supprimés en 1749.

Douze nouveaux régimens créés en 1776 en portèrent le nombre à cent trois ; il était même de cent cinq en 1787 ; l'année suivante on en supprima trois ; en sorte qu'à la fin de cette période il n'en existait plus que cent deux.

TROUPES ÉTRANGÈRES, admises en 1285.

Allemands. Les corps de cette nation finirent par se naturaliser en France. Les conquêtes de Louis XIV avaient agrandi le royaume de plusieurs pays qui fournissaient les recrues nécessaires pour tenir ces troupes au complet; et lorsque la révolution éclata, les régimens allemands n'étaient plus, pour ainsi dire, que des corps français qui avaient perdu insensiblement le caractère étranger.

Suisses. Les capitulations avec ces étrangers ayant cessé en 1602, ils demandèrent eux-mêmes à renouveler leur alliance, et la France s'empressa d'y adhérer. Ils conservèrent par conséquent la garde de l'artillerie; et ils en étaient encore en possession en 1670, lorsqu'elle passa au régiment des *fusiliers du roi*, créé cette même année pour être chargé spécialement de ce service. En 1697, le nombre des Suisses au service de la France était de trente-deux mille; mais en 1715 il fut réduit à quatorze mille quatre cents, répartis en huit régimens.

Italiens et Piémontais. Les corps qu'ils fournirent à la France finirent, comme les Allemands, par se *franciser*, en se recrutant de nationaux.

Catalans, Irlandais, Ecossais et Flamands. Toutes ces troupes, à la fin de cette période, n'avaient plus rien d'étranger que leur nom respectif, et elles entrèrent indistinctement dans la composition des corps français qui furent organisés au commencement de la révolution. Les *Catalans* s'étaient mis eux-mêmes sous la protection du roi, en 1651. Les *Irlandais* et les *Ecossais* avaient rejoint l'armée française en 1421; mais ils ne furent enrégimentés et comptés parmi nos troupes qu'en 1690. Enfin les *Flamands* ne différaient des Français que par le langage et les habitudes de leur pays, puisque leur admission dans l'infanterie française ne date que de 1678, époque à laquelle Louis XIV fit la conquête de la Flandre.

MILICES, créées en 1688.

Ces troupes remplacèrent les *archers des communes*. De même que ceux-ci, elles n'étaient point constamment sur pied; leur organisation seule était permanente, afin de les trouver prêtes quand les besoins de l'Etat exigeaient leur coopération. La première levée eut lieu le 29 novembre 1688; elles furent formées en bataillons jusqu'en 1702, époque de leur suppression par Louis XIV. Mais ce prince les ayant rétablies le 15 janvier 1719, elles furent de nouveau reconstituées en bataillons, et obtinrent en 1744 des compagnies de grenadiers, que l'on détacha de ces corps, l'année suivante, pour en former sept régimens de *grenadiers royaux*. Le nombre des milices ayant été augmenté en 1756, celui des régimens de grenadiers fut porté à onze. Ces derniers restèrent assemblés jusqu'en 1762, époque du renvoi des milices dans leurs provinces respectives. Ces troupes ne furent rappelées que le 4 août 1771; mais alors les noms de *milices* et de *miliciens* disparurent; on y substitua ceux de *troupes provinciales* et de *soldats provinciaux*. Cette fois leur organisation eut lieu en régimens; puis elles furent remises en bataillons en 1773 jusqu'au 15 décembre 1775, date de l'ordonnance qui prononça de nouveau leur dissolution. Cependant on les rétablit le 30 janvier 1778, et l'on en forma douze régimens, dont cinq étaient d'*état-major*, et sept d'*artillerie*. Enfin, l'année suivante, une ordonnance décida qu'indépendamment de ces régimens il serait créé autant de bataillons de troupes provinciales qu'il existait alors de régimens d'infanterie; mais aucun de ces bataillons, dits de *garnison*, n'avait encore été assemblé, lorsque l'abolition du régime des milices fut décrétée.

RECRUES, créées en 1702.

Une ordonnance du 26 janvier 1701 avait prescrit la levée de cinquante-sept bataillons de *miliciens* pour porter à deux bataillons les régimens qui n'en avaient qu'un. Cependant il restait encore à compléter les compagnies et les anciens bataillons, ce qui était assez difficile, attendu l'éloignement des troupes françaises, qui combattaient alors contre l'empereur, l'Angleterre, la Hollande et le duc de Savoie. Cette guerre rendait d'ailleurs nécessaire la présence des capitaines, qui n'avaient plus par conséquent le loisir de s'occuper de leurs recrues. Louis XIV, pour obvier à cet inconvénient, institua en 1702 plusieurs grands dépôts de *recrues*, c'est-à-dire d'hommes enrôlés volontairement, mais provoqués par des agens du gouvernement, qui recevaient à cet effet des gratifications susceptibles de s'accroître en raison du nombre d'hommes qu'ils enrôlaient. Ces dépôts, d'où l'on tirait les fantassins, les cavaliers et même les soldats d'artillerie, furent renouvelés annuellement jusqu'en 1712, époque à laquelle le congrès d'Utrecht, et les réformes dont la paix devait être la cause ou le signal, firent cesser cette mesure extraordinaire. Mais le 1er février 1763, elle fut remise en vigueur, et, chose assez singulière, les circonstances étaient alors tout opposées, puisque des préliminaires de paix avaient été signés le 3 novembre précédent. Cette fois on ne se borna pas à créer des dépôts; les recrues furent organisées en régimens, et l'on en éleva le nombre à trente et un, dont un pour les *colonies*. On y en ajouta deux autres les 11 septembre et 30 avril 1765; mais le 31 décembre 1766, ce nombre total de trente-trois fut réduit à sept, puis à cinq le 30 avril 1767; enfin il n'en resta plus qu'un le 30 mai 1768. Quatre nouveaux dépôts établis le 1er du même mois furent également supprimés le 15 avril 1771. Le seul régiment qui avait survécu (celui des colonies) fut à son tour licencié le 2 mars 1773.

TROUPES LÉGÈRES.

C'est en 1725 que paraît avoir été créée la première compagnie de *chasseurs*. Ces militaires combattaient hors ligne comme les grenadiers, qui depuis long-tems exerçaient les fonctions de tirailleurs, courant sur le front ou les flancs de l'ennemi, afin de le harceler en lui jetant des grenades, et tâchant par ce moyen d'occasioner du désordre dans ses rangs. Les *chasseurs* en agirent à peu près de même, sauf l'emploi des grenades, que la portée du fusil rendait presque impraticable. Aussi l'avantage des *troupes légères* fut si bien démontré, que, dès l'année 1727, Louis XV supprima l'usage des grenades, et autorisa en même temps la levée de plusieurs compagnies franches qui prirent différens noms, tels que *partisans, dragons, chasseurs,* etc. Toutefois ces corps, organisés de diverses manières, offraient quelque chose d'irrégulier qu'on tenta de faire disparaître en 1748, en les constituant tous en *bataillons* : on en comptait alors quatorze. Le 7 mai 1758, on commença à les former en *légions* composées d'infanterie et de cavalerie. Ces troupes demeurèrent établies sur ce pied jusqu'au 25 mars 1776, date de l'ordonnance qui prononça la dissolution des légions, ainsi que la répartition des chasseurs à pied dans *l'infanterie*, et celle des chasseurs à cheval dans les *dragons*, à raison d'une compagnie par régiment. Enfin le 12 juin 1784, les *chasseurs à cheval* ayant été séparés des dragons, et organisés en six régimens, toutes les compagnies de chasseurs à pied furent également retirées de l'infanterie, et reconstituées en six bataillons qu'on attacha aux chasseurs à cheval, à raison d'un par régiment.

CAVALERIE.

BAN ET ARRIÈRE-BAN, institué en 420.

On a cité, à l'article de l'infanterie, deux époques où ce corps fit le service à pied, savoir, en 1545 et en 1639. Hors ces deux exceptions, qui sont les seules dont on ait connaissance, le *ban et arrière-ban* paraît avoir toujours marché, depuis 1554, comme *chevau-légers*. Une des dernières convocations de cette troupe eut lieu en 1674; il ne se présenta qu'environ quatre mille hommes. Voici les raisons que donne le P. Daniel de la décadence de ce corps : « Depuis l'institution
» des compagnies d'ordonnance, tous les gentils-
» hommes qui voulaient s'avancer dans le service
» s'enrôlaient dans ces compagnies, et ainsi tous

» ceux qui restaient chez eux n'étaient pas des
» gens de cœur, ni qui se piquassent d'honneur.
» D'ailleurs, si on les assemblait pour l'arrière-
» ban, ils n'avaient aucune connaissance du mé-
» tier de la guerre, et n'étaient point faits au feu,
» à la fatigue du métier, ni à la discipline mili-
» taire. Enfin ceux qui étaient chargés de l'arrière-
» ban n'étaient pas assez exacts dans le choix
» des hommes; ils dispensaient leurs parens et
» leurs amis du service pour de l'argent, et rece-
» vaient en leur place des gens de néant, sans
» courage et sans honneur. » Cet historien cite
la convocation de 1674 comme la dernière; mais
c'est une erreur; cette troupe fut encore appelée
en 1689, et même le 3 mars 1691. C'est donc
seulement de cette dernière époque qu'on doit
faire dater sa suppression.

CAVALERIE D'ORDONNANCE, créée en 1444.

Gendarmerie. La plupart des compagnies de
cette arme ayant été détruites en 1659 à l'affaire
des Pyrénées, celles qui furent épargnées entrèrent
dans la composition de quelques nouveaux régimens de cavalerie, à l'exception de celle qui portait le nom de *gendarmes écossais.* L'année suivante, il en fut organisé une seconde pour la reine
Marie-Thérèse d'Autriche. Ce nombre s'accrut ensuite par la création de quelques autres compa-

gnies dont le roi se fit capitaine, ou qui appartenaient à des princes du sang. Toutes sans distinction furent supprimées en 1788, et il n'en a plus été créé depuis.

Chevau-légers. L'organisation de la *cavalerie légère* en *régimens* engagea plusieurs capitaines de chevau-légers à passer dans cette arme; du moins il est certain que plusieurs compagnies d'ordonnance furent converties en régimens de cavalerie. Les autres ayant été détruites à l'affaire des Pyrénées en 1659, il n'en fut plus rétabli que pour quelques princes ou princesses. La première de ces nouvelles compagnies fut organisée en 1660 pour la reine Marie-Thérèse d'Autriche.

Quoique celui qui avait une compagnie de *gendarmes* en eût en même temps une de *chevau-légers*, comme le roi faisait exception à cette règle, le nombre des compagnies de *gendarmes* était nécessairement toujours plus fort que celui des compagnies de chevau-légers. Ces dernières furent supprimées le 15 décembre 1775.

CAVALERIE LÉGÈRE, instituée en 1126.

Elle s'accrut en 1589 des *carabins* de la Navarre, qui avaient suivi Henri IV, et que ce prince réunit alors aux troupes françaises. L'année suivante, les *argoulets* et les *stradiots* cessèrent de former des corps séparés, et furent amalgamés avec les carabins, qui continuèrent d'être organisés en *compagnies* jusqu'en 1635, époque à laquelle Louis XIII en forma douze régimens. Le titre de *colonel* que prirent les chefs de ces corps paraît avoir excité l'ambition des capitaines de *chevau-légers d'ordonnance* et même de *gendarmerie*, car, dès la même année, plusieurs compagnies de ces deux armes se formèrent également en *régimens de cavalerie*. Ces derniers s'étant beaucoup multipliés par de nouvelles créations successives, une ordonnance du 26 décembre 1679 supprima les régimens de carabins, et répartit les hommes dans la nouvelle cavalerie, à raison de deux par compagnie. Il faut observer que depuis 1665 la *cavalerie légère* comprenait déjà trois armes différentes, savoir : la *cavalerie* proprement dite, les *carabins*, et les *cuirassiers*. Cet article pouvant être considéré comme applicable aux carabins, on va passer aux autres armes.

Cavalerie. On ajoutera à ce qui a déjà été dit ci-dessus, qu'en 1690, tous les *carabiniers* d'un même corps furent réunis en une seule compagnie qui y demeura attachée jusqu'en 1693. Toutes les compagnies de cette arme furent alors retirées des régimens, et l'on en forma un corps particulier dont le recrutement fut assuré par l'entretien de deux nouveaux carabiniers dans chaque compagnie de cavalerie.

Cuirassiers. Le seul régiment de cette arme, créé en 1665, ne cessa pas, pendant toute la durée de cette période, de prendre rang dans la cavalerie légère.

Carabiniers. Il n'en fut créé qu'un seul corps en 1693. On le forma, comme il a été dit ci-dessus, des compagnies de même arme attachées aux régimens de cavalerie. Ceux-ci dûrent alors entretenir, par compagnie, deux nouveaux carabiniers destinés au recrutement de ce corps, qui prit et conserva toujours son rang dans la cavalerie légère.

Hullans. Un régiment de cette arme, créé en 1743, et toujours compris dans la cavalerie légère, fut supprimé en 1762.

HUSSARDS, créés en 1692.

Il n'en fut d'abord organisé qu'un seul régiment, que l'on réforma l'année suivante. En 1698, on en créa deux nouveaux; et depuis lors la France en a toujours eu à son service un plus ou moins grand nombre. Cette troupe, qui avait été comprise dans la *cavalerie légère*, cessa d'y prendre rang en 1762.

DRAGONS, institués en 1541.

Cette troupe, supprimée en 1628, ne fut rétablie qu'en 1633; elle était alors constituée en *com-*

pagnies, mais deux ans après on l'organisa en *régimens*. Toutefois, la composition de ces nouveaux régimens différait de celle des autres corps de cavalerie, en ce qu'elle se formait tantôt d'un certain nombre de compagnies dont les hommes n'étaient pas tous montés, tantôt de compagnies d'*infanterie* et d'autres de *cavalerie*, avec un état-major mélangé d'officiers de ces deux armes. Les *dragons* furent même réputés pendant quelque temps troupe d'infanterie (ordonnance du 25 juillet 1665); mais cette disposition était déjà tombée en désuétude, lorsqu'une ordonnance du 1er décembre 1689 décida que cette milice prendrait rang à la gauche de la cavalerie.

CHASSEURS A CHEVAL, institués en 1758.

Les premiers cavaliers de troupes légères prirent le nom de dragons. La dénomination de *chasseurs à cheval* vint ensuite; mais comme ces troupes furent d'abord en dehors de l'armée, on a cru convenable de ne faire dater leur création que de l'époque où, organisées en *légions*, elles furent définitivement réunies aux troupes réglées. Ces nouveaux corps ayant été dissous le 25 mars 1776, les chasseurs à cheval passèrent dans les dragons, à raison d'une compagnie par régiment. Ils y restèrent ainsi attachés jusqu'au 29 janvier 1779, époque à laquelle ils en furent alors distraits pour former six régimens de leur arme.

CHEVAU-LÉGERS, institués en 1779.

Une ordonnance du 29 janvier en créa six régimens. On a cru devoir les distinguer des compagnies de *chevau-légers d'ordonnance*, institués en 1444, et qui faisaient partie de la gendarmerie. Ces nouveaux régimens furent supprimés en 1784.

TABLEAU de la force de l'armée, en régimens de cavalerie, aux époques les plus remarquables des différens règnes de cette période.

		CAVALERIE LÉGÈRE.							
		Carabine ou Carabiniers.	Cuirassiers.	Cavalerie.	Hulans.	Chasseurs.	Chevau-légers.	Hussards.	Dragons.	Total.
Règne de Louis XIII.	en 1635.	12	»	5	»	»	»	»	1	18
Règne de Louis XIV.	— 1643.	12	»	7	»	»	»	»	2	21
	— 1675.	12	1	50	»	»	»	»	25	88
	— 1698.	1	1	72	»	»	»	2	43	119
Règne de Louis XV.	— 1715.	1	1	54	»	»	»	2	14	72
	— 1749.	1	1	57	1	»	»	8	16	84
Règne de Louis XVI.	— 1774.	1	1	29	»	»	»	5	17	53
	— 1783.	1	1	22	»	6	6	6	24	66
	— 1789.	2	1	23	»	12	»	6	18	62

ARTILLERIE (1).

Sully, revêtu en 1598 de la charge de grand-maître de l'artillerie, fait avec plus d'art les reconnaissances qui déterminent les points d'attaque. Il apprend à mieux placer les batteries, et substitue aux feux directs des feux plongeans, d'escarpe ou de revers. Ce fut lui qui donna, devant Amiens, le premier exemple d'un équipage de siége calculé sur tous les besoins d'une grande armée.

L'art de jeter les bombes n'atteignit sa perfection qu'en 1633; c'est au siége de la Mothe que ces nouveaux projectiles furent enfin lancés par une méthode certaine et avec un plein succès.

En 1674, Coëhorn emploie des mortiers portatifs pour lancer plus loin des grenades; un Italien les accolle autour du mortier ordinaire, et compose les mortiers à perdreaux. Au lieu de bombes, on jette des *carcasses*, assemblage de grenades, de petits canons à balles, et d'artifices incendiaires.

En 1679, Louis XIV crée la première école d'artillerie. Quelques années après, Vauban in-

---

(1) La plupart des détails donnés sur L'ARTILLERIE et le GÉNIE ont été empruntés à un *Extrait de l'histoire du Corps impérial du Génie*, imprimé en 1806.

vente le tir à ricochet. Les Allemands imaginent l'*obusier*, pour tirer des boulets creux ; et La Frézelière propose de tirer les bombes même à ricochet.

En 1693, un régiment de fusiliers, créé en 1671 pour être chargé spécialement de la garde de l'artillerie, s'étant exercé à la manœuvre des bouches à feu, est réorganisé sous le nom de *Royal-Artillerie*. On y fond les compagnies de canonniers, et les deux troupes n'en font plus qu'une seule.

Sous Louis XV, quelques changemens se font encore remarquer dans l'artillerie. A l'exemple des Suédois et des Allemands, M. Gribeauval change les dimensions et la forme des anciennes pièces et des affûts antiques. La France, pour rendre l'artillerie plus mobile, adopte le *wurst* ou caisson à selle qui sert à transporter les canonniers. On ajouta encore à ce moyen, en prenant le parti, le 20 janvier 1757, d'attacher à chaque bataillon des régimens d'infanterie, une pièce de canon à la suédoise, attelée de trois chevaux, et servie par deux sergens, huit canonniers et autant de sous-canonniers. Il est étonnant qu'on n'ait point alors institué l'*artillerie à cheval* qui existait déjà en Prusse. L'utilité de ce service, déjà justifiée par les dispositions qu'on vient de rapporter, le fut de nouveau en 1762, par la nécessité où l'on se trouva d'équiper à la légère une batterie d'artillerie française : les attelages furent doublés, et les canonniers montèrent à cheval ; mais cette mesure ne fut que momentanée.

La désignation et l'examen des troupes d'artillerie existantes pendant cette période vont terminer cet article.

BOMBARDIERS, institués en 1640.

Avant 1640, les hommes qu'on employait au service des bouches à feu étaient des ouvriers ou des artisans que l'on affectait à ce service, et qui recevaient des gages, ou que l'on traitait comme journaliers. Cette même année, on créa deux compagnies de *bombardiers* qui formèrent le noyau d'un régiment de cette arme. Celui-ci, organisé en 1684, fut supprimé le 5 février 1720, et les hommes qui en faisaient partie entrèrent dans la composition des compagnies de canonniers.

CANONNIERS A PIED, institués en 1668.

En 1671, le roi ayant créé un régiment de *fusiliers*, chargé spécialement de la garde de l'artillerie, ce corps s'exerça dès ce moment à la manœuvre des bouches à feu, et le 15 avril 1693 ces fusiliers, réorganisés et augmentés des compagnies de *canonniers*, ne formèrent plus avec elles qu'un seul corps, sous le nom de *Royal-Artillerie*. On le porta successivement à six bataillons qui prirent le nom de *brigades* le 8 décembre 1755 ; une

PÉRIODE DE 1589 A 1789. 239

septième fut formée de l'artillerie des colonies, qu'on réunit à l'armée de terre, le 5 novembre 1761. Enfin, le 13 août 1765, chacune de ces brigades fut convertie en *régiment*; et le 30 janvier 1778 on y attacha sept autres régimens de milice, auxquels on donna le nom de *régimens provinciaux d'artillerie*.

OUVRIERS D'ARTILLERIE, institués en 1671.

Il faut entendre ici *ouvriers militaires*, car il existait précédemment des ouvriers qu'on employait comme journaliers pour le service des bouches à feu; mais ils ne furent organisés militairement qu'à l'époque indiquée. Ils étaient constitués en *compagnies* dont le nombre fut fixé à neuf le 13 août 1765.

SAPEURS et MINEURS. (Voir au *Génie*).

CANONNIERS INVALIDES et GARDES-CÔTES. (Voir aux *Troupes diverses*.)

———◦———

GÉNIE.

Les travaux des siéges et des places se perfectionnent sous d'habiles ingénieurs. En 1592, Villars oppose aux tranchées les lignes de contre-approche; en 1598, un Italien propose de placer l'un sur l'autre deux bastions, et de mettre la courtine dans un rentrant inaccessible.

Sous Louis XIII, les lignes isolées de zigzags sont remplacées par de longs boyaux qui se coupent et forment de grands losanges entre le camp et la place; des redoutes soutiennent les tranchées; des radeaux en bois et ensuite des ponts de fascines servent à passer les fossés pleins d'eau, et conduisent les mineurs à l'escarpe. Les casemates à double et triple étage sont abandonnées; les fausses braies et les flancs en amphithéâtre les remplacent; seulement quelques souterrains sont ménagés pour abriter les munitions. Sur la fin du règne de Louis XIII, la plupart des profils n'offraient plus qu'un seul étage de feux, un parapet et un rempart soutenus par un simple mur de terrasse.

Sous Louis XIV, la guerre souterraine fait de nouveaux progrès. Vauban fait exécuter les premières épreuves sur le jeu des fourneaux. En 1673 le même imagine les triples parallèles; les demi-places d'armes, les sapes, le couronnement du chemin couvert, les brèches, la descente et le passage des fossés, les assauts, tout est trouvé ou perfectionné. Cet habile homme, chargé par le roi de la construction de trente-trois places neuves, et de l'exécution de divers ouvrages dans trois cents forteresses, révèle une science peu connue jusqu'à lui. Cependant l'équilibre entre l'attaque et la défense venait d'être rompu ; la nécessité de le rétablir exerça le génie d'une foule d'officiers, dont les noms glorieux et les services mémorables ne peuvent toutefois effacer ceux de Vauban. On s'attacha à perfectionner la science des mines ; le jeu des fourneaux fut soumis à de nouvelles expériences ; différens systèmes furent proposés, essayés et successivement renversés par d'autres. Enfin de graves discussions s'élevèrent entre les ingénieurs, qui se reprochèrent réciproquement leurs erreurs. Quelques-uns, plus sages, mirent à profit cette polémique, en publiant des idées neuves et ingénieuses sur la construction et l'attaque des forteresses ; mais les embarras de finances qui s'étaient multipliés sous Louis XV étaient un obstacle à toute entreprise nouvelle, et l'état des places, sous Louis XVI, resta à peu près ce qu'il avait été précédemment.

Le génie n'avait point d'école particulière ; Louis XV en institua une en 1748.

Quant aux troupes de cette arme, la nomenclature ci-après les fera connaître. On ajoutera seulement que le génie fut réuni à l'artillerie depuis le 8 décembre 1755 jusqu'au 5 novembre 1758. Les ingénieurs et les sapeurs furent alors rendus indépendans, et formèrent de nouveau le corps du génie ; mais en 1760 les sapeurs en furent retirés pour rentrer dans le corps royal de l'artillerie.

SAPEURS, institués en 1671.

Quoique Vauban eût proposé en 1669 de former un régiment de *sapeurs*, ce ne fut qu'en 1671 qu'on prit enfin le parti d'attacher une compagnie de cette arme au régiment de *fusiliers*. Mais ce nouveau corps s'étant voué au service de l'artillerie, une ordonnance du 5 février 1720 ordonna sa dissolution, et la répartition des hommes dans les compagnies de canonniers, d'où ils ne furent retirés que le 1er juillet 1729, pour former autant de compagnies séparées qu'il existait de bataillons d'artillerie, auxquels elles demeurèrent attachées jusqu'au 5 novembre 1758. Les sapeurs formèrent alors, avec les ingénieurs, le *corps royal du génie*. En 1760, ils furent remis de nouveau à la suite de l'artillerie, et ils entrèrent même, le 13 août 1765, dans la composition des régimens de cette arme.

MINEURS, institués en 1673.

Les trois premières compagnies de *mineurs*, vivement réclamées par les ingénieurs, furent créées en 1671, 1679 et 1690. De même que les *sapeurs*, ces militaires ne demeurèrent pas long-temps dans cet état d'indépendance. Ces trois compagnies et celles que l'on créa postérieurement furent placées au fur et à mesure à la suite de l'artillerie. Le

5 février 1720, leur dissolution ayant été ordonnée, on répartit les hommes dans les compagnies de canonniers, et ils y restèrent jusqu'au 1ᵉʳ juillet 1720, qu'on en rétablit autant de compagnies qu'il existait alors de bataillons d'artillerie. Mais ceux-ci ayant été organisés en brigades, et successivement en régimens, les mineurs furent tenus en dehors de leur composition, sans cesser cependant d'être attachés à l'artillerie. Le nombre des compagnies de mineurs fut fixé à six par l'ordonnance du 13 août 1765.

TROUPES DIVERSES.

MARÉCHAUSSÉE, instituée en 1060.

En 1720, Louis XV supprima toutes les anciennes charges de prévôts généraux, *à l'exception néanmoins du prévôt général de la connétablie et maréchaussée de France, du prévôt des monnaies, et des chevaliers du guet de Paris et de Lyon.* Il créa dans chaque généralité ou département du royaume une nouvelle compagnie, composée d'un prévôt général et d'un nombre de *lieutenans*, *assesseurs*, *procureurs*, *greffiers*, *exempts*, *brigadiers*, *sous-brigadiers*, *archers et trompettes*, proportionné aux besoins des localités; ce qui donna un effectif d'environ trois mille hommes montés, divisés en brigades de cinq hommes chacune. Ces nouvelles troupes furent mises au rang de la *gendarmerie*, et placées sous l'inspection de huit colonels qui en commandaient chacun un certain nombre. En 1745, on comptait trente et une compagnies de cette arme ; il en fut créé deux autres depuis, dont une en 1778, pour le service des *chasses*. Enfin, le 28 juillet 1784, les trente-trois compagnies furent réparties en six divisions.

GARDE NATIONALE, instituée en 1493.

Le 8 septembre 1656, vingt mille bourgeois de Paris prirent les armes pour la réception de la reine de Suède. C'est tout ce que l'on a appris sur cette milice pendant cette période.

CADETS GENTILSHOMMES, institués en 1682.

Il n'est question ici que des cadets gentilshommes organisés en corps. Ceux qui existaient dans les régimens en furent retirés le 26 juillet 1682, pour former deux compagnies séparées, dont l'une fut supprimée en 1685, et l'autre en 1713.

Six autres compagnies de *cadets* furent créées le 16 décembre 1726; mais on en réduisit le nombre successivement. La dernière fut licenciée le 22 décembre 1733.

Enfin une nouvelle et dernière compagnie fut créée le 17 juillet 1777 pour les élèves des écoles militaires. Celle-ci existait encore à la fin de cette période.

INVALIDES, institués en 1688.

Quatre mille *invalides* furent admis le 26 octobre 1688 à reprendre de l'activité, avec la réserve de rentrer à l'hôtel à l'expiration de leur engagement. Ils furent d'abord répartis dans les corps; mais leurs infirmités ne leur ayant permis que difficilement de soutenir la fatigue du service de bataille, on les retira des régimens l'année suivante, pour en former des compagnies isolées qui furent affectées à la garde des places, châteaux, forteresses, etc.

Dans l'origine, ces compagnies étaient toutes de *fusiliers*. On en forma ensuite de *bas-officiers*, et le 1er mars 1756, on créa les quatre premières de *canonniers*. D'après un état de situation du 17 juin 1776, il existait alors

16 compagnies de bas-officiers,
8 ——————— de canonniers,
65 ——————— de fusiliers.

GARDE-CÔTES, mis au compte de la guerre en 1759.

Cette milice, qui était précédemment du département de la marine, ne fut mise au compte de la guerre que le 24 février 1759. Il existait alors trente-sept *capitaineries*, c'est-à-dire trente-sept arrondissemens maritimes soumis chacun à un capitaine, un lieutenant et un enseigne, qui avaient sous leurs ordres un certain nombre de miliciens chargés de surveiller les côtes, et de manœuvrer au besoin les pièces d'artillerie qu'on y place pour les défendre.

PIONNIERS, institués en 1776.

C'est seulement le 2 juillet 1776 qu'on créa les premiers bataillons de *pionniers militaires*; encore n'en fut-il organisé qu'un seul, dont la suppression eut lieu en 1779. On a déjà fait observer que les pionniers qu'on employait précédemment aux armées n'étaient point militaires.

ORGANISATION DES CORPS MILITAIRES.

Les régimens d'infanterie ne commencèrent à être divisés en bataillons qu'en 1635. Ces derniers, en 1678, étaient forts de huit cents hommes; ils furent réduits à cinq cent quatre-vingt-cinq en 1702, reportés à six cent cinquante en 1710, et réduits de nouveau de quinze compagnies à neuf en 1718. Remis ensuite à quinze compagnies, une ordonnance de 1749 les réduisit encore à treize, y compris la compagnie de grenadiers.

Les légions que Louis XV forma des différens corps francs qui composaient alors les troupes légères éprouvèrent diverses organisations successives qui les ramenèrent insensiblement à l'état des régimens d'infanterie. Au 1ᵉʳ février 1759, ces légions se composaient de deux compagnies de trente-cinq grenadiers, douze compagnies de soixante hommes d'infanterie et quarante dragons, deux compagnies de soixante-quinze hussards, et une compagnie de soixante ouvriers. Le 1ᵉʳ mars 1763, on leur donna une compagnie de grenadiers de vingt-neuf hommes, huit de dix-sept fusiliers, et huit de vingt-neuf dragons. Enfin, le 1ᵉʳ novembre 1768, ces mêmes légions n'eurent plus que des compagnies de grenadiers et de fusiliers.

La cavalerie fut enrégimentée en 1635, et divisée en même temps en escadrons. Par suite d'une ordonnance du 26 décembre 1679 qui supprima les carabins, ceux-ci furent répartis dans la cavalerie sous le nom de *carabiniers*, à raison de deux par compagnie. En août 1690, chaque régiment en forma une seule compagnie, qui en fut distraite en 1693 pour entrer dans la composition d'un corps particulier de cette arme, et l'on réimposa aux compagnies de cavalerie l'obligation d'entretenir deux nouveaux carabiniers destinés à le recruter.

Les régimens de dragons furent portés à quatre

escadrons le 13 août 1755. Ces corps reçurent le 25 mars 1776 l'addition d'une compagnie de chasseurs provenant de la dissolution des légions. A cette dernière époque on créa en même temps une compagnie auxiliaire à la suite de chaque régiment de cavalerie; mais cette disposition fut révoquée le 29 janvier 1779.

Quant aux compagnies d'ordonnance, il importe peu de connaître leur composition. On dira seulement que sous Henri IV celles qui appartenaient aux princes étaient fortes de deux cents hommes et les autres de cent. Il en fut à peu près de même jusqu'à la suppression de la gendarmerie.

Avant de passer à la nomenclature des différens emplois existans dans chaque régiment, on doit faire observer que l'institution des conseils d'administration dans les corps date du 25 mars 1776.

COLONELS OU MESTRES-DE-CAMP, créés en 1534.

Le titre de *mestre-de-camp* fut définitivement supprimé le 17 mars 1788; tous les chefs de régimens dûrent prendre alors le nom de *colonel*.

COLONELS ET MESTRES-DE-CAMP EN SECOND,
créés en 1774.

Il n'en fut créé d'abord que dans quelques régimens. Ces premiers furent supprimés le 26 avril 1775. On les rétablit le 25 mars 1776, et il y en eut alors dans tous les corps; mais on les supprima de nouveau le 17 mars 1788.

LIEUTENANS-COLONELS, créés en 1543.

Ce ne fut que le 1er décembre 1767 que cet emploi constitua un grade indépendant de celui de capitaine. Ces officiers, qui furent alors placés à la tête des deuxièmes bataillons, avaient le commandement de leurs régimens respectifs en l'absence des colonels ou mestres-de-camp.

CHEFS DE BATAILLON OU D'ESCADRON, créés en 1774.

Ces officiers, dont les fonctions étaient de commander les premiers bataillons sous les ordres des colonels, ne jouirent pas long-temps de leur emploi. Ils avaient été créés le 11 juin 1774; on les supprima le 25 mars 1776. C'était précédemment les plus anciens capitaines qui commandaient ces premiers bataillons sous le titre de *capitaine-commandant*.

SERGENS-MAJORS, créés en 1515.

Une ordonnance du 10 décembre 1670, réduisit leur titre à celui de *major*. Néanmoins les brevets de ces officiers portaient encore en 1745 la qualification de *sergent-major*.

MAJORS EN SECOND, créés en 1788.

AIDES ET SOUS-AIDES-MAJORS, créés en 1651.

Ces deux emplois, qui sont assez définis par le titre des officiers qui les exerçaient, furent supprimés le 25 mars 1776.

QUARTIERS-MAITRES-TRÉSORIERS, créés en 1762.

Les *quartiers-maîtres* avaient rang de sous-lieutenans, et devaient pourvoir au logement et au campement des hommes de leurs régimens respectifs. Cet emploi fut supprimé le 25 mars 1776, ou plutôt réuni à celui des *trésoriers*, qui prirent alors le nom de *quartiers-maîtres-trésoriers*.

PORTE-DRAPEAUX ET PORTE-ÉTENDARDS, créés en 1762.

L'ordonnance de création des porte-drapeaux est du 10 décembre; celle des porte-étendards est du 21 du même mois. Ces derniers appartenaient à la cavalerie seulement; car ils ne furent introduits dans les compagnies d'ordonnance que le 21 février 1776.

CADETS GENTILSHOMMES, créés en 1445.

Ces élèves officiers, retirés des corps en juillet 1682, y furent réadmis en 1776, après avoir été organisés en compagnies séparées. (Voir *Troupes diverses*.)

PÉRIODE DE 1589 A 1789.

CHIRURGIENS, créés vers 1651.

L'époque de leur création est incertaine; celle que l'on indique ici est la plus reculée de toutes celles auxquelles on en a trouvé. On doit ajouter qu'il n'existait qu'un seul chirurgien par régiment.

AUMÔNIERS, créés vers 1558.

ADJUDANS-SOUS-OFFICIERS, créés en 1771.

Une ordonnance du 25 mars 1771 n'en plaça d'abord que dans quelques corps; mais le 25 mars 1776 on en créa dans tous les régimens, et ils remplacèrent les aides et les sous-aides-majors.

TAMBOURS ET TROMPETTES-MAJORS, créés en 1651.

Les trompettes-majors, dont l'emploi dans la cavalerie était analogue à celui des tambours-majors dans l'infanterie, furent supprimés le 17 mars 1788.

CAPORAUX-TAMBOURS ET TROMPETTES-BRIGADIERS, créés en 1788.

Les trompettes-brigadiers remplacèrent les trompettes-majors dans la cavalerie. L'ordonnance qui supprima ceux-ci est la même que celle qui créa les autres.

MUSICIENS, créés en 1766.

L'ordonnance qui créa une musique dans les

régimens est du 19 avril 1766. Les instrumens qui se trouvaient attachés aux compagnies furent alors réunis et placés à l'état-major. On peut ajouter ici que les *clarinets* entrèrent dans les corps militaires le 26 avril 1775.

MAITRES ARMURIERS, créés en 1775.

Cet emploi n'existait point dans les corps avant le 26 avril 1775.

MAITRES SELLIERS, MAITRES MARÉCHAUX ET MARÉCHAUX-FERRANS, créés le 25 mars 1776.

MAITRES TAILLEURS, GUÊTRIERS ET CORDONNIERS, créés le 17 mars 1788.

CAPITAINES, créés en 1355.

LIEUTENANS, créés en 1444.

SOUS-LIEUTENANS, créés vers 1589.

CORNETTES, créés en 1495.

Cet emploi, analogue à celui de *porte-étendard*, fut supprimé en 1668, rétabli en 1672, et supprimé de nouveau le 21 décembre 1762, excepté dans les compagnies de cavalerie de *colonel général*, *mestre-de-camp général* et *commissaire général*, qui conservèrent leurs cornettes jusqu'au 21 février 1776.

ENSEIGNES, créés en 1444.

Chaque régiment n'eut d'abord qu'un *enseigne* par bataillon ; mais en 1749 il en fut créé un second. Cet emploi, presque inutile, fut supprimé dans l'infanterie le 21 décembre 1762, et dans la cavalerie le 21 février 1776.

GUIDONS, créés en 1444.

Cet emploi, qui n'existait que dans la gendarmerie et dans quelques compagnies de la garde, fut supprimé en 1776.

SERGENS-MAJORS ET MARÉCHAUX DES LOGIS CHEFS, créés en 1776.

Ces sous-officiers sont chargés, les premiers dans l'infanterie, et les autres dans la cavalerie, de tous les détails du service, de la discipline et de la comptabilité sous les ordres des officiers de la compagnie dont ils font partie. Ils ont la supériorité sur tous les autres sous-officiers.

SERGENS, créés vers 1485.

Le *sergent* commande sous l'autorité du lieutenant ou sous-lieutenant attaché à la section.

MARÉCHAUX DES LOGIS, créés en 1444.

Leur emploi est le même dans la cavalerie que celui des sergens dans l'infanterie. Ces sous-officiers, avant qu'il y en eut plusieurs dans une même compagnie, étaient chargés du logement et du campement de la troupe; mais lorsqu'ils se furent multipliés, celui qui resta chargé de ce soin prit le titre de *fourrier-major* qu'il conserva jusqu'au 10 décembre 1762, époque de la création des *quartiers-maitres*.

FOURRIERS, créés en 1534.

Ces sous-officiers, placés d'abord entre les caporaux et les sergens, obtinrent le pas sur ces derniers le 1er août 1764; mais lors de la création des sergens-majors en 1776, ils reprirent leur premier rang sous le titre de *fourriers-écrivains*.

CAPORAUX, créés en 1534.

BRIGADIERS, créés vers 1590.

Ils furent introduits par Henri IV dans les compagnies d'ordonnance, pour commander chacun vingt-cinq lances. Ce titre fut également donné en 1663 au plus ancien garde du corps de chaque compagnie de cette arme. On en mit ensuite dans toutes les compagnies de cavalerie indistinctement. Ils sont chargés de la distribution des vivres et des fourrages. Ce sont eux aussi qui posent et relèvent les vedettes; et ils doivent avertir le capitaine de tout ce qui se passe dans la compagnie. Enfin ils remplissent dans la cavalerie des fonctions analogues à celles des caporaux dans l'infanterie.

L'ANSPESSADES, créés en 1534.

Ce titre a été remplacé par *appointé* le 10 décembre 1762. Ces militaires, qui avaient été supprimés le 25 mars 1776, furent rétablis le 12 juillet 1784. On les avait aussi appelés *anspessades*.

FRATERS, créés le 25 mars 1776.

GRENADIERS, créés en 1536.

FIFRES, créés en 1534.

HAUT-BOIS, créés en 1665.

Les premiers furent placés dans les compagnies de mousquetaires ; les dragons n'en eurent qu'à compter du 24 janvier 1680. Ces instrumens disparurent peu à peu ; en 1745 il n'en existait plus que dans quelques régimens d'infanterie, où ils étaient entretenus aux frais des colonels.

TAMBOURS, créés en 1534.

Une ordonnance du 12 juillet 1784 accorda le grade d'appointé au plus ancien tambour de chaque régiment.

TIMBALLIERS, créés en 1692.

On donne ici l'époque de leur création dans les régimens de cavalerie. Quelques historiens prétendent qu'il en existait déjà dans les compagnies d'ordonnance du temps de Charles VII ; mais comme on n'a pu s'en procurer la preuve, et qu'on n'a rien aperçu qui justifiât cette assertion, on se borne à en faire l'observation.

TROMPETTES, créés vers 1444.

ÉQUIPEMENT ET ARMEMENT.

Ce fut au siége de La Rochelle, en 1621, que Louis XIII commença à donner un uniforme complet aux troupes. Insensiblement les *hoquetons* qui avaient été substitués aux casaques furent abolis : il en fut de même du *bouclier*. L'habillement, payé d'abord par les capitaines, et varié suivant les caprices de chacun d'eux, passa au compte de l'Etat en 1670 ; la couleur et la forme des habits devinrent alors régulières.

Lors de l'institution des *milices*, l'habillement de ces troupes fut fourni par les paroisses ; mais une ordonnance du 20 août 1690, pour faire cesser probablement les disparates qui résultaient de cette mesure, mit également cet habillement au compte de l'Etat, moyennant une rétribution de dix-huit livres dix sous par homme.

L'écharpe, qui s'était maintenue jusqu'en 1692, fut alors remplacée par les *aiguillettes* et le *nœud d'épaule*. Ce dernier fit place aux *épaulettes* le

12 janvier 1759. Peu de temps auparavant, on avait adopté le *hausse-col* qui distingue plus particulièrement les officiers. Enfin, le 31 mars 1776, les casques et les bonnets furent proscrits par une ordonnance qui disposa qu'après le temps de leur durée ils seraient remplacés par des *chapeaux de laine* bien feutrés. Mais il paraît que cette mesure fut rapportée en ce qui concernait les bonnets à poil, que les grenadiers continuèrent de porter.

En 1622, le mousquet fut substitué aux arquebuses. Mais déjà l'invention de nouvelles armes préparait de nouvelles réformes. Le fusil, inventé en 1630, et la baïonnette, imaginée en 1640, se multiplièrent dans les arsenaux; le 25 février 1670, une ordonnance en prescrivit l'usage. Cette arme remplaça la pertuisane, que portaient encore quatre hommes de chaque compagnie; ce nombre augmenta considérablement l'année suivante, et bientôt le mousquet fut à son tour abandonné. En 1699 il n'en existait plus. Cependant toutes ces armes étaient au compte du soldat, qui ne fut dispensé de cette obligation qu'en 1727, que l'Etat les fit enfin délivrer à ses frais.

Pendant long-temps les piques et autres armes semblables servirent à aligner la troupe; c'est ce qui résulte d'une ordonnance du 1ᵉʳ décembre 1770, portant que les colonels, lieutenans-colonels et capitaines de compagnie doivent être armés d'espontons de sept pieds et demi de long, tandis que les autres officiers devaient avoir le fusil garni de sa baïonnette. Cet usage ne cessa que le 11 juin 1774. L'armement de l'infanterie fut alors réglé ainsi qu'il suit :

Colonels, lieutenans-colonels, majors, chefs de bataillon, aides-majors et sous-aides-majors, l'épée seulement ;

Tous les autres officiers, le hausse-col, l'épée, le fusil avec la baïonnette et la giberne ;

Fourriers, sergens, caporaux et grenadiers, le sabre, le fusil garni de la baïonnette, avec la giberne ;

Appointés et fusiliers, seulement le fusil avec la baïonnette, et la giberne ;

Tambours, seulement le sabre.

Le ceinturon devait se porter sur la veste ; les officiers seuls, quand ils n'étaient point de service, pouvaient le porter dessous.

Quant à la cavalerie, elle continua d'être armée de sabres, de pistolets et de lances. Le régiment du Roi portait, en 1662, des cuirasses où se trouvaient peints des trophées ; mais cette armure n'était pas générale ; elle ne fut donnée aux officiers de gendarmerie et de cavalerie que le 5 mars 1675, époque de la suppression complète de l'armure de fer. Louis XIV, par une ordonnance du 1er février 1703, régla enfin l'armement des troupes à cheval. Les cavaliers dûrent quitter la lance pour prendre le mousqueton et la demi-cuirasse ou *plastron*. Cependant il faut croire que cette mesure ne plut pas, car une ordonnance du 28 mai 1733 rappela l'obligation pour les cavaliers d'avoir le *mousqueton*, les pistolets et le sabre de deux pieds neuf pouces de long sous la poignée.

En 1676, quatre hommes de chaque compagnie de gardes du corps furent armés de *carabines*; l'année suivante ce nombre fut porté à 17, et insensiblement cette arme devint d'un usage général.

Du reste, on doit observer que toutes les troupes de cavalerie n'étaient point armées de même; les hussards, par exemple, n'avaient que le pistolet et le sabre. Les armes de chaque troupe différaient aussi entre elles par la forme et la longueur; mais sur ce point, comme sur beaucoup d'autres, il n'est pas possible de s'enfoncer dans des détails qui n'appartiennent qu'à un travail spécial.

RECRUTEMENT.

Les Mémoires du chevalier *de Pommelles* font mention de régimens de *volontaires* formés sous le règne de Henri IV, et composés en entier de soldats fournis, armés et soudoyés par les provinces. On y voit en outre que le duc de Sully les fit incorporer dans les vieilles bandes, lorsqu'il marcha à la conquête du marquisat de Saluces.

Il est vraisemblable que ces régimens se levaient au moment même du besoin, et qu'on les envoyait à l'armée avant que les soldats fussent instruits.

Ces contingens fournis par les communes suffiraient pour établir que le mode de recruter l'armée avait toujours été le même, si un acte souscrit par Louis XIII ne laissait d'ailleurs aucun doute à cet égard; c'est un contrat du 29 avril 1636, par lequel ce prince confirma l'exemption du service personnel accordée aux ecclésiastiques par François I*", à la charge par eux d'y suppléer par des contributions d'hommes et d'argent. Mais déjà le système de recrutement commençait à se régulariser; une levée ordonnée le 26 juin 1645 fut répartie en raison de la population en état de porter les armes. Des commissaires du roi furent envoyés dans les villes, bourgs, villages et paroisses, pour recenser les hommes non mariés *ni chefs de famille*, qui pourraient facilement être appelés pour compléter l'armée. Les contingens furent fixés en conséquence, et cessèrent cette fois d'être à la charge des communes. Cependant ces levées, faites à l'instant même du besoin, ne procuraient toujours à l'armée que des hommes non instruits et peu capables de la servir ou de l'appuyer utilement. D'un autre côté, elles n'étaient point une augmentation réelle de forces. Elles ne faisaient que compenser les pertes et entretenir l'armée sur le pied ordinaire; c'est ce qui donna lieu à l'institution des *milices*. La guerre de 1688 ayant exigé un supplément de forces, M. de Louvois, qui avait le département de la guerre, conçut le plan d'une armée auxiliaire toujours prête à marcher au premier ordre, et qui cependant ne serait soldée et distraite de ses occupations ordinaires qu'au moment de sa mise en activité. En conséquence une levée de miliciens fut ordonnée le 29 novembre 1688; elle eut lieu à raison d'autant d'hommes que la *taille* de chaque paroisse contenait de fois deux mille livres. Les garçons de vingt à quarante ans furent declarés sujets à la milice; les hommes mariés en furent dispensés. Ceux qui dûrent servir furent désignés par les habitans de chaque paroisse, le dimanche, à l'issue de la grand'messe. Cette troupe, organisée en compagnies, était armée et équipée aux frais des communes. Chacune de ces compagnies s'assemblait une fois la semaine pour être exercée.

A cette époque le ban et arrière-ban subsistait encore; l'ancien ordre de choses assujétissait tous les nobles à en faire partie, et cette obligation les exemptait de droit de la milice, puisqu'ils ne pouvaient faire à la fois deux services militaires; d'un autre côté, les officiers de justice et de finance, ainsi que les soutiens des familles, furent exceptés. En sorte que les miliciens, se voyant relégués dans une classe d'où l'on retirait tout ce qui était honorable, ne cherchèrent plus qu'à obtenir le privilége de ne pas servir. Ceux qui avaient de l'argent traitèrent avec le fisc, qui s'empressa de vendre de nouvelles exemptions, et insensiblement, il ne resta plus de *miliciables* que ceux qui ne pouvaient acheter le droit de ne pas l'être.

Une nouvelle levée ordonnée le 28 mars 1691 s'effectua d'après le même principe que la précédente; mais cette fois les miliciens tirèrent au sort. La durée de leur service fut aussi changée : une partie dut servir deux ans et l'autre quatre.

Ces troupes, qui avaient été licenciées après la paix de Riswick, furent remises sur pied par une ordonnance du 26 février 1701, qui ordonna la levée de cinquante-sept bataillons de miliciens pour doubler autant de régimens qui n'en avaient qu'un. Cette levée, qui dut être faite sur les deux tiers des paroisses les plus populeuses, produisit trente-trois mille trois cent quarante-cinq hommes. Le recrutement de ces bataillons était confié à plusieurs officiers et sous-officiers que l'on détachait de l'armée à l'effet d'enrôler ou de recevoir dans les villes les jeunes gens qui désiraient prendre du service, ou que le sort désignait pour être soldats. En 1702, l'éloignement des troupes françaises, qui se trouvaient alors en Italie, ne laissant pas aux capitaines le temps de travailler à leurs *recrues*, Louis XIV, par une ordonnance du 2 novembre, décida qu'elles seraient fournies tant par les paroisses que par les communautés des provinces et généralités du royaume, *ce moyen ayant paru le plus prompt et le plus convenable*. En conséquence, les célibataires de vingt à trente-cinq ans, ayant au moins cinq pieds, dûrent être réunis pour tirer au sort par billets, et fournir les contingens déterminés par le roi pour chaque ville des généralités. Cette première levée fut de dix-sept mille sept cents hommes; celle de 1703, de trente mille hommes; celle de 1704, de vingt-cinq mille cent hommes, et toutes les autres, jusqu'en 1712, de vingt-cinq à vingt-sept mille hommes. Les remplacemens, d'abord autorisés, furent défendus le 15 octobre 1705; mais en 1710 et 1712, les hommes désignés par le sort pour la milice eurent la faculté d'acheter une dispense de service, moyennant soixante-quinze livres.

La paix de Rastadt, conclue en 1714, avait fait de nouveau licencier les milices; le 15 janvier 1719 il en fut ordonné une levée de vingt-trois mille quatre cents hommes. Le contingent dut être réparti par les intendans entre les villes et les provinces, conformément à l'usage. Les garçons de vingt à quarante ans, et à leur défaut, les hommes mariés, dûrent être portés sur la liste.

Lorsque la guerre, qui, sous la régence, avait motivé cette levée, fut terminée, on renvoya les miliciens dans leurs foyers; cette troupe ne fut rappelée qu'en 1726; l'âge des garçons miliciables resta le même; les hommes *mariés depuis plus d'une année* dûrent au besoin concourir à cette nouvelle levée, qui du reste se pratiqua comme les précédentes.

Jusqu'ici le vœu de M. de Louvois n'avait point été rempli; le licenciement des milices s'était toujours fait d'une manière absolue. Mais en 1730, la paix ayant rendu l'emploi de ces troupes inutile, les intendans eurent ordre d'en faire une revue générale, et elles furent ensuite renvoyées dans leurs paroisses, à charge de se représenter au premier ordre. Les miliciens eurent à satisfaire à cette obligation en vertu d'une ordonnance du 12 novembre 1733, qui en appela vingt-cinq mille cinq cent vingt, dont la moitié dut être congédiée et remplacée après trois ans de service, et l'autre moitié après cinq.

On voit que la force des levées était susceptible de varier en raison des circonstances et du besoin qu'on avait d'un plus ou moins grand nombre d'hommes. Quant à la manière dont ces levées s'opéraient, on a pu remarquer qu'elles frappèrent d'abord sur les paroisses, et qu'elles s'étendirent ensuite jusqu'aux villes ; en 1742 ces dernières dûrent seules fournir les contingens ; les paroisses rurales ne furent assujéties à y concourir qu'autant que chaque ville était dans l'impossibilité de compléter le nombre d'hommes qui lui était demandé. Cette nouvelle mesure avait sans doute été prise dans l'intérêt de l'agriculture. Néanmoins la charge imposée aux paroisses fut augmentée en 1743 par l'obligation de tenir au complet le contingent des villes.

Les milices renvoyées après la paix d'Aix-la-Chapelle en 1748, ne cessèrent point pour cela d'être assemblées et exercées jusqu'en 1762, époque à laquelle M. le duc de Choiseul, alors ministre de la guerre, parut les avoir entièrement abandonnées. On y suppléa même, l'année suivante, par l'établissement de quatre grands dépôts de *recrues*, dont on forma bientôt plusieurs régimens de même dénomination, qui furent destinés à compléter les troupes de ligne. Outre ce mode de recrutement, l'armée avait encore la ressource des *volontaires*; une ordonnance du 1er mai 1757 permit même aux capitaines des régimens d'infanterie, de cavalerie et de dragons, qui servaient à l'armée du Bas-Rhin, de recevoir dans leurs compagnies jusqu'à cinq hommes de nation étrangère.

L'abandon des milices ne fut pas de longue durée; une ordonnance les rappela le 25 novembre 1765; les contingens portèrent à la fois sur les villes et les paroisses rurales, proportionnellement à la population, et l'on n'admit au tirage que les hommes domiciliés dans chaque paroisse; les autres en furent écartés par le résultat d'un examen préalable.

C'est ainsi que peu à peu l'institution des milices acquit sa perfection, et que des ordonnances mieux rédigées réglèrent jusqu'aux moindres détails relatifs à la levée, à l'entretien et au service des miliciens.

Quant aux régimens de *recrues*, le nombre en fut réduit successivement par trois réformes dont la première eut lieu en 1766, la seconde en 1767, et la troisième en 1768. Il n'en resta plus qu'un seul qui était destiné à recruter les troupes des colonies, et dont le licenciement fut ordonné en 1773. L'organisation des corps de la milice avait alors subi un grand changement; une ordonnance du 4 août 1771, en abrogeant les noms de *milices* et de *miliciens,* y avait substitué ceux de *régimens* et *soldats provinciaux*. Du reste le mode de procéder aux levées était demeuré le même; seulement une ordonnance du 19 octobre 1773 disposa qu'avant de faire la répartition du contingent entre chaque province, les intendans feraient dresser un tableau des hommes sujets à la milice : c'était un moyen, pour chaque intendant, de rendre justice à toutes les paroisses de sa province, respectivement les unes aux autres ; mais il n'en pouvait être de même à l'égard des provinces entre elles, parce que la population générale n'était pas assez connue.

Les milices, formant ainsi une armée auxiliaire, ne furent maintenues dans cet état que jusqu'au 15 décembre 1775, date d'une ordonnance qui supprima tous les *régimens provinciaux*. Toutefois, pour ne pas détruire entièrement une institution si utile, la désignation des hommes dut continuer d'avoir lieu comme par le passé ; mais on se borna à les inscrire, et ils ne furent astreints à aucune assemblée générale ; l'intendant de chaque paroisse était seulement chargé, pendant ses tournées, de faire remplacer les hommes qui manquaient.

Les milices ne furent remises en activité qu'à partir de 1778. Elles subsistaient encore lorsque les premières agitations de la révolution vinrent affaiblir le pouvoir de Louis XVI, et donner naissance à la période qui fait l'objet du tableau suivant.

ADMINISTRATION ET INSTITUTIONS.

SUBSISTANCES. Le pain commença à être fourni à la troupe en 1651. Le fourrage fut également donné au maréchal des logis des chevau-légers, le 1er juin 1668; ce fut le premier exemple d'une distribution de ce genre.

SOLDE, MASSES, etc. La suppression de la solde de guerre fut rendue moins sensible par une disposition de l'ordonnance même qui la prononça le 25 février 1776, Louis XVI ayant compensé cette suppression par la création d'une gratification d'entrée en campagne, et celle de deux *masses*, l'une de *linge et chaussure*, l'autre appelée *masse générale*, et destinée à être employée aux recrues, aux remontes, à l'habillement, à l'équipement, à l'entretien et à toute espèce de réparations.

HÔPITAUX. Les hôpitaux ambulans furent institués en 1591, et firent cesser tous les inconvéniens du traitement des militaires sur le lieu même du champ de bataille, où les chances de la guerre ramenaient souvent l'ennemi, qui s'occupait peu des blessés qu'on était obligé d'abandonner. Les hôpitaux militaires sédentaires ne datent que de 1765.

RÉCOMPENSES. Henri IV créa en 1603 un ordre et une retraite militaires en faveur des officiers et soldats estropiés au service; ceux qui y étaient admis portaient une décoration et le nom de *chevaliers de la maison royale*. On lui doit aussi l'ordre de Notre-Dame-du-Mont-Carmel, qu'il institua le 31 octobre 1608, et auquel fut ensuite réuni celui de Saint-Lazare-de-Jérusalem.

Louis XIV, dont les armées plus nombreuses et toujours occupées avaient droit, par là même, à une plus grande sollicitude, créa en 1671 l'*hôtel royal des invalides*, et en avril 1693 l'*ordre royal militaire de Saint-Louis*. Son successeur ne se montra pas moins généreux que lui. Par une ordonnance de novembre 1750, Louis XV rétablit la noblesse militaire, qui, depuis 1630, avait cessé d'être attachée à la profession des armes : c'est-à-dire que, jusqu'à cette dernière époque, tout officier était réputé noble du moment qu'il obtenait son brevet. Mais cette disposition avait l'inconvénient de placer tous les officiers sur la même ligne ; et la noblesse n'était point un sujet d'émulation entre eux. Pour y remédier, Louis XV voulut que le grade d'officier général fût le seul qui conférât de droit la noblesse. Ce qu'il établit d'une manière absolue pour tous les officiers sans distinction de grade, fut l'exemption de la taille, pourvu cependant qu'ils fussent en activité de service. Néanmoins, cette exemption, dans certains cas, pouvait continuer après la retraite, et par la suite conférer la noblesse de droit aux descendans de l'officier, quand ils réunissaient d'ailleurs certaines conditions dont l'ordonnance donnait le détail. En sorte que ce n'était plus, pour les officiers ordinaires, le brevet qui conférait la noblesse, mais seulement la durée et la nature des services. Ainsi l'émulation était entretenue, et si l'officier ne pouvait être noble de sa personne, il avait au moins la perspective de pouvoir anoblir ses enfans. L'avancement est sans doute un stimulant très-puissant, mais combien d'officiers, fatigués ou rebutés, finissent par quitter le service, persuadés qu'ils sont arrivés au terme de leur carrière! Il est donc nécessaire que l'officier ait un but positif, qui l'attache à son état, et lui ôte cette idée que toute persévérance est inutile. Il faut surtout l'intéresser au service par des institutions qui lui soient favorables, telles que l'*Ecole militaire*, fondée à Paris, le 22 janvier 1751, pour recevoir cinq cents jeunes gens, fils d'officiers sans fortune ou chargés de famille. La croix de Saint-Louis, accordée après un grand nombre d'années de service, fut aussi une récompense très-bien calculée; mais pour l'obtenir il fallait être de la religion catholique, et cette condition était un vice que Louis XV fit encore disparaître le 10 mars 1759, en créant l'ordre du Mérite militaire, en faveur de ceux qui, par cause de religion, ne pouvaient pas entrer dans l'autre.

On lui doit également l'extension des retraites à tous les militaires sans exception, après des blessures graves ou un nombre d'années de service déterminé. Ce prince, très-occupé des intérêts de ses soldats, s'était même laissé entraîner à un excès de générosité, car, d'après l'ordonnance du 21 mars 1762, tout militaire qui comptait seize ans de service avait droit à une retraite égale à la moitié de sa solde, et de plus à un habillement tous les huit ans; celui qui en comptait vingt-quatre avait la solde entière, et l'habillement tous les six ans. Quoique les dispositions de cette ordonnance aient subi beaucoup de restrictions, et malgré les ressources actuelles de l'Etat, les retraites sont encore aujourd'hui une des charges les plus lourdes qu'il ait à supporter. Où en serait donc le gouvernement si ces dispositions eussent été maintenues? Et cependant c'est ce même Louis XV qui institua les chevrons le 16 avril 1771; la haute paie attachée à ces signes honorables, qui servent à distinguer les anciens soldats, est une gratification progressive, calculée dans le but d'entretenir l'esprit militaire et le goût du service; une masse, destinée à la payer, fut établie dans les régimens le 7 avril 1773.

Malheureusement les dépenses qu'occasionaient cette foule d'institutions généreuses avaient placé l'État dans une position si critique, qu'il ne resta plus à Louis XVI que la nécessité d'en diminuer le bienfait. Telle fut la cause de la suppression de l'Ecole militaire, ordonnée par ce prince en 1776. Toutefois les élèves ne furent point abandonnés; Sa Majesté les plaça dans les colléges royaux, qui prirent alors le nom d'*écoles militaires*. Et ici la réforme ne fit qu'étendre, pour ainsi dire, le bienfait; car, le 17 juillet 1777, une compagnie de cadets gentilshommes, dont l'effectif était indéterminé, fut créée et prit possession du bâtiment de l'ancienne école. Quant aux écoles d'artillerie et du génie, il en est fait mention aux chapitres de ces deux armes.

PRÉCIS HISTORIQUE ET CHRONOLOGIQUE

DES OPÉRATIONS MILITAIRES.

En 1589, le duc de Mayenne, chef des Ligueurs, se porte sur Dieppe; le 21 septembre, il est défait au combat d'Arques. Henri IV revient devant Paris, et emporte les faubourgs le 1er novembre à minuit. Mais le duc arrive, et Henri, forcé de se retirer, traverse la Beauce, prend plusieurs places, et entre à Tours le 21 du même mois.

En 1590, le 14 mars, bataille d'Ivri, gagnée par Henri IV sur le duc de Mayenne. Le 7 mai, blocus de Paris, dont les faubourgs sont attaqués et emportés le 27 juillet. Henri IV marche à la rencontre des troupes que l'Espagne envoie au secours de la capitale, et qui se retirent après y avoir fait entrer des vivres. — Le 22 décembre, prise de Grenoble par Lesdiguières.

En 1591, nouvelle tentative sur Paris; Henri IV, forcé une seconde fois de se retirer, se porte sur Rouen, et l'assiége.

En 1592, le vingt avril, le duc de Parme, qui commande les Espagnols, parvient à faire lever le siége de Rouen, et se rend maître de Caudebec.

Le duc, blessé grièvement dans cette dernière affaire, se retire en Flandre, sans être entamé. Henri, qui l'a vivement poursuivi, se rend maître d'Epernay.

En 1593, le 7 juin, siége de Dreux; cette ville, qui sert d'entrepôt à Paris, est emportée le 18; les Parisiens demandent la paix. Le 25 du même mois, Henri IV se rend dans la capitale, après avoir fait solennellement abjuration à Saint-Denis. Ce prince accorde aux Ligueurs une trève de trois mois.

En 1594, les troupes espagnoles obtiennent également la facilité de se retirer.

En 1595, guerre avec l'Espagne. — Le 5 juin, combat de *Fontaine-Française*, où dix-huit mille hommes, commandés par Vélasco et Mayenne, sont tenus en échec par la cavalerie royale, et forcés de se replier.

En 1596, le 17 février, soumission de Marseille.

En 1597, reprise d'Amiens, dont les Espagnols venaient de s'emparer par surprise.

En 1598, Edit de Nantes, qui permet aux Protestans de garder pendant huit ans leurs places de sûreté. La paix se conclut en même temps entre Henri IV et Philippe II: le traité est signé à Vervins.

En 1602, les Suisses demandent à renouveler leur alliance avec la France.

En 1612, traité de paix entre Philippe III et Marie de Médicis, mère de Louis XIII, par lequel cette princesse abandonne les Hollandais et les Protestans d'Allemagne, dont Henri IV s'était déclaré le protecteur.

En 1613, les grands manifestent leur mécontentement; le prince de Condé, les ducs de Rohan et de Bouillon se mettent à leur tête.

En 1614, le 15 mai, Marie de Médicis désarme le parti des princes, en concluant avec eux le traité de Sainte-Menehould, où elle leur promet la prompte convocation des États-Généraux ; mais ces Etats laissent les choses telles qu'elles étaient avant leur réunion.

En 1615, les princes se réunissent aux Protestans, et prennent de nouveau les armes contre la régente.

En 1616, un nouveau traité, signé à Loudun, apaise une seconde fois les mécontens.

En 1621, les Protestans s'assemblent à La Rochelle, malgré la défense de Louis XIII ; ce prince marche contre eux : ses troupes, partout victorieuses, viennent échouer devant Montauban, dont il est forcé de lever le siége. Montpellier tombe au pouvoir des Protestans.

En 1622, défaite des Rochellois par le duc de Guise ; soumission du duc de Rohan. — Montpellier se rend, et la guerre se termine par la confirmation de l'Edit de Nantes.

En 1624, guerre de la Valteline, entreprise par

les Français pour forcer les Espagnols à l'évacuer.

En 1625, les Protestans, qui ont repris les armes, sont défaits et chassés de l'île de Ré par le duc de Montmorenci. —Traité de Monçon, entre la France et l'Espagne, lequel termine les affaires de la Valteline.

En 1627, siége de La Rochelle, qui est défendue par les Protestans, et que les Anglais tentent en vain de secourir.

En 1628, le 28 octobre, prise de La Rochelle.

En 1629, le duc de Nevers hérite du duché de Mantoue. Les Espagnols et les Impériaux s'opposent à la mise en possession. — Le 6 mars, Louis XIII, qui soutient le duc, force le pas de Suze.

En 1630, le 18 juillet, les Allemands surprennent Mantoue.

En 1631, traité de Quérasque, qui met fin à ces difficultés en faveur du duc de Nevers.—Louis XIII traite ensuite avec le duc de Lorraine, qui se départ de toute intelligence, ligue et association avec les ennemis du roi.

En 1632, le même, par de nouvelles menées, oblige Louis XIII à marcher contre lui. Prise de Pont-à-Mousson, Bar-le-Duc et Saint-Mihiel. Le 26 juin, le duc, forcé de se soumettre, signe un nouveau traité à Liverdun, par lequel il cède au roi Clermont et plusieurs autres places.—Le 1er septembre, combat de Castelnaudary, où le duc de Montmorenci, qui avait pris les armes contre la cour, à l'instigation du frère du roi, est battu et fait prisonnier par le maréchal de Schomberg. Instruit de cet événement, Louis XIII part de Lyon le 9 novembre pour aller pacifier le Languedoc.

En 1633, le roi retourne de nouveau en Lorraine et forme le siége de Nanci. Le 20 septembre, le duc signe le traité de Charmes.

En 1634, le duc de Lorraine, qui a éludé l'exécution de ce traité, est attaqué de nouveau et fait prisonnier dans Lunéville. — La Mothe, assiégée, se rend également après cinq mois de résistance.

En 1635, le 20 mai, bataille d'Avein dans le Luxembourg, gagnée sur les Espagnols par les maréchaux de Châtillon et de Brezé.

En 1636, siége de Dôle par le prince de Condé, qui est forcé de faire retraite après avoir épuisé ses ressources et perdu trois mille hommes. — En Picardie, La Capelle et le Catelet se rendent au prince Thomas. Le 7 août, les Espagnols investissent Corbie, qui capitule le 15 du même mois.—Le 22 septembre, le duc de Lorraine et Galas font une irruption en Bourgogne et y portent la terreur. Le 25 octobre, ils assiégent Saint-Jean-de-Lone, qui résiste à deux assauts. Le 14 novembre, reprise de Corbie par *Monsieur* et le comte de Soissons.

En 1637, le 14 juin, attaque du château de

Fontanelle dans le Milanais, où le maréchal de Toiras est tué d'un coup de mousquet. — Le 23 du même mois, bataille de Buffarola sur les bords du Tésin, gagnée par les Français sur le marquis de Léganès.

En 1638, le 28 février, bataille de Rhinsfeld, gagnée par les Impériaux sur le duc de Weimar, qui lève le siége de Rhinsfeld. — Le 3 mars, deuxième bataille à Rhinsfeld, où le duc de Weimar défait à son tour les Impériaux. Sur la fin de juin, le prince de Condé porte la guerre en Espagne, et assiége Fontarabie.

En 1639, cinq armées françaises opèrent à la fois dans les Pays-Bas, le Luxembourg, le Languedoc, le Piémont et la Franche-Comté ; une sixième est postée entre la Champagne et la Lorraine. — Défaite des troupes du duc de Lorraine ; prise de Pontarlier et de quelques autres places. Le 7 juin, bataille de Thionville, où les Français sont battus par les Impériaux. — Le 27 août, surprise de Turin par Léganès et le prince de Savoie ; les Français n'ont que le temps de se retirer dans la citadelle. Le 20 novembre, combat de *Quiers*, où le comte d'Harcourt bat Léganès et le prince Thomas.

En 1640, le 29 avril, siége et combat de Casal, à l'avantage des Français. Le 16 mai, siége de Turin par le comte d'Harcourt. Le 13 juin, siége et prise d'Arras. Le 24 septembre, le comte d'Harcourt entre victorieux dans Turin.

En 1641, le 25 juin, bataille de Wolfenbutel, gagnée sur l'archiduc Léopold et Picolomini, par le comte de Guébriant. Le 6 juillet, bataille de la Marfée, gagnée par le comte de Soissons sur l'armée française, que commandait le maréchal de Châtillon. Le comte est tué dans cette journée, sans qu'on ait pu connaître comment il l'a été.

En 1642, le 17 janvier, journée de Kempen, où les Impériaux perdent deux mille tués et cinq mille prisonniers. Le 19, combat de Vals en Catalogne, où cinq mille Espagnols sont défaits par le maréchal Lamothe-Houdancourt; le 25 du même mois, Louis XIII part pour la Catalogne; ce prince entre dans le Roussillon et y soumet plusieurs places. Le 26 mai, journée de Bonnecourt, où le maréchal de Grammont est battu par les Espagnols; il perd deux mille tués, douze cents prisonniers, ses bagages, son artillerie et la caisse militaire. L'ennemi, moins heureux à la bataille de Lérida, est défait par le maréchal de Lamothe-Houdancourt.

En 1643, bataille de Rocroi, gagnée par les Espagnols sur le duc d'Enghien, qui s'empare de Thionville. En Allemagne, prise de Rotwil par les troupes du maréchal de Guébriant, blessé à mort pendant le siége. L'ennemi profite de la division que cette perte met entre les chefs de l'armée, et bat les Français à Tudelingen. De son côté le duc de Brezé bat la flotte espagnole à la vue de Carthagène, et Lamothe-Houdancourt remporte plusieurs avantages en Catalogne.

En 1644, pendant que des négociations ont lieu à Munster et à Osnabruk, Turenne réorganise l'armée d'Allemagne, et fait de vains efforts pour secourir Philisbourg, dont le général Merci s'empare vers la fin de juillet. Ce dernier, après trois attaques sanglantes de la part du duc d'Enghien, est obligé d'abandonner son camp retranché, laissant Philisbourg sans défense. — Reprise de Lérida par les Espagnols.

En 1645, défaite de Turenne au combat de Mariendal; bataille de Nortlingue, gagnée par le duc d'Enghien sur le général Merci, qui est tué. Conjuration des Catalans dissipée par le comte d'Harcourt.

En 1646, siége et prise de Dunkerque. En Catalogne, le comte d'Harcourt, battu par Léganès, est forcé de lever le siége de Lérida.

En 1647, campagne de Flandre, malheureuse pour la France. En Catalogne, Lérida résiste aux nouvelles attaques du prince de Condé, ci-devant duc d'Enghien.

En 1648, le 24 octobre, traité de Westphalie, qui rétablit la paix entre Louis XIV, l'empereur

Ferdinand III, Christine, reine de Suède, les électeurs et princes de l'Empire et les alliés de ces puissances. Il est suivi d'une guerre civile dont le fardeau des impôts est le prétexte, et l'ambition de quelques grands la véritable cause. Les deux partis sont connus sous les noms de *Frondeurs* et de *Mazarins*.

En 1649, les troubles de la Fronde forcent la cour à se retirer à Saint-Germain-en-Laye. Le prince de Condé bloque Paris et s'empare de Charenton. La reine, justement alarmée par quelques dispositions de l'Espagne, fait des propositions. Les troubles s'apaisent, mais les haines subsistent.

En 1650, le 18 janvier, arrestation des princes de Condé et de Conti et du duc de Longueville.

En 1651, les Frondeurs, toujours en armes, obtiennent la liberté de ces trois prisonniers; la guerre civile continue. En Catalogne, les Espagnols forment le siége de Barcelonne.

En 1652, Turenne quitte le parti de la Fronde; il s'avance vers Paris, et repousse le prince de Condé près d'Étampes. Les mêmes se rencontrent de nouveau dans le faubourg Saint-Antoine, où le prince aurait succombé, malgré la plus héroïque résistance, si *Mademoiselle*, fille de Gaston d'Orléans, n'avait fait tirer sur les troupes du roi le canon de la Bastille. Les Espagnols, qui profitent de ces troubles, reprennent Barcelonne et Casal, et s'emparent, en Flandre, de Gravelines et de Dunkerque.

En 1653, les mêmes s'emparent de Rocroy et perdent Sainte-Menehould.

En 1654, le prince de Condé, réuni aux Espagnols, attaque Arras. Turenne le force dans ses lignes, et l'oblige à la retraite. Cette même année, Louis XIV fait sa première campagne au siége de Stenai, dont il s'empare.

En 1656, l'Espagne est toujours victorieuse; le prince de Condé, qui combat pour elle, force Turenne à lever le siége de Valenciennes.

En 1657, succès partagés. Le prince de Condé prend Saint-Guillain, et fait lever le siége de Cambrai; Turenne fait lever celui d'Ardres et prend Mardik.

En 1658, suite de victoires pour la France. Le 14 juin, *bataille des Dunes*, gagnée par Turenne sur le grand Condé et don Juan d'Autriche : la prise de Dunkerque en est la suite.

En 1659, défaite des Français dans les Pyrénées. — Le 7 septembre, paix des Pyrénées, conclue dans l'île des Faisans, frontière d'Espagne, entre Louis XIV et Philippe IV.

En 1661, l'ambassadeur à Rome est insulté par les gardes du Pape. Louis XIV se saisit d'Avignon, et fait passer des troupes en Italie.

En 1663, le 28 novembre, les Cantons helvétiques renouvellent leur alliance avec la France.

En 1664, le 26 juillet, bataille de Saint-Gothard, gagnée sur les Turcs par les Allemands et les Français.

En 1666, Louis XIV appuie la Hollande dans sa guerre avec l'Angleterre. Les Français chassent les Anglais de l'île Saint-Christophe.

En 1667, le roi se rend à l'armée de Flandre. Les villes de Charleroi, Armentières, Furnes, Ath, Tournai, Douai, Courtrai, Oudenarde et Lille sont assiégées et prises dans cette campagne.

En 1668, campagne d'hiver, pendant laquelle Louis XIV s'empare de la Franche-Comté. Les alarmes que cause cette conquête donnent lieu à une triple alliance entre l'Angleterre, la Hollande et la Suède. — Le 2 mai, paix d'Aix-la-Chapelle entre la France et l'Espagne.

En 1670, le duc de Lorraine, qui ne cesse d'avoir des intelligences avec les ennemis de la France, est dépouillé de ses Etats par les troupes du roi.

En 1671, Louis XIV détache le roi de Suède de la triple alliance, qui est pareillement abandonnée par l'empereur, déjà assez occupé des troubles de la Hongrie.

En 1672, le 6 avril, la France et l'Angleterre déclarent la guerre à la Hollande. Orsoi, Rées, Vesel, Rheinberg, etc., sont au pouvoir du roi.

— Les Français passent le Rhin, et font la conquête de la Hollande en moins de trois mois. — Combat naval de Soult-Baye, où la flotte hollandaise tient tête à celles de l'Angleterre et de la France.

En 1673, l'Espagne et l'empereur renouvellent leur alliance avec la Hollande. Turenne défend les rives du Rhin. Le 29 juin, Louis XIV prend Maestreicht; l'Espagne, de son côté, obtient quelques succès. Cependant les Français gagnent plusieurs batailles en Alsace. En Flandre, le prince de Condé bat les Hollandais à la journée de Senef. Les attaques dirigées par leurs flottes contre la Bretagne et la Martinique sont également repoussées; Ruyter, leur amiral, perd douze cents hommes dans les derniers combats.

En 1674, le peuple de Messine s'insurge et reçoit des secours de la France, qui force par là l'Espagne à dégarnir le Roussillon. — Turenne fait une campagne d'hiver en Alsace; elle passe pour son chef-d'œuvre.

En 1675, le même gagne la bataille de Turkeim. Le 27 juillet, ce grand capitaine est tué à Salzbach, à l'âge de soixante-quatre ans. Les généraux français se disputent le commandement; les troupes battent en retraite; l'ennemi les poursuit et les atteint; mais l'avantage est égal de part et d'autre. Néanmoins les armes de Louis XIV éprouvent des revers; le maréchal de Crépi est battu à Consarbruck, et Trèves est livrée à l'ennemi par Boisjourdain.

En 1676, Duquesne, attaqué deux fois par la flotte hollandaise, la force toujours à la retraite. Dans la seconde affaire, Ruyter est blessé à mort. En Flandre, Louis XIV s'empare de Condé et de Bouchain.

En 1677, prise de Valenciennes et de Cambrai. Le 11 avril, bataille de Cassel, gagnée par *Monsieur* sur le prince d'Orange. En Allemagne, Créqui bat plusieurs fois les ennemis, entre autres à Cokersberg près de Strasbourg, où il défait le duc de Lorraine.

En 1678, Charlemont, Namur, Luxembourg, Gand, etc., tombent au pouvoir de Louis XIV ou de ses généraux. — Le 10 août, paix de Nimègue, signée entre la France, la Hollande, l'Espagne, la Suède et l'empereur; elle précède la bataille de Saint-Denis, gagnée le 14 août par le maréchal de Luxembourg sur le prince d'Orange, qui prétendit n'avoir pas eu connaissance du traité.

En 1679, découverte de la Louisiane par les Français.

En 1680, assemblée des chambres établies à Metz, à Brisach et à Besançon, pour la réunion des domaines démembrés de la Lorraine, de l'Alsace et de la Franche-Comté, que ces chambres adjugent à Louis XIV. C'est un des prétextes ou des motifs de la formation de la ligue d'Ausbourg et d'une nouvelle guerre.

En 1681, Strasbourg se rend à Louis XIV; ce prince y fait son entrée le 23 octobre.

En 1682, bombardement d'Alger par une escadre française que commande Duquesne.

En 1684, bombardement de Gênes, pour punir cette république des secours qu'elle fait parvenir aux Algériens. Le 4 juin, Luxembourg se rend au maréchal de Créqui.

En 1686, une escadre française paraît devant Cadix, et force l'Espagne à faire raison de sommes injustement retenues à des négocians français.

En 1687, le 9 juillet, l'empereur, l'Espagne, la Hollande, la Suède, le duc de Savoie et les principaux Etats de l'Empire se liguent contre les projets réels ou supposés de Louis XIV.

En 1688, la guerre se rallume en Allemagne. Les troupes françaises s'emparent de Mayence et d'Heidelberg; le 29 octobre, elles prennent Philisbourg; Trèves, Spire et Worms subissent ensuite le même sort.

En 1689, Jacques II vient réclamer la protection de Louis XIV. Le roi déclare la guerre à l'Espagne, aux Anglais et à la Hollande. Mayence et Bonn, occupées par les Français, sont forcées de capituler.

En 1690, le 1ᵉʳ juillet, bataille de Fleurus, gagnée sur les alliés par le maréchal de Luxembourg. Combat naval à la hauteur de Dieppe, où le vice-amiral de Tourville bat les flottes réunies des Anglais et des Hollandais. — Le 11 juillet, bataille de la Boyne, où Jacques II est battu et son parti anéanti. — Le 18 août, bataille de Staffarde, gagnée par le maréchal de Catinat sur le prince de Savoie. — Prise de Saint-Christophe par les Anglais.

En 1691, le 9 avril, Louis XIV prend Mons, après seize jours de tranchée. Une escadre française bombarde successivement Barcelonne et Alicante. — Le 18 septembre, combat de Leuze, gagné en Flandre par le maréchal de Luxembourg sur le prince de Valdeck.

En 1692, combat naval entre les flottes combinées de la Hollande et de l'Angleterre et l'escadre française commandée par le maréchal de Tourville. Ce dernier résiste à des forces doubles des siennes; mais une tempête ayant dispersé ses vaisseaux à la fin de la journée, ils sont brûlés et détruits en grande partie dans la rade même de la Hougue. — Le 5 juin, prise de Namur après sept jours de tranchée. — Le 3 août, journée de Steinkerque, où le prince d'Orange est battu par le maréchal de Luxembourg. Prise de Furnes par M. de Boufflers, qui y fait prisonniers quatre mille Anglais. Les Français entrent dans le Palatinat, et s'emparent d'Heidelberg.

En 1693, le 29 juillet, bataille de Nervinde, gagnée sur le prince d'Orange.— Le 3 octobre, bataille de la Marsaille, gagnée sur le duc de Savoie.—Le 26 novembre, bombardement de Saint-Malo par les Anglais.

En 1694, bataille sur les bords du Ter, gagnée sur les Espagnols par le maréchal de Noailles, qui s'empare de Gironne et de plusieurs autres places. Dieppe, le Havre et Dunkerque sont bombardés par les Anglais, qui éprouvent eux-mêmes le nuisible effet de leurs *machines infernales*.

En 1695, le prince d'Orange investit et prend Namur. — M. de Vendôme obtient des succès en Catalogne.

En 1696, nouvelles et vaines tentatives des Anglais contre Calais, le fort de l'île de Ré et les Sables d'Olonne. — Jean Bart, plus heureux s'empare de cinq vaisseaux de guerre hollandais et de cinquante vaisseaux marchands venant de la mer Baltique. —Le 4 juillet, traité de paix avec le duc de Savoie.

En 1697, du 10 au 20 septembre, paix de Riswick, conclu par quatre traités particuliers entre la France, la Hollande, l'Espagne, l'Angleterre et l'empereur.

En 1700, le 13 mars, Charles II, roi d'Espagne, institue son héritier universel Philippe de France, duc d'Anjou, petit-fils de Louis XIV. Ce prince meurt le 1ᵉʳ novembre, et le 24 du même mois, Philippe est proclamé roi d'Espagne.

En 1701, le 7 septembre, alliance entre l'empereur, l'Angleterre et la Hollande, contre Louis XIV et Philippe V, dans le but de démembrer la monarchie espagnole. — Le prince Eugène entre en Italie par les États de Venise, et obtient quelques succès.

En 1702, surprise de Crémone par le prince Eugène, qui en est chassé presque aussitôt, emmenant avec lui le maréchal de Villeroi, qu'il a fait prisonnier. — Le 15 mai, déclaration de guerre de la part de l'empereur, de l'Angleterre et de la Hollande. Vendôme, envoyé en Italie, force le prince Eugène à lever le siège de Mantoue, et le bat à Luzara, après avoir défait le général Visconti à la journée de Santa-Vittoria. — En Allemagne, bataille de Friedlinghen, gagnée le 14 octobre par le maréchal de Villars sur le prince de Bade. — Attaque de Cadix par les Anglais. — Défaite de la flotte française dans le port de Vigo.

En 1703, prise de Kehl par le maréchal de Villars. Défaite des alliés à Donavert et à Hochstedt. Prise de Brisach par le duc de Bourgogne. — Le 15 novembre, nouvelle défaite des alliés à la journée de Spirbach. Prise de Landau par le maréchal de Tallard. — En Italie, Vendôme fait désarmer les troupes du duc de Savoie, qui allaient se joindre aux alliés; et le maréchal de Tessé s'empare des États de ce prince, à l'exception de Montmélian.

En 1704, l'archiduc Charles, qui a pris le titre de roi d'Espagne, débarque en Portugal avec huit mille hommes de troupes anglaises et hollandaises. Ce prince entre en Espagne, où Philippe V obtient d'abord quelques avantages. — En Allemagne, la fortune abandonne les armes de Louis XIV. Les Français, resserrés sur les bords du Danube par Marlborough et Eugène, perdent, le 15 août, la fameuse bataille de Hochstedt, où vingt bataillons français mettent bas les armes; cent pièces de canon et trois cents drapeaux tombent également au pouvoir de l'ennemi.

En 1705, le 10 août, bataille de Cassano, gagnée par le duc de Vendôme sur le prince Eugène.

En 1706, le 23 mai, bataille de Ramillies, où les Français, mis en pleine déroute par Marlborough, perdent toute leur artillerie et leurs bagages. — Évacuation du Brabant; retraite sur Lille. — En Italie, nos troupes, forcées dans leurs lignes par le prince Eugène, sont obligées de lever le siège de Turin, après avoir perdu beaucoup de monde. En Espagne, les alliés s'emparent de plusieurs places, et pénètrent jusque dans Madrid, d'où Philippe V parvient cependant à les chasser. Ce prince les repousse en Aragon vers le royaume de Valence.

En 1707, le 25 avril, bataille d'Almanza, gagnée par le maréchal de Berwick sur les alliés. — Siége de Toulon par le prince Eugène et le duc de Savoie, qui sont obligés d'y renoncer après avoir éprouvé de grandes pertes. — Dans les Pays-Bas, campagne de Lille, désastreuse pour les Français, par suite de la mésintelligence qui régnait entre le duc de Bourgogne et le maréchal de Vendôme. — Les Impériaux s'emparent du royaume de Naples. — Sur mer, le chevalier de Forbin et Dugay-Trouin obtiennent quelques succès.

En 1708, le 11 juillet, combat d'Oudenarde, dont les deux partis s'attribuent l'avantage. — Le 23 octobre, prise de Lille par les alliés. — Les Anglais s'emparent de la Sardaigne et de Mahon. — En Espagne, le duc d'Orléans prend Tortose, que Starenberg s'efforce en vain de reconquérir.

En 1709, le 29 juillet, prise de Tournay et Mons par les alliés. — Le 11 septembre, bataille de Malplaquet, une des plus sanglantes qu'aient perdues les Français. — Ceux-ci obtiennent quelques succès en Espagne.

En 1710, Louis XIV, humilié au congrès de Gertruydenberg, continue la guerre. — Journée d'Almenara, où le marquis de Bay est battu par Stanhope. — Bataille de Sarragosse, perdue par Philippe V, qui se réfugie à Valladolid. — L'archiduc Charles, maître de Madrid, s'empare aussi de Tolède ; mais il est bientôt forcé d'abandonner la capitale. Cinq mille Anglais se laissent surprendre dans Brihuega; Starenberg, qui veut les dégager, est battu lui-même le 10 décembre à Villa-Viciosa par Philippe V et Vendôme.

En 1711, le 23 janvier, prise de Gironne par le duc de Noailles.—En Flandre, Marlborough s'empare de Bouchain. — En Amérique, attaque de Rio-Janeiro par Duguay-Trouin, qui cause aux Portugais une perte de plus de 25 millions de francs —Disgrâce de Marlborough; disposition des alliés à la paix.

En 1712, le 29 janvier, un congrès s'ouvre à Utrecht pour la paix générale. La guerre n'en continue pas moins, excepté avec les Anglais, qui ont signé une suspension d'armes. — Le 24 juillet, bataille de Denain, gagnée sur le prince Eugène par le maréchal de Villars, qui s'empare ensuite de plusieurs places importantes.

En 1713, le 11 avril, traité d'Utrecht, par lequel Louis XIV conclut la paix avec la Grande-Bretagne, le duc de Savoie, le roi de Portugal, le roi de Prusse et la Hollande.

En 1714, le 6 mars, autre traité de paix conclu à Rastadt entre l'empereur et Louis XIV. Le 7 septembre, la paix avec l'Empire est également signée à Bade.

En 1718, fondation de la Nouvelle-Orléans, capitale de la Louisiane.

En 1719, guerre entre la France, l'Angleterre et l'Espagne. — Dix vaisseaux de ligne sortent de la baie de Cadix, portant, avec le Prétendant, six mille hommes de troupes réglées, des munitions et des armes pour quinze mille ; mais arrivés au cap Finistère, ils sont dissipés par une violente tempête ; deux frégates seulement abordent en Écosse, où quelques bataillons qu'elles y ont débarqués sont battus et forcés de se rendre.—Prise de Fontarabie, de Saint-Sébastien et du Guipuscoa par le maréchal de Berwick. Un autre corps de troupes françaises s'empare d'Urgel et de quelques autres places de la Catalogne. Les Anglais paraissent sur les côtes de la Biscaye et de la Galice ; Vigo et la Corogne sont attaqués.

En 1733, Louis XV, pour soutenir son beau-père Stanislas, élu roi de Pologne, déclare la guerre à l'empereur. Les Français se mettent en possession de la Lorraine ; le duc de Berwick passe le Rhin et s'empare du fort de Kehl. Villars et le roi de Sardaigne font la conquête du Milanais.

En 1734, siége de Philisbourg par le maréchal de Berwick, qui y est tué d'un coup de canon ; prise de cette place par les Français. —En Italie, la prise de Novarre et de Tortone achève la conquête du Milanais. —Le maréchal de Villars, âgé de quatre-vingt-quatre ans, meurt à Turin. — Bataille de

Parme et de Guastala, gagnée par les Français sur les Impériaux.

En 1738, paix définitive, signée à Vienne le 18 novembre.

En 1741, Louis XV prend part à la guerre qui s'est allumée en Allemagne par suite de la mort de l'empereur Charles VI. La France, qui a déjà fourni quarante mille hommes à l'électeur de Bavière, fait passer en Westphalie des forces qui contraignent l'électeur de Hanôvre, armé pour Marie-Thérèse, à signer un traité de neutralité. L'électeur de Bavière s'empare de la Haute-Autriche, et le comte Maurice de Saxe prend d'assaut la ville de Prague. L'électeur y est couronné roi de Bohême vers la fin de novembre.

En 1742, le 24 janvier, l'électeur de Bavière est élu empereur. Ce prince, chassé d'abord de la Haute-Autriche, l'est ensuite de ses propres États; les Autrichiens font la conquête de la Bavière et s'emparent de Munich; mais ils en sont bientôt chassés à leur tour par les troupes du nouvel empereur. Cependant le maréchal de Belle-Ile est forcé de se renfermer dans Prague; le maréchal de Maillebois, qui s'approche pour le dégager, est contraint lui-même de prendre poste dans les environs de Ratisbonne et de couvrir la Bavière. — Enfin, le 16 décembre, le maréchal de Belle-Ile se décide à quitter Prague; il sort de cette place pendant la nuit à la tête de quinze mille hommes, et fait sa retraite sur Egra.

En 1743, les Autrichiens s'emparent de la Bavière. Cet événement est suivi de la bataille d'Ettinghen; le maréchal de Noailles perd dans cette journée, par l'imprudence du duc de Grammont, les avantages que sa position lui donnait sur le roi d'Angleterre, Georges II, qui commandait l'armée ennemie.

En 1744, Louis XV, qui jusqu'alors s'était borné à fournir des troupes à la Bavière, déclare formellement la guerre à Marie-Thérèse et au roi d'Angleterre. Menin, Ypres, Furnes et le fort de Knoque tombent au pouvoir des Français. Le roi de Prusse, qui appuie la France et la Bavière, entre en Bohême et en Moravie avec quatre-vingt mille hommes. De son côté, le prince Charles de Lorraine, ignorant cette agression, passe le Rhin, et s'empare des lignes de Lauterbourg.—Louis XV vole au secours de l'Alsace, et laisse en Flandre le maréchal de Saxe, qui s'y défend avec le plus grand talent. — En mer, les flottes combinées de France et d'Espagne battent les Anglais au combat naval de Toulon.

En 1745, mort de l'empereur Charles VII. — Affaire de Pfaffenhoven, où le général Bathyani attaque les quartiers du maréchal de Ségur, et le force à la retraite.—Les Français, qui se sont portés au-delà du Rhin pour s'opposer à l'élection de François de Lorraine, sont attaqués par des forces supérieures et obligés de repasser le fleuve.—Plus heureux en Flandre, ils y gagnent sur les alliés la bataille mémorable de Fontenoi, qui est suivie de la prise de Tournay, et de la conquête presque entière des Pays-Bas autrichiens.— Il n'en est pas de même en Amérique, où les Anglais s'emparent de Louisbourg et du cap Breton.

En 1746, Bruxelles, Anvers, Namur, Charleroi, tombent successivement au pouvoir des Français, qui gagnent ensuite la *bataille de Raucoux*, où les Autrichiens perdent douze mille hommes tués et trois mille prisonniers. — En Italie, ces derniers gagnent sur les Français la *bataille de Plaisance*. — Dans l'Inde, La Bourdonnaie bat une escadre anglaise et s'empare de Madras.— La campagne se termine par une descente des Anglais sur les côtes de France et la prise des îles Sainte-Marguerite.

En 1747, les Autrichiens, qui ont pénétré dans la Provence, en sont chassés par le maréchal de Belle-Ile, qui fait avec don Philippe la conquête du comté de Nice. — Reprise des îles Sainte-Marguerite. — Opérations du duc de Boufflers pour mettre Gênes à couvert de toute insulte.— Bataille de l'Assiette, où les Français sont repoussés et perdent le chevalier de Belle-Ile, qui y est tué.—Entrée des mêmes en Hollande; prise de l'Écluse, du Sasde-Gand et de quelques autres places. — Bataille de Laufeld, où les alliés sont battus par le maréchal de Saxe. — Prise d'assaut de Berg-op-Zoom, par le comte de Lowendal, après soixante-cinq jours de tranchée ouverte. — En mer, les Anglais sont battus à deux reprises à la hauteur du cap Finistère.

En 1748, le 8 octobre, nouvelle paix signée à Aix-la-Chapelle, entre la France, l'Angleterre et la Hollande.

En 1750, M. de La Touche, qui commande à Pondichéri, bat les Indiens réunis aux troupes anglaises.

En 1755, en Amérique, des différends s'élèvent entre les Français et les Anglais. — Georges, instruit qu'on en est venu aux mains, fait attaquer le pavillon français ; deux vaisseaux de ligne faisant partie d'une escadre commandée par Dubois de la Touche sont pris par l'ennemi.

En 1756, la guerre, sans être déclarée, n'en est pas moins vive en Amérique et sur mer, où la France a cinq escadres destinées à faire respecter son pavillon. — Enfin, Louis XV se prononce ; le maréchal de Richelieu débarque à Minorque, et met le siége devant le fort Saint-Philippe, que l'amiral Bing veut en vain dégager ; l'escadre anglaise est battue par La Galissonnière, et le fort est obligé de se rendre. — Dans le Canada, les Français obtiennent également des succès, et se rendent maîtres de plusieurs forts.

En 1757, les Français, par suite d'une alliance avec l'impératrice-reine de Hongrie, s'emparent des duchés de Clèves et de Gueldre. — Les mêmes gagnent sur le duc de Cumberland la bataille de Hastenbeck, et le forcent à une capitulation qui doit faciliter les opérations contre le roi de Prusse ; mais ce prince tient tête aux troupes réunies de la France et de l'Empire, et leur prend sept mille hommes à l'affaire de Rosbach. Le 5 décembre, il gagne encore la bataille de Lissa sur le maréchal Daun et le prince Charles.

En 1758, le prince Ferdinand, qui commande les armées d'Angleterre en Hanôvre, s'empare de Minden, poursuit les Français et gagne sur eux la bataille de Crevelt. Ceux-ci, pour faire diversion, entrent dans la Hesse ; ils battent deux fois le prince d'Ysembourg, la première à la journée de Zunders-Hausen, la seconde près de Lutternbourg. — Dans l'Inde, le comte de Lally se rend maître de quelques forts ; mais en Afrique, les Anglais font la conquête du Sénégal et de l'île de Gorée. — Ces derniers sont battus au Canada par M. de Moncalm, qui leur fait perdre quatre mille hommes, ce qui ne les empêche pas de s'emparer du Cap Breton.

En 1759, bataille de Berghen, gagnée par les Français sur le prince Ferdinand, qui était venu pour les surprendre avec une armée de quarante mille hommes. Les alliés sont repoussés jusque dans la Hesse, et perdent Cassel, Minden et Munster ; mais les vainqueurs, trompés par une retraite simulée du prince Ferdinand, sont battus à leur tour à la bataille de *Minden*, et forcés d'abandonner les villes dont ils venaient de se rendre maîtres. —Dans l'Inde, les Français lèvent le siége de Madras ; mais ils s'emparent d'Arcate.—En mer, combat vers la côte de Coromandel, où M. d'Aché triomphe des efforts de l'amiral Pocock. Ce premier combat est suivi de deux autres, l'un près de Gibraltar, l'autre à la hauteur de Belle-Ile, où les Français ont le dessous.—Bombardement du Havre par les Anglais.

En 1760, le 23 juin, bataille de Corbach, gagnée par le maréchal de Broglie sur le prince héréditaire de Brunswick. — Le 31 juillet, bataille de Warbourg, et le 15 août, bataille de Lignitz, où les Français sont battus par les alliés, qui leur font perdre dix mille hommes dans la dernière. Enfin, le 16 octobre, bataille de Rheinberg ou de Clostercamp, gagnée par le maréchal de Castries sur le prince héréditaire.

En 1761, le 15 janvier, les Anglais se rendent maîtres de Pondichéri. — En Amérique, ils enlèvent la Dominique, et en Europe ils prennent Belle-Ile le 7 juin.—Le 15 juillet, bataille de Villinghausen, gagnée par le prince Ferdinand sur le maréchal de Broglie.—Le général Landon surprend Schweidnitz et en fait la garnison prisonnière.

En 1762, affaire de Grebenstein, où le prince Ferdinand bat les maréchaux d'Estrées et de Soubise, qui réparent cet échec à la bataille de Johannesberg, qu'ils gagnent sur le prince héréditaire.— En Portugal, un corps français, réuni aux Espagnols, contribue au siége et à la prise d'Almeyda. —Le 15 novembre, suspension des hostilités entre la France et l'Angleterre.

En 1763, le 10 février, paix de Paris, entre la France, l'Espagne, l'Angleterre et le Portugal.

En 1764, un corps de troupes françaises se rend en Corse pour y conserver les places dont la république de Gênes est en possession.

En 1774, alliance pour cinquante ans entre la France et les Cantons helvétiques. Des troupes françaises et des munitions sont envoyées en Amérique pour appuyer les Anglo-Américains.

En 1778, le 5 février, traité de Paris, dans lequel les États-Unis sont reconnus par la France *puissance libre et indépendante*. Notification de ce traité à la cour de Londres, qui déclare la guerre à la France. Le 27 juillet, combat naval à la hauteur d'Ouessant, entre l'escadre française et la marine anglaise ; l'avantage n'est d'aucun côté. En Amérique, les Français s'emparent de la Dominique; les Anglais à leur tour les délogent de Saint-Pierre et de Miquelon. — Dans l'Inde, Pondichéri tombe au pouvoir de ces derniers.

En 1779, prise par les Français des îles de Saint-Vincent et de la Grenade.

En 1780, lord Cornwallis, qui ne peut résister aux forces réunies des Anglo-Américains et des Français, se renferme à Yorck-Town, où il est bientôt forcé de se rendre prisonnier avec un corps de six mille hommes.

En 1782, prise de l'île Saint-Christophe par les Français. Combat naval près de la Dominique, où les mêmes perdent cinq vaisseaux de ligne, dont un de cent vingt canons; le comte de Grasse, qui les commandait, tombe au pouvoir de l'ennemi. Le blocus de Gibraltar est converti en siége; quarante vaisseaux de ligne, tant français qu'espagnols, bloquent la baie; du côté de terre, la tranchée est ouverte; mais l'amiral Howe pénètre dans le port, et les alliés sont forcés d'en revenir au blocus. Cependant le bailli de Suffren relève dans l'Inde l'honneur du pavillon français; il s'empare de Trinquemale, après cinq combats des plus acharnés, où il a presque toujours eu l'avantage.

En 1783, le 3 septembre, paix de Versailles, stipulée par trois traités différens.

En 1787, le 22 février, assemblée des notables, ayant pour but d'aviser aux moyens de combler un déficit dont la guerre faite pour l'indépendance des États-Unis était la principale cause ; mais l'assemblée se refuse à l'impôt territorial et à celui du timbre, proposés par le contrôleur des finances.

En 1788, le peuple, instruit par M. de Calonne de cet état de choses, commence à s'agiter. Le 6 novembre, seconde convocation des notables : elle ne remédie à rien, et ne sert qu'à augmenter la fermentation des esprits. Convocation des États-Généraux ; troubles, émeutes populaires.

En 1789, le 5 mai, ouverture des États-Généraux. Rien n'ayant été fixé sur le vote par ordre ou par tête avant qu'ils fussent réunis, de violens dissentimens éclatent entre le clergé et la noblesse, qui veulent s'en tenir au premier mode, et le tiers-état, qui insiste pour le second. Le gouvernement perd dans cette lutte toute sa popularité, et l'horizon politique s'obscurcit.

Beaucoup de membres de la noblesse et du clergé ayant pris parti pour le tiers-état, et s'étant réunis à lui, il se constitue en assemblée nationale le 17 juin, et continue ses opérations, malgré l'opposition et la déclaration du roi. Tout change alors de face ; les rênes du gouvernement sont prêtes à s'échapper des mains de Louis XVI, et la journée du 14 juillet doit, un mois après, anéantir tout son pouvoir.

NEUVIÈME TABLEAU.

PÉRIODE DE 1789 A 1814.

GARDE IMPÉRIALE,
VOLONTAIRES NATIONAUX,
ARTILLERIE A CHEVAL,
TRAINS D'ARTILLERIE ET DES ÉQUIPAGES.

RÉVOLUTION FRANÇAISE.

Quoique Louis XVI n'ait pas cessé d'être roi, l'Assemblée s'érige d'elle-même en constituante, et gouverne en effet à commencer du 17 juin 1789.

Elle est remplacée, d'après la nouvelle constitution que le roi a acceptée, par l'Assemblée législative, le 1ᵉʳ oct. 1791.

Celle-ci cède la place à la Convention nationale, après avoir renversé le trône, et fait enfermer la famille royale au Temple le. . . . . 10 août 1792.

RÉPUBLIQUE.

La Convention nationale, ayant proclamé la république, réunit tous les pouvoirs et tous les moyens de gouvernement, dont le Directoire exécutif entre en possession le.. . . . 1ᵉʳ nov. 1795.

Ce dernier est remplacé par des consuls le. . . . . 15 déc. 1799.

EMPIRE FRANÇAIS.

Bonaparte, premier consul, est nommé empereur le. . . . . 18 mai 1804.

Il règne sous le nom de Napoléon jusqu'au . . . . 3 avril 1814.

TRAIT HISTORIQUE.

Le 4 mai 1796, Louis XVIII ayant commencé la revue de divers cantonnemens de l'armée royale, se porta sur les bords du Rhin pour visiter les postes avancés. Beaucoup de soldats de l'armée républicaine accoururent de l'autre rive, sans armes, mais ayant derrière eux un piquet armé et rangé en bataille. « Est-il vrai, disent-ils, que le roi est
» arrivé?—Oui, il est là.—Nous voudrions bien le
» voir, mais nous ne pouvons pas le distinguer. »

Le roi fit mettre pied à terre aux officiers qui l'accompagnaient, et resta seul à cheval, également à portée de recevoir des témoignages de fidélité ou des coups de fusil.

M. le duc d'Enghien, commandant l'avant-garde, fit observer au roi que des réglemens de discipline défendaient de leur parler. « Le mou-
» vement de mon cœur est plus fort que vos régle-
» mens; vous me mettrez aux arrêts demain, mais
» il faut que je leur parle. » Puis, s'adressant aux soldats républicains : « Vous êtes curieux de voir
» le roi, leur dit-il d'une voix forte; eh bien, c'est
» moi qui suis votre roi, ou plutôt votre père : oui,
» vous êtes tous mes enfans; je ne suis venu que

» pour mettre un terme aux maux de notre com-
» mune patrie; ceux qui vous disent le contraire
» vous trompent; vos frères qui m'entourent par-
» tagent le bonheur que j'ai d'être avec vous et de
» me rapprocher de vous. »

Ils l'écoutèrent en silence, avec une contenance embarrassée; on voyait que leur cœur était ému, mais que leurs sentimens étaient contraints. Une voix s'éleva qui leur dit : « Puisque vous êtes sa-
» tisfaits de le voir, criez *Vive le roi!* — Non, non,
» reprit vivement cet excellent prince, ne dites rien;
» vous seriez entendus, et vous pourriez vous com-
» promettre. »

NEUVIÈME TABLEAU.

MINISTRES DE LA GUERRE.

CHARGE créée en 1547.

Le comte de Brienne, depuis 1787.
Latour du Pin, nommé le 3 août 1789.
Duportail, le 15 novembre 1790.
De Narbonne, le 6 décembre 1791.
Degrave, le 9 mars 1792.
Servan, le 10 mai *idem*.
Dumouriez, le 12 juin *idem*.
Lajard, le 19 juin *idem*.
D'Abancourt, le 22 juillet *idem*.
Servan, le 10 août *idem*.
Pache, le 3 octobre *idem*.
Beurnonville, le 4 février 1793.
Bouchotte, le 4 avril *idem*.
Pille, commissaire le 1er avril 1794;
    ministre le 2 octobre 1795.
Aubert Dubayet, le 5 novembre *idem*.
Pétiet, le 8 février 1796.
Hoche, le 6 juillet 1797.
Schérer, le 25 juillet *idem*.
Milet-Mureau, le 21 février 1799.
Bernadotte, le 4 juillet *idem*.
Dubois-Crancé, le 14 septembre *idem*.

Carnot, le 2 avril 1800.
Berthier, le 8 octobre *idem*.
Clarke, le 9 août 1807.

ÉTAT-MAJOR GÉNÉRAL.

CONNÉTABLE, créé vers 752.

Cette dignité, qui avait été supprimée en 1727, fut rétablie le 18 mai 1804; mais elle ne donnait plus le commandement en chef. Bonaparte la conféra à son frère Louis, qui la laissa vacante par son avénement au trône de Hollande le 5 juin 1806.

VICE-CONNÉTABLE, créé en 1807.

Le décret d'institution est du 9 août 1807. Cette dignité, conférée au prince Berthier, cessa avec le règne de Napoléon.

MARÉCHAUX DE FRANCE, créés en 1185.

Ils furent nommés successivement *généraux en chef* le 26 février 1793, et *maréchaux d'empire* le 19 mai 1804.

COLONELS GÉNÉRAUX, créés en 1544.

Cette dignité, qui était une des plus considérables de l'armée, fut supprimée en 1790.

MAJOR GÉNÉRAL, créé en 1515.

La charge de *major général* de l'armée n'est donnée et exercée qu'en temps de guerre. On substitua pendant quelque temps à cette dénomination celle de *chef d'état-major général*, qui n'est demeurée qu'aux officiers chargés des fonctions de *major général* dans les différens corps d'armée. Ceux des divisions d'infanterie ou de cavalerie sont seulement appelés *chefs d'état-major*.

MESTRES-DE-CAMP GÉNÉRAUX, créés en 1552.

L'époque indiquée ci-dessus est celle de leur création dans la cavalerie légère. Celui des dragons ne datait que de 1684. Leur suppression dans les deux armes a eu lieu le 29 octobre 1790.

CAPITAINES GÉNÉRAUX, créés en 1302.

Ce titre ne se donne plus qu'aux gouverneurs des colonies.

LIEUTENANS GÉNÉRAUX, créés en 1633.

Un décret de 25 février 1793 décida que ces officiers prendraient le titre de *général de division*.

MARÉCHAUX-DE-CAMP, créés vers 1534.

Ils ont pris le titre de *général de brigade* en vertu du décret du 25 février 1793.

MARÉCHAL GÉNÉRAL DES LOGIS DES CAMPS ET ARMÉES, créé en 1602.

Cette charge et celle du maréchal général des lo- de la cavalerie furent réunies, le 29 octobre 1790, à celle de *major général*.

AIDES-DE-CAMP, créés vers 1534.

INSPECTEURS GÉNÉRAUX, créés en 1668.

Indépendamment des officiers que le chef du gouvernement chargeait de l'inspection des troupes, il fut créé des *premiers inspecteurs généraux* pour l'artillerie, le génie et la gendarmerie. Les plus anciens datent du 5 janvier 1800.

ADJUDANS GÉNÉRAUX, créés en 1790.

Le décret d'institution est du 26 août 1790. Ces officiers remplacèrent les maréchaux-de-camp comme *chefs d'état-major*. Leur premier titre fut remplacé par celui d'*adjudant-commandant*, le 16 juillet 1800.

OFFICIERS D'ÉTAT-MAJOR, créés en 1766.

Ils furent appelés *adjoints à l'état-major général* le 1er juin 1791. Un décret du 25 février 1793 les déclara subordonnés aux adjudans généraux, et susceptibles d'être choisis dans tous les grades, jusqu'à celui de chef de bataillon exclusivement.

Mais cette disposition fut modifiée le 6 octobre 1800 par un arrêté qui décida que ces officiers ne pourraient plus être pris que parmi les capitaines.

DIRECTEURS DE L'ARTILLERIE, créés en 1291.

DIRECTEURS DU GÉNIE, créés en 1602.

INGÉNIEURS DU ROI, créés en 1602.

Ils se partageaient en *ingénieurs en chef* et en *ingénieurs ordinaires*. Il est inutile de faire observer qu'ils ont cessé pendant cette période d'être appelés ingénieurs du *roi*.

INGÉNIEURS GÉOGRAPHES, créés en 1688.

Leur suppression avait été ordonnée le 17 août 1791. Ils furent rétablis le 6 juin 1793, réorganisés le 10 novembre 1808, et augmentés le 30 janvier 1809.

GOUVERNEURS, créés en 987.

Tous les gouverneurs ou de places ou de divisions militaires du royaume furent supprimés le 20 février 1791.

LIEUTENANS DE ROI, créés en 987.

Ils furent supprimés le 20 février 1791, et remplacés dans leurs fonctions par le plus ancien officier du grade le plus élevé, en activité de service dans la place, jusqu'au 16 mai 1792, époque à laquelle on institua des *commandans de place* qui furent choisis dans toutes les armes, pour exercer leurs fonctions jusqu'à la paix. Cette disposition était commandée par la nécessité de retirer des garnisons toutes les troupes, par suite des hostilités qui venaient de commencer. Ce dernier titre fut remplacé par celui de *commandant d'armes*, le 16 avril 1800.

MAJORS DE PLACE, créés en 987.

La suppression de cet emploi fut décrétée le 20 février 1791.

AIDES-MAJORS DE PLACE, créés en 1577.

Cet emploi a cessé par suite du décret du 20 février 1791, qui supprima les états-majors de place.

SOUS-AIDES-MAJORS DE PLACE, créés en 1768.

Leur suppression eut lieu, comme celle des aides-majors, le 20 février 1791.

ADJUDANS DE PLACE, créés en 1791.

La loi du 10 juillet 1791, qui les a institués, les destina à remplacer les majors, aides et sous-aides-majors.

ADJUDANS DE CÔTES, créés en 1803.

Conformément à l'arrêté du 20 mai 1803, ces

officiers devaient passer une fois par mois (le dimanche) la revue des compagnies de gardes côtes de leur arrondissement respectif.

INTENDANT GÉNÉRAL DE L'ARMÉE, créé en 1806.

Le décret qui institua cet emploi est du 19 avril. Le titre seul de ce fonctionnaire indique quelles étaient ses attributions.

INSPECTEURS GÉNÉRAUX AUX REVUES,
créés en 1800.

Ce titre, qui leur avait été donné par l'arrêté du 29 janvier 1800, fut remplacé, le 6 juillet suivant, par celui d'*inspecteurs en chef aux revues*.

SOUS-INSPECTEURS AUX REVUES, créés en 1800.

Leur institution ne date que du 6 juillet, époque de la suppression du titre d'inspecteur général.

ADJOINTS AUX SOUS-INSPECTEURS AUX REVUES,
créés le 18 avril 1811.

COMMISSAIRES GÉNÉRAUX, créés en 1637.

La suppression de cet emploi fut décrétée le 29 octobre 1790.

COMMISSAIRES ORDONNATEURS, créés en 1704.

Ceux qui étaient employés aux armées portaient le titre de *commissaires ordonnateurs en chef*;

on les nomma *commissaires ordonnateurs grands juges militaires* le 29 octobre 1790; mais un décret du 15 septembre 1792 leur retira cette dernière dénomination, et leur rendit l'ancienne.

COMMISSAIRES PROVINCIAUX, créés en 1704.

La suppression de cet emploi fut décrétée le 4 mars 1790.

COMMISSAIRES AUDITEURS, créés en 1790.

Le décret du 29 octobre 1790 les institua pour être les *assesseurs* des commissaires ordonnateurs grands juges militaires. Cet emploi n'existe plus depuis le 15 septembre 1792.

COMMISSAIRES DES GUERRES, créés en 1356.

AIDES-COMMISSAIRES DES GUERRES, créés en 1791.

Le décret de création est du 14 octobre. Cet emploi, supprimé le 22 avril 1793, fut rétabli le 25 juillet suivant sous le titre d'*adjoint aux commissaires des guerres*.

TROUPES DE LA GARDE.

Un décret du 6 mars 1790 prononça la suppression de la garde royale; un autre du 16 octobre 1791 créa une *garde constitutionnelle* destinée à remplacer l'ancienne maison du roi, dont il ne restait presque plus rien ; mais la déclaration de guerre des Autrichiens ayant achevé de monter les esprits, tout ce qui entourait le souverain fut attaqué, et la garde constitutionnelle fut elle-même supprimée le 29 mai 1792.

Une nouvelle *garde* dite *départementale* fut créée le 12 août 1794. Celle-ci, qui devait d'abord être forte de dix mille hommes, fut définitivement fixée à douze cents; mais tout cela n'eut lieu que sur le papier, et les seules troupes qui existèrent réellement pendant cette période sont les suivantes.

TROUPES D'INFANTERIE DE LA GARDE.

GARDES DE LA PRÉVÔTÉ, créés en 1271.

Cette troupe fut convertie en *grenadiers* le 10 mai 1791. (Voir ce dernier titre.)

CENT-SUISSES, créés en 1478.

Cette compagnie, qui était indépendante des gardes-suisses, fut licenciée le 16 mars 1792.

GARDES-FRANÇAISES, créées en 1563.

Le licenciement de ce régiment d'infanterie fut ordonné le 31 août 1789. Ce corps avait participé à la prise de la Bastille.

GARDES-SUISSES, créées en 1573.

Cette troupe fidèle fut massacrée le 10 août 1792.

GRENADIERS A PIED, créés en 1791.

Deux compagnies de cette arme furent créées le 10 mai 1791, et formées de celles des gardes de la prévôté qui avaient pris le nom de grenadiers de la gendarmerie. Cette troupe fut organisée en deux bataillons en 1801, puis en deux régimens en 1806; l'un d'eux, supprimé en 1809, n'a été remplacé qu'en 1811.

CHASSEURS A PIED, créés en 1800.

Il en avait été institué et créé un bataillon le 8 septembre 1800; un autre fut formé l'année suivante. En 1806, on organisa cette troupe en deux régimens, dont un, supprimé en 1809, ne fut rétabli qu'en 1810. Un troisième, créé en 1811, fut réformé en 1813.

VÉLITES A PIED, créés en 1804.

Deux bataillons, l'un de *vélites-grenadiers* et l'autre de *vélites-chasseurs*, furent institués et créés le 21 mars 1804. L'année suivante on porta chacun de ces corps à deux bataillons. L'un et l'autre furent supprimés le 19 septembre 1806.

PÉRIODE DE 1789 A 1814.

FUSILIERS, créés en 1806.

Deux régimens de cette arme ayant été organisés en même temps, l'un prit en 1809 le titre de *fusiliers-grenadiers*, et l'autre de *fusiliers-chasseurs*.

TIRAILLEURS, créés en 1809.

Quatre régimens, dont deux de *tirailleurs-grenadiers* et deux de *tirailleurs-chasseurs*, furent institués et créés en 1809. En 1811, les derniers furent convertis en régimens de *voltigeurs;* les autres quittèrent l'épithète de grenadiers, et l'on en porta en même temps le nombre à six régimens, puis à treize en 1813, et à seize en 1814. Il en avait même été créé davantage, mais les autres ne furent point organisés.

CONSCRITS, créés en 1809.

Quatre régimens, dont deux de *conscrits-grenadiers* et deux de *conscrits-chasseurs*, furent institués et créés en 1809. Ils demeurèrent sur pied jusqu'en 1811, époque à laquelle on les convertit les uns en tirailleurs, les autres en voltigeurs.

GARDES NATIONALES, créées en 1810.

Le seul régiment de cette arme, qui avait été créé en 1810, fut converti en régimens de voltigeurs en 1812.

PUPILLES, créés en 1811.

Il en fut créé un régiment le 30 mars 1811, que l'on forma d'enfans trouvés ou abandonnés, de l'âge de quinze à vingt-cinq ans.

VOLTIGEURS, créés en 1811.

On en créa six régimens en 1811. Quatre d'entre eux furent formés des anciens régimens de tirailleurs et de conscrits-chasseurs; le septième fut également formé en 1812 du régiment des gardes nationales. Ce nombre s'éleva ensuite à treize en 1813, et à quinze en 1814. Quelques autres créés pendant cette dernière année ne furent point organisés.

FLANQUEURS, créés en 1811.

Il n'en avait été organisé qu'un seul régiment. Le 25 mars 1813, on lui donna le nom de *flanqueurs-chasseurs*, et l'on créa en même temps un régiment de *flanqueurs-grenadiers*.

SAXONS, admis en 1813.

Le seul bataillon qu'on avait organisé pour le service de la garde fut licencié l'année suivante, par suite de la défection des troupes de cette nation.

POLONAIS, admis en 1813.

Il en fut formé un bataillon qui continua son service jusqu'à la fin de cette période.

TROUPES DE CAVALERIE DE LA GARDE.

GARDES DU CORPS, créés en 1248.

Les quatre compagnies de gardes du corps du roi furent licenciées le 25 juin 1791.

GRENADIERS A CHEVAL, créés en 1670.

Il n'en existait plus depuis le 15 décembre 1775. On en créa un *corps* le 21 juillet 1797, qui fut organisé en *régiment* le 14 novembre 1801.

MAMELUCKS, créés en 1799.

Il en fut organisé un escadron à l'armée d'Égypte. Le défaut de recrutement le fit réduire à une compagnie en 1804; mais en 1813 on en forma une seconde, composée de Français ou d'étrangers, qui fut réputée de jeune garde.

CHASSEURS A CHEVAL, créés en 1800.

Les deux escadrons qui avaient été organisés en 1800 furent enrégimentés l'année suivante.

VÉLITES, créés en 1804.

Un *corps* de *vélites-chasseurs* fut institué et formé en 1804. En 1806 on en créa un de *vélites-grenadiers* et un autre de *vélites-dragons* ; tous les trois furent supprimés en 1811.

DRAGONS, créés en 1806.

Un seul régiment de cette arme fut créé le 15 avril 1806. Cette troupe était appelée, dans les premiers temps de sa formation, *dragons de l'impératrice*.

CHEVAU-LÉGERS, créés en 1807.

Il en fut créé un régiment le 6 avril 1807. Ces cavaliers devaient être propriétaires ou fils de propriétaires, et se monter et s'équiper à leurs frais. On en créa un second régiment en 1810, puis un troisième en 1812. Ce dernier fut supprimé en 1813.

GARDES D'HONNEUR, créés en 1813.

Il en fut organisé quatre régimens, conformément à un décret du 3 avril 1813.

ÉCLAIREURS, créés en 1813.

Deux régimens, l'un d'*éclaireurs-dragons* et l'autre d'*éclaireurs-chasseurs*, furent institués et créés le 4 décembre 1813.

TROUPES D'ARTILLERIE DE LA GARDE.

OUVRIERS D'ARTILLERIE, créés en 1800.

Il n'en fut créé qu'une seule compagnie, qui demeura sur pied jusqu'à la fin de cette période.

ARTILLERIE A CHEVAL, créée en 1800.

Cette troupe, organisée d'abord en une seule compagnie, fut portée à deux en 1801, et formée en escadron en 1802, puis en régiment en 1806.

On la remit en 1808 à quatre compagnies isolées, auxquelles il en fut ajouté trois autres en 1813. Une de ces dernières était réputée de jeune garde.

TRAIN D'ARTILLERIE, créé en 1800.

Le train d'artillerie de la garde, composé d'abord d'une seule compagnie, fut porté successivement à deux compagnies en 1801, à quatre en 1803, à un bataillon en 1806, à deux en 1811, et à deux régimens en 1813, plus une compagnie de jeune garde.

ARTILLERIE A PIED, créée en 1801.

Il en fut créé deux compagnies le 14 nov. 1801, et quatre autres en 1808. Indépendamment de ces six compagnies, il en fut organisé trois nouvelles en 1809 pour la jeune garde, qui en eut quatre en 1811, quatorze en 1813 et quinze en 1814.

VÉLITES CANONNIERS, créés en 1806.

La seule compagnie de cette arme, créée le 15 avril 1806, fut supprimée le 1ᵉʳ août 1811.

CANONNIERS-VÉTÉRANS, créés en 1812.

Il n'en fut organisé qu'une seule compagnie. Le décret de sa création est du 12 janvier 1812.

TROUPES DU GÉNIE DE LA GARDE.

Il n'en exista point d'autres qu'un corps de *sapeurs* créé le 16 juillet 1810. Il fut organisé en compagnie jusqu'en 1814, qu'on en forma un bataillon.

TROUPES DIVERSES DE LA GARDE.

VÉTÉRANS, créés en 1800.

Une première compagnie fut créée le 8 septembre 1800, et une seconde le 13 septembre 1810.

GENDARMERIE D'ÉLITE, créée en 1801.

Il en fut créé une légion le 31 juillet 1801. On

peut dire que ce corps se composait de tout ce qu'il y avait de plus beaux hommes dans l'armée.

MARINS OU MATELOTS, créés en 1803.

Un bataillon de cette arme avait été créé en 1803; on en forma un second en 1806; tous les deux furent réunis en 1810 sous le titre d'*équipage*.

PONTONNIERS, créés en 1808.

Il n'en fut organisé qu'une seule compagnie. Le décret de sa création est du 12 avril 1808.

OUVRIERS-PONTONNIERS, créés en 1808.

Le décret du 10 novembre 1808 qui les institua, n'en créa qu'une seule compagnie, qui existait encore à la fin de cette période.

BATAILLON D'INSTRUCTION, créé en 1811.

Ce corps, qui se composait d'élèves des lycées, était destiné à fournir des sous-officiers pour les troupes de la garde.

INFIRMIERS, créés en 1811.

Le décret qui les institua dans la garde est du 24 août 1811. Il n'en fut organisé qu'une seule compagnie.

TRAIN DES ÉQUIPAGES, créé en 1811.

Avant la création du bataillon de cette arme, on

affectait au service de la garde quelques bataillons de la ligne, qui ne marchaient avec elle que pendant la durée de chaque campagne.

BOUCHERS ET BOTTELEURS, créés en 1811.

Il en fut organisé une compagnie conformément au décret du 24 août 1811.

BOULANGERS, créés en 1811.

Ils furent créés en même temps que les bouchers et les botteleurs. On n'en avait d'abord organisé qu'une seule compagnie; mais, en 1813, on en forma une seconde.

INFANTERIE DE LIGNE.

MILICES, instituées en 1688.

Cette troupe disparut de l'armée par suite du décret du 4 mars 1791, qui en prononça la suppression.

INFANTERIE ÉTRANGÈRE, admise en 1285.

L'infanterie étrangère s'était, comme on l'a déjà dit, presqu'entièrement nationalisée; et quoiqu'on distinguât encore quelques régimens allemands, il n'y avait réellement que les troupes suisses dont le recrutement se fût toujours fait par des étrangers. Aussi la mesure prescrite par la loi du 26 février 1793, pour le démembrement de chaque régiment et l'amalgame d'un bataillon de ligne avec deux bataillons de volontaires nationaux, n'aurait pu leur être appliquée, tandis qu'elle le fut aux régimens prétendus allemands. Ces troupes suisses furent licenciées le 20 août 1792. Mais le 29 novembre 1798 le gouvernement français fit lever six demi-brigades helvétiques, dont on forma trois régimens le 15 mars 1805. Un quatrième fut organisé le 12 septembre 1806, et le 11 mai 1807 on y ajouta *un bataillon suisse de Neufchâtel*. Mais déjà un autre bataillon *valaisan* avait été créé le 4 octobre 1805 ; ce dernier fut supprimé le 16 septembre 1811.

Quant aux autres puissances qui fournirent des troupes à la France, comme ce fut sans leur consentement qu'on organisa quelques corps étrangers, et que plusieurs de ces derniers se composèrent d'ailleurs d'hommes de différentes nations, on se bornera à les faire ressortir dans le tableau numérique des régimens, demi-brigades, etc., qui se trouvèrent sur pied pendant la durée de cette période.

INFANTERIE FRANÇAISE, instituée en 1479.

Ce qu'on dit de ces troupes aux chapitres de l'*organisation* et du *recrutement* ne permet pas de rien ajouter ici. On peut d'ailleurs consulter le tableau numérique placé à la fin de cet article, qui fait connaître la force de l'armée en régimens d'infanterie de ligne, pendant tout le cours de cette période.

VOLONTAIRES NATIONAUX, institués en 1791.

Un décret du 28 janvier 1791 appela aux armées cent mille soldats auxiliaires qui marchèrent la même année sous le nom de *volontaires nationaux*. Cette troupe, renforcée bientôt par les gardes nationales mises en activité, présentait, à l'époque du 24 février 1793, un effectif de quatre cent cinquante-quatre bataillons. Mais tel était l'enthousiasme dans ces malheureux temps, que ce nombre, déjà si considérable, s'éleva rapidement jusqu'à sept cent vingt, sans compter une foule de corps isolés, organisés de différentes manières, s'intitulant comme bon leur semblait, changeant de noms suivant les circonstances; en un mot, subsistant avec si peu de règles, que l'on ne savait même pas dans les bureaux de la guerre à quels départemens ils appartenaient.

Une loi du 26 février 1793 ordonna le démembrement des régimens d'infanterie et la formation de demi-brigades composées de trois bataillons, dont deux de volontaires nationaux et un d'infanterie de ligne; mais cette disposition, d'abord ajournée, ne reçut son exécution qu'en vertu d'une nouvelle décision du 28 janvier 1794.

Quant aux compagnies isolées, on en forma des bataillons francs qui furent embrigadés avec les bataillons de *chasseurs*, à l'exception de quelques-uns qui continuèrent de s'administrer séparément jusqu'au 27 août 1800, qu'un arrêté en prescrivit enfin l'incorporation. C'est tout ce que les désordres qui régnèrent pendant les premières années de cette période permettent de dire sur ces troupes auxiliaires.

NEUVIÈME TABLEAU.

TABLEAU numérique des corps d'infanterie de ligne pendant le cours de cette période, les volontaires nationaux et les troupes légères exceptés.

ANNÉES.	INFANTERIE de LIGNE.			SUISSES ou VALAISANS.			Régimens dits étrangers.	Bataillon septinsulaire.	DÉSERTEURS et Réfractaires.		TOTAL.		
	Régimens.	½ Brigades.	Bataillons.	Régimens.	½ Brigades.	Bataillons.			Régimens.	Bataillons.	Régimens.	½ Brigades.	Bataillons.
1789	91	»	»	11	»	»	»	»	»	»	102	»	»
1791	94	»	»	11	»	»	»	»	»	»	105	»	»
1792	99	»	»	»	»	»	»	»	»	»	99	»	»
1793	»	151	»	»	»	»	»	»	»	»	»	151	»
1794	»	201	»	»	»	»	»	»	»	»	»	201	»
1796	»	96	»	»	»	»	»	»	»	»	»	96	»
1798	»	110	»	»	6	»	»	»	»	»	»	116	»
1801	»	112	»	»	6	»	»	»	»	»	»	118	»
1803	90	»	»	»	6	»	»	»	»	»	90	6	»
1804	89	»	»	»	6	»	»	»	»	»	89	6	»
1805	89	»	»	3	»	1	2	»	»	»	94	»	1
1806	89	»	»	4	»	1	4	»	»	»	97	»	1
1807	89	»	»	4	»	2	4	»	»	»	97	»	2
1808	97	»	»	4	»	2	4	1	»	1	105	»	4
1809	99	»	»	4	»	2	4	1	1	1	108	»	4
1810	103	»	»	4	»	2	4	1	2	»	113	»	3
1811	107	»	»	4	»	1	4	1	4	»	119	»	2
1812	110	»	»	4	»	1	4	1	1	»	119	»	2
1813	131	»	»	4	»	1	»	1	»	»	135	»	2
1814	129	»	»	4	»	1	»	1	»	»	135	»	2

INFANTERIE LÉGÈRE.

Il n'a pas été possible de dresser un tableau complet des corps de cette arme, qui s'est accrue, pendant les premières années de la révolution, d'une infinité de compagnies, de bataillons et de légions formés volontairement et sans qu'aucune loi en eût fixé le nombre ni la dénomination, qui variait suivant les circonstances ou le caprice des soldats. En sorte que les états de situation du même corps parvenant au ministère sous des noms différens, on inscrivait séparément sur les registres ce qui n'était que la suite d'un autre article. Cette confusion n'a pas permis de faire un dépouillement dont l'exactitude pût être garantie, et l'on a préféré ne commencer le tableau suivant qu'à partir de 1794, époque de la réorganisation des troupes légères en demi-brigades.

Les premières légions dont il a été parlé ci-dessus furent créées le 25 mars 1792. Leur démembrement ayant été ordonné le 26 février 1793, et plusieurs bataillons de chasseurs s'étant formés dans l'intervalle, le nombre de ces derniers, qui était de douze en 1789, se trouva porté à soixante-quinze en 1794, lorsque leur embrigadement eut lieu. On amalgama alors avec les troupes légères plusieurs bataillons de volontaires nationaux, comme cela s'était pratiqué pour l'infanterie de ligne.

Quant aux autres troupes d'infanterie légère qui furent créées pendant cette période, comme le tableau suivant fait connaître à la fois leur dénomination, l'année de leur apparition et celle de leur suppression, il est tout-à-fait inutile d'en faire l'objet d'un examen particulier.

TABLEAU numérique des corps d'infanterie légère depuis 1794 jusqu'à la fin de cette période.

ANNÉES.	CHASSEURS.					Bataillons de tirailleurs.	Miquelets ou chasseurs des montagnes.	Régimens de réfractaires.	TOTAL.				
	Régimens.	½ Brigades.	Légions.	Bataillons.	Compagnies.				Régimens.	½ Brigades.	Légions.	Bataillons.	Compagnies.
1794	»	43	»	»	»	»	»	»	»	43	»	»	»
1796	»	30	»	»	»	»	»	»	»	30	»	»	»
1798	»	30	»	1	»	»	»	»	»	30	»	1	»
1799	»	30	»	2	»	»	»	»	»	30	»	2	»
1800	»	31	»	2	»	»	»	»	»	31	»	2	»
1801	»	31	»	»	»	»	»	»	»	31	»	»	»
1803	26	»	»	5	2	1	»	»	26	»	»	6	2
1804	26	»	»	5	2	2	»	»	26	»	»	7	2
1805	26	»	1	3	»	2	»	»	26	»	1	5	»
1806	27	»	»	3	»	2	»	»	27	»	»	5	»
1808	28	»	»	»	1	2	Plusieurs corps.	»	28	»	»	2	1
1809	28	»	»	4	»	2	Idem.	»	28	»	»	6	»
1810	29	»	»	4	»	2	Idem.	»	29	»	»	6	»
1811	33	»	»	»	»	»	Idem.	2	35	»	»	»	»
1812	35	»	»	»	»	»	Idem.	»	35	»	»	»	»
1813	35	»	»	»	»	»		»	35	»	»	»	»

GROSSE CAVALERIE.

CARABINIERS, institués en 1693.

Si le nom de ces cavaliers n'est qu'une variation peu sensible du mot *carabins*, leur service et leur équipement ont été si différens de ceux de ces derniers qu'il n'est pas possible de les confondre. C'est pourquoi l'on n'a fait dater la création des carabiniers, comme troupe de grosse cavalerie, que de l'époque à laquelle ces cavaliers ont été retirés des corps pour former un régiment séparé.

CAVALIERS, institués en 1126.

Tous les régimens de *cavalerie*, proprement dit, furent convertis en cuirassiers et en dragons le 24 septembre 1803.

CUIRASSIERS, institués en 1665.

DRAGONS, institués en 1541.

Cette troupe a continué pendant toute la durée de cette période à faire le service à pied et à cheval. Les régimens étaient organisés en conséquence.

CAVALERIE LÉGÈRE.

Depuis la suppression des compagnies de gendarmerie en 1788, la dénomination de *cavalerie légère*, appliquée aux troupes à cheval qu'elle avait servi jusque-là à désigner, était un véritable contre-sens. Aussi une nouvelle organisation de ces troupes ayant eu lieu en 1791, s'empressa-t-on de distraire de la cavalerie légère les différentes armes auxquelles ce titre ne pouvait convenir. Ce sont celles dont il a été fait mention ci-dessus sous le nom de *grosse cavalerie*. Par ce moyen, la cavalerie légère ne se composa plus que des troupes indiquées ci-après.

CHASSEURS A CHEVAL, institués en 1758.

Le tableau qui termine ce chapitre ne faisant connaître que le nombre de *régimens* de chaque espèce de troupes à cheval, on doit faire observer qu'un décret du 25 novembre 1807 créa une compagnie de chasseurs-ioniens dont on forma un escadron le 1er janvier 1808. Mais cette troupe fut réduite de nouveau à une seule compagnie le 13 décembre suivant.

HUSSARDS, institués en 1692.

CHEVAU-LÉGERS, institués en 1779.

Il n'existait plus de *chevau-légers* depuis 1784. Il en fut créé un régiment, composé de Belges, le 15 octobre 1791; celui-ci ayant été supprimé le

4 juin 1793, l'armée n'en compta plus jusqu'au 30 septembre 1806, époque à laquelle il en fut levé un nouveau régiment dans le grand-duché de Berg. Ce dernier fut à son tour supprimé le 29 mai 1808. Enfin le 3 février 1811, Bonaparte créa et fit organiser un régiment de *chasseurs-lanciers*. Ce corps, qu'on a compris parmi les chasseurs dans le tableau qui termine cet article, prit ainsi naissance peu de temps avant la grande et désastreuse campagne de Moscou; ce qui ferait présumer que l'empereur des Français méditait déjà son entreprise contre les Russes, et qu'il sentait la nécessité d'opposer aux *Cosaques* qu'il aurait à combattre, une troupe légère qui eût avec eux quelque analogie. Il faut croire aussi que cet essai répondit à son attente, car le 18 août de la même année il institua neuf régimens de *chevau-légers* armés de lances, dont les chasseurs-lanciers furent appelés à faire partie. Ce dernier fut le seul corps nouvellement créé; les autres furent tirés des dragons ou extraits d'une légion polonaise, dite de la Vistule.

NEUVIÈME TABLEAU.

TABLEAU numérique des régimens de cavalerie pendant les différentes années de cette période.

ANNÉES.	GROSSE CAVALERIE.					CAVALERIE LÉGÈRE.				TOTAL GÉNÉRAL.
	Carabiniers.	Cavalerie.	Cuirassiers.	Dragons.	Total.	Chasseurs.	Hussards.	Chevau-légers.	Total.	
1789	2	23	1	18	44	12	6	»	18	62
1791	2	23	1	18	44	12	6	1	19	63
1792	2	23	1	18	44	16	6	1	23	67
1793	2	26	1	20	49	26	12	»	38	87
1794	2	26	1	20	49	24	14	»	38	87
1795	2	25	1	20	48	23	14	»	37	85
1796	2	25	1	21	49	23	13	»	36	85
1798	2	25	1	20	48	23	13	»	36	84
1801	2	23	2	21	48	24	13	»	37	85
1802	2	19	2	21	44	24	13	»	37	81
1803	2	»	12	30	44	24	10	»	34	78
1806	2	»	12	30	44	24	10	1	35	79
1808	2	»	12	31	45	26	10	»	36	81
1809	2	»	13	30	45	26	10	»	36	81
1810	2	»	14	30	46	27	11	»	38	84
1811	2	»	14	24	40	28	11	9	48	88
1812	2	»	14	24	40	28	12	9	49	89
1813	2	»	14	24	40	28	14	8	50	90

ARTILLERIE.

Le corps de l'artillerie, qui avait toujours pris rang parmi les régimens d'infanterie, cessa de compter avec eux le 1er avril 1791.

Quant aux différentes troupes qui entrèrent dans la composition de cette arme, elles se divisèrent comme il suit, savoir :

ARTILLERIE A PIED, instituée en 1668.

Les régimens provinciaux d'artillerie ayant été supprimés le 4 mars 1791, il ne resta plus que les régimens de la ligne. Mais indépendamment de ces corps, une loi du 26 février 1793 créa dans chaque demi-brigade une compagnie d'artillerie à pied. Cette disposition, révoquée le 1er janvier 1796, fut rétablie par un décret du 9 juin 1809, qui attacha à chacun des régimens d'infanterie deux pièces d'artillerie de trois ou de quatre, trois caissons et une forge de campagne, ainsi que plusieurs autres voitures, servies par une compagnie de canonniers divisée en trois escouades. Quant aux régimens d'artillerie à pied, le nombre en fut porté de sept à huit en 1795, et à neuf en 1810.

SAPEURS ET MINEURS. (*Voir* l'article du Génie.)

OUVRIERS D'ARTILLERIE, institués en 1671.

Le nombre des compagnies de cette arme fut porté successivement de neuf à dix en 1791, à onze en 1793, à douze en 1795, à quinze en 1801, à seize en 1805, à dix-huit en 1810, et à dix-neuf en 1812.

CANONNIERS INVALIDES, institués en 1756.

Un décret du 16 mai 1792 leur donna le titre de *canonniers vétérans*. On n'a pu se procurer le nombre exact des compagnies de cette arme.

GARDE-CÔTES, mis au compte de la guerre en 1759.

Les capitaineries ou compagnies de canonniers garde-côtes furent supprimées le 11 août 1789. Bonaparte les rétablit le 20 mai 1803. Les garde-côtes qui étaient employés dans les îles voisines du continent furent nommés *sédentaires*, ce qui n'empêcha pas le chef du gouvernement d'en appeler vingt-sept compagnies à l'armée, pour être attachées aux régimens d'artillerie à pied de la ligne.

CANONNIERS VOLONTAIRES, institués en 1791.

Il est impossible d'énumérer les compagnies de *canonniers volontaires* qui furent successivement mises sur pied depuis l'appel des gardes nationales en 1791, jusqu'à l'incorporation des troupes auxiliaires, en 1794 et 1795. La confusion qui régnait alors parmi ces corps levés à la hâte, et souvent sans ordres préalables, les a enveloppés pour toujours d'un voile impénétrable.

ARTILLERIE A CHEVAL, créée en 1791.

Les deux premières compagnies de cette arme furent formées le 20 novembre 1791. Ce nombre s'éleva à neuf en 1792, et à trente en 1793. L'année suivante on organisa cette troupe en *régimens*, dont le nombre variant suivant les créations ou les suppressions, se trouva être de neuf en 1794, de sept en 1795, de huit en 1800, de six en 1802, de sept en 1810, et de six en 1811.

TRAIN D'ARTILLERIE, institué en 1800.

Les charretiers qu'on employait aux armées pour conduire les voitures d'artillerie furent réputés militaires et organisés en trente-huit compagnies le 3 janvier 1800. L'année suivante ces mêmes compagnies servirent à former huit bataillons; ce nombre fut ensuite porté à onze en 1805, à treize en 1808, et à quatorze en 1810; mais il faut en compter le double, attendu que ces corps devaient se dédoubler en temps de guerre, et que la durée continuelle des hostilités pendant cette période fit exécuter et maintenir sans cesse cette disposition.

OUVRIERS DU TRAIN, créés en 1801.

Une compagnie de cette arme fut instituée et créée le 4 août 1801. On en forma une seconde en 1812, et une troisième en 1813.

ARMURIERS, institués en 1803.

La première compagnie d'armuriers fut créée le 21 septembre 1803. On en forma deux autres en 1805, une quatrième en 1806, une cinquième en 1810, et une sixième en 1813.

GÉNIE.

Le corps du génie est un de ceux qui souffrirent le plus des effets de la révolution. Beaucoup d'officiers difficiles à remplacer, périrent dans les siéges, ou furent perdus pour la France, par suite de l'émigration. Il fallut avoir recours aux géographes et aux ingénieurs des ponts et chaussées. L'Ecole du génie avait été elle-même supprimée, les matériaux dispersés, et leurs débris transférés à Metz, où se trouvait établie l'Ecole d'artillerie. Le 16 décembre 1799, le *génie* trouva un secours dans la création de l'Ecole polytechnique, où les élèves de tous les corps d'ingénieurs devaient recevoir le premier dégré d'instruction ; mais cette ressource n'étant pas suffisante, un arrêté du 4 octobre 1802 déclara l'Ecole de Metz commune aux élèves de l'artillerie et du génie.

Les troupes du génie, pendant cette période, se composèrent ainsi qu'il suit :

SAPEURS, institués en 1671.

En 1789, les sapeurs étaient confondus avec les canonniers. Ils demeurèrent dans cet état jusqu'au 15 décembre 1793; à cette époque ils furent extraits de l'artillerie, et organisés en douze bataillons que l'on compléta le 19 du même mois, en y incorporant vingt-quatre compagnies de pionniers et ouvriers nouvellement créées. Ces douze bataillons furent réduits à quatre en 1797; on en reporta ensuite le nombre à cinq en 1801, à sept en 1811, et à huit en 1812, plus une compagnie isolée dite de *sapeurs ioniens*, laquelle subsista jusqu'à la fin de cette période ; un des bataillons seulement fut supprimé en 1813.

MINEURS, institués en 1673.

Les sept compagnies de cette arme furent retirées de l'artillerie et rendues au génie le 23 octobre 1793 ; en 1801 on en créa deux nouvelles, et le 21 décembre 1808 toutes ces compagnies furent réunies, et formèrent deux bataillons qui s'administrèrent séparément.

TRAIN DU GÉNIE, créé en 1806.

Le train militaire du génie fut institué le 1ᵉʳ octobre 1806. On l'organisa d'abord en cinq brigades, puis en six compagnies en 1809, et enfin en un seul bataillon en 1811.

OUVRIERS DU GÉNIE, créés en 1811.

Une seule compagnie de cette arme fut instituée et créée le 12 novembre 1811.

MINEURS-SAPEURS VÉTÉRANS, créés en 1813.

Deux compagnies créées sous ce titre le 11 février 1813, furent destinées à recevoir les mineurs et les sapeurs que leur âge ou des blessures empêchaient de continuer un service actif aux armées.

PIONNIERS, créés en 1776.

Ces militaires ont été compris dans le chapitre des *troupes diverses*; il n'en est fait mention ici que pour consigner les dispositions d'un arrêté du 21 mars 1805, qui attacha une compagnie de cette arme à chacune des dix compagnies de sapeurs employées à la grande armée. Ces pionniers étaient commandés par un capitaine en second et le deuxième lieutenant des sapeurs; le détail était également confié à un fourrier et huit appointés pris parmi les sapeurs.

TROUPES DIVERSES.

MARÉCHAUSSÉE, instituée en 1060.

Une loi du 16 février 1791 réorganisa les troupes de maréchaussée sous le nom de *gendarmerie*, qui n'appartenait qu'aux anciennes compagnies d'ordonnance; mais déjà depuis long-temps cette troupe avait été mise sur le même pied, et le nom seul lui manquait. Chaque département eut deux compagnies de gendarmerie; la Corse eut une division de vingt-quatre brigades; la compagnie des chasses fut supprimée.

Le 13 février 1797, la gendarmerie fut réduite à une compagnie par département; celui de la Seine et la Corse conservèrent seuls ce qu'ils avaient. Jusque là toutes les compagnies étaient réunies en *divisions*; ce dernier titre subsista même jusqu'en 1801; alors un arrêté du 31 juillet décida qu'il serait remplacé par celui de *légions*. Il en fut en même temps créé une nouvelle sous le nom de *légion de gendarmerie d'élite*, pour faire le service du palais, et maintenir l'ordre et la tranquillité dans la résidence des chefs du gouvernement; cette légion fut en outre affectée au service des chasses.

Le même arrêté créa aussi une compagnie maritime pour chacun des arrondissemens de Cherbourg, Brest, Lorient, Rochefort et Toulon.

Cette nouvelle organisation, par suite de laquelle chaque brigade fut portée de cinq à six hommes, n'éprouva d'autre changement que la réduction de la gendarmerie de la Corse à deux compagnies, le 22 décembre 1812.

GARDE NATIONALE, instituée en 1493.

Les gardes nationales furent mises sur pied et réorganisées le 13 juillet 1789; mais la plupart des bataillons ayant passé aux armées en 1791, le service de cette troupe dans l'intérieur finit par s'anéantir. La garde nationale ne fut reconstituée que le 28 septembre 1805, et un décret du 12 novembre 1806 en régla de nouveau le service. La disposition la plus importante et qui mérite d'être rapportée est celle d'un sénatus-consulte du 13 mars 1812, qui organisa cette troupe en *cohortes*, et la divisa en trois *bans*; le premier composé des hommes valides de vingt à vingt-six ans, le second de ceux de vingt-six à quarante, et le troisième de quarante à soixante. Ce sénatus-consulte mit en même temps cent cohortes du premier ban à la disposition du ministre de la guerre; mais un décret rendu le lendemain réduisit ce nombre à quatre-vingt-huit. Enfin le 11 janvier 1813, ces cohortes furent réunies aux troupes réglées, et servirent à former vingt-deux régimens d'infanterie de ligne à quatre bataillons. Quant aux autres dispositions du sénatus-consulte, elles ne reçurent point d'exécution; mais un décret du 8 janvier 1814 y suppléa en ordonnant l'organisation de nouvelles gardes nationales sans désignation de *bans*. Celles de Paris fournirent plusieurs bataillons actifs pour la défense de la capitale, lorsque les troupes alliées l'investirent.

CADETS GENTILSHOMMES, créés en 1682.

La compagnie de *cadets* établie à l'École militaire fut supprimée le 9 septembre 1793.

INVALIDES, institués en 1688.

Les *invalides* étaient organisés en compagnies de *bas-officiers*, de *fusiliers* et de *canonniers*; ces derniers ayant été compris dans le chapitre de l'artillerie, on n'a plus à s'occuper que des autres. Les compagnies de bas-officiers, dites de *sous-officiers* le 29 octobre 1790, furent supprimées le 30 avril 1792. Le 16 mai suivant les fusiliers invalides prirent le titre de *fusiliers vétérans*. Un arrêté du 25 mars 1800 les organisa en dix demi-brigades; mais elles n'en continuèrent pas moins d'être réparties sur tous les points du royaume, pour la garde des châteaux, des forts et autres postes militaires; enfin le 10 juillet 1810, ces troupes furent réorganisées et formées en dix bataillons qui ont continué leur service jusqu'à la fin de cette période.

PIONNIERS, institués en 1776.

Il n'en existait plus depuis 1779. Un décret du 26 juillet 1793 en créa vingt-quatre compagnies qui furent incorporées le 15 décembre suivant dans les bataillons de sapeurs. Cette troupe n'a été rétablie qu'en 1798 ; et depuis cette époque il en a été créé sous six dénominations différentes :

1° *Pionniers noirs.* Une compagnie instituée le 22 mai 1798 fut supprimée le 9 août 1799. On en créa trois nouvelles compagnies le 29 mai 1802, et une quatrième le 19 août suivant ; celles-ci, organisées en bataillon en février 1803, passèrent au service de Naples le 14 août 1806.

2° *Pionniers volontaires étrangers.* Il en fut créé huit compagnies du 30 septembre 1805 au 12 septembre 1811 ; une d'elles fut supprimée en 1813 ; les sept autres ont été maintenues jusqu'en 1814.

3° *Pionniers français.* Les six premières compagnies furent créées le 12 mars 1806 ; on en forma trois autres en 1809 et une dixième en 1811. Ces compagnies étaient destinées à recevoir les conscrits mutilés volontairement.

4° *Pionniers prisonniers de guerre.* Un décret

du 23 février 1811 ordonna la formation des prisonniers de guerre en bataillons de *pionniers*, pour être affectés au service des fortifications et des ponts et chaussées. Le nombre illimité de ces bataillons fut augmenté par suite d'un nouveau décret du 25 novembre 1813, qui prononça la dissolution des *régimens étrangers*, et l'envoi des hommes dans les pionniers.

5° *Pionniers espagnols*. Une compagnie fut créée sous ce titre le 27 juin 1811, plus un bataillon le 10 mars 1812. On ignore pourquoi ces deux corps restèrent ainsi séparés.

6° *Pionniers coloniaux*. Bonaparte en institua quatre bataillons le 3 août 1811.

CORPS FRANCS, institués en 1725.

Ces corps auxiliaires furent institués en 1725 sous le nom de *troupes légères*. Mais depuis la réunion de ces troupes à l'infanterie de ligne, il n'existait plus de *corps francs*. Ce ne fut qu'à l'époque de la révolution qu'on les vit reparaître. Une loi du 25 avril 1792 autorisa la formation de plusieurs légions franches, dont le nombre s'accrut rapidement par suite de nouvelles créations : on en comptait douze au 29 janvier 1793. Un décret du 25 février suivant ordonna leur démembrement et leur réorganisation en bataillon de *chasseurs*, pour entrer dans la composition des demi-brigades de troupes légères. Cependant quelques-unes se maintinrent encore assez long-temps, et même par la suite on en forma d'autres des troupes étrangères que les conquêtes des Français faisaient passer sous leur domination. Il exista en outre des bataillons francs et même des compagnies franches; mais il serait impossible de donner d'autres détails sur ces troupes, auxquelles Bonaparte eut recours en 1813. Toutefois il n'en fit lever que quelques compagnies sous le nom de *partisans*.

GUIDES A CHEVAL, institués en 1792.

Une loi du 27 avril 1792 en créa une compagnie auprès de chaque commandant en chef; elles subsistèrent jusqu'au 13 mars 1800; à cette époque un arrêté du gouvernement en prononça la suppression, et les remplaça par des compagnies de *dragons* que l'on détachait des régimens de cette arme. Néanmoins la compagnie de guides de l'armée d'Égypte ne rentra en France qu'avec Bonaparte, qui la réunit aux chasseurs à cheval de la garde. Le départ du général en chef fut si précipité et si peu prévu, que ces guides n'eurent pas le temps d'emporter leurs effets.

Une nouvelle compagnie dite de *guides interprètes* fut créée le 5 octobre 1803; elle prit en 1813 le nom de *compagnie d'élite* du grand quartier-général.

AÉROSTIERS, créés en 1795.

L'idée d'utiliser les *ballons* dans les opérations militaires fit créer en 1795 deux compagnies d'*aérostiers*. Mais cette entreprise eut peu de succès, et l'on ne tarda pas à y renoncer. Les deux compagnies furent en conséquence supprimées, l'une vers la fin de 1799, et l'autre l'année suivante ; cette dernière avait suivi l'armée d'expédition en Égypte.

PONTONNIERS, créés en 1795.

Il en fut institué et créé un corps le 7 mai 1795 ; cette troupe, augmentée le 15 mars 1800, et organisée alors en deux bataillons, fut ensuite portée à trois le 18 avril 1813.

DROMADAIRES, institués en 1798.

Une compagnie d'éclaireurs montés sur ces animaux, dont ils prirent le nom, fut formée à l'armée d'Égypte. Cette troupe était indispensable pour s'enfoncer dans les déserts où les chevaux n'auraient pu trouver d'eau. Ceux de ces cavaliers qui rentrèrent en France en 1800 furent incorporés dans la gendarmerie.

GARDES DÉPARTEMENTALES, créées en 1805.

Il en fut organisé une compagnie dans chaque département le 14 mai 1805. Ces militaires étaient à la disposition des préfets, et leur entretien à la charge des préfectures.

TRAIN DES ÉQUIPAGES MILITAIRES, créé en 1807.

Le train des équipages militaires, qui avait été institué par entreprise le 14 mai 1805, ne fut organisé militairement que le 25 mars 1807. Il en fut formé d'abord neuf bataillons; ce nombre, porté à treize en 1808, et réduit la même année à douze, s'éleva à quatorze en 1809, à quinze en 1811, à vingt-cinq en 1812, et fut réduit de nouveau à seize en 1813.

INFIRMIERS, créés en 1809.

Le service des ambulances était organisé en régie depuis le 5 mai 1792; Bonaparte fit cesser cet état de choses le 13 janvier 1809, en créant dix compagnies d'ambulance ou d'infirmiers.

TRAIN DES AMBULANCES, créé en 1813.

Un bataillon destiné au transport des blessés et des malades fut institué sous ce titre le 6 décembre 1813.

ORGANISATION DES CORPS MILITAIRES.

DISPOSITIONS GÉNÉRALES. C'est le 8 février 1808 que l'*aigle* remplaça le drapeau et l'étendard. Un régiment avait plusieurs aigles ; mais cette mesure ayant l'inconvénient d'en faire tomber plus souvent entre les mains de l'ennemi, et d'affaiblir par conséquent l'importance qu'on attachait à leur perte, Bonaparte décréta le 25 décembre 1811 que le drapeau serait rétabli pour les régimens d'infanterie au-dessous de douze cents hommes, et l'étendard pour les corps de cavalerie au-dessous de six cents. Il fut arrêté, en outre, que les régimens qui conserveraient l'*aigle* n'en auraient plus qu'une qui serait portée au 1er bataillon, et que les autres bataillons auraient des *fanions* de couleurs différentes. Le fanion est un petit drapeau en étoffe de laine de trente pouces carrés ; il n'a ni frange, ni cravate, ni aucune espèce d'ornemens ; il est seulement garni autour d'un galon de laine de même couleur.

INFANTERIE. Une loi du 1er janvier 1791 rétablit le rang des régimens de cette arme d'après leur ancienneté ; elle supprima en même temps le nom de prince ou de province et même de colonel que portait chacun d'eux, et il y fut substitué un numéro d'ordre. Le 26 février 1793 on ordonna le démembrement de tous ces régimens pour former de chaque bataillon un nouveau corps sous le nom de *demi-brigade*, que l'on devait compléter à trois bataillons par l'amalgame de deux autres bataillons de volontaires nationaux; mais cette disposition, ajournée par la difficulté que les hostilités apportaient à son exécution, ne fut confirmée que le 28 janvier 1794, et presque immédiatement effectuée. Chacune de ces demi-brigades reçut en outre l'addition d'une compagnie d'artillerie qu'elles conservèrent jusqu'au 1er janvier 1796, époque de la refonte et de la réorganisation de ces corps, dont le nombre fut réduit de plus de moitié. Les anciens numéros furent tirés au sort, et l'ordre dans lequel ils se présentèrent détermina le rang des demi-brigades conservées. Une compagnie auxiliaire servant de dépôt, et établie à la suite de chaque corps d'infanterie depuis 1791, fut supprimée le 8 octobre 1798, et le troisième bataillon fut alors réputé bataillon de garnison.

La dénomination de demi-brigade ne subsista que jusqu'au 24 septembre 1803, qu'un arrêté des consuls rétablit celle de régiment. Un décret du 9 juin 1809 attacha en outre à chacun de ces corps deux pièces d'artillerie, trois caissons de munitions, une forge de campagne, un caisson d'ambulance et un autre pour les papiers; plus par bataillon de guerre un caisson de cartouches, et un autre pour le transport du pain.

Dans le tableau qui suit, de la composition des régimens ou demi-brigades d'infanterie, on s'est arrêté à l'organisation du 18 février 1808, parce que depuis cette époque le nombre des bataillons a cessé d'être égal pour tous les corps; quelques-uns furent portés à six, d'autres à sept, à huit et même plus.

TABLEAU des changemens survenus pendant cette période dans la composition des régimens ou demi-brigades d'infanterie.

ÉPOQUES D'ORGANISATION.	INFANTERIE DE LIGNE.				INFANTERIE LÉGÈRE.				COMPLET DE CHAQUE COMPAGNIE.			
	Nombre de bataillons par régiment.	Fusiliers.	Grenadiers.	Voltigeurs (1).	Nombre de bataillons par régiment.	Chasseurs.	Carabiniers.	Voltigeurs.	Fusiliers.	Grenadiers ou Carabiniers.	Chasseurs.	Voltigeurs.
En 1789.	2	4	1	1	1	4	»	»	120	104	108	110
1er janv. 1791.	2	8	1	»	1	8	1	»	56	56	56	»
22 nov. 1793.	3	8	1	»	3	8	1	»	123	83	123	»
10 oct. 1801.	inégal	8	1	»	inégal	8	1	»	75	75	75	»
13 mars 1804.	idem.	8	1	»	idem.	8	1	1	75	75	75	75
13 août 1804.	idem.	8	1	»	idem.	7	1	1	75	75	75	75
19 sept. 1805.	idem.	7	1	1	idem.	7	1	1	75	75	75	75
18 févr. 1808.	5	4	1	1	5	4	1	1	140	140	140	140

(1) En 1789, la compagnie portée dans la colonne des voltigeurs était composée de *chasseurs*.

CAVALERIE. Une compagnie d'élite fut instituée dans chaque régiment de dragons et de cavalerie légère le 24 septembre 1803. Un décret du 25 février 1808 créa en outre huit *sapeurs* par régiment de dragons. Enfin le 24 décembre 1809, quelques modifications furent encore apportées à l'organisation de plusieurs régimens de cavalerie. Les carabiniers dûrent être cuirassés, mais de manière à les distinguer des cuirassiers. On ordonna en même temps la suppression d'une compagnie de dépôt qui existait à la suite des corps, et dont on n'a pas cru devoir faire mention dans le tableau d'organisation qui termine cet article. Au surplus cette disposition fut rapportée le 25 avril 1811, du moins pour les deux régimens de carabiniers et le premier de cuirassiers.

Une instruction générale publiée sur la conscription, le 1er novembre 1811, déterminait ainsi qu'il suit la taille des conscrits appelés à recruter les corps de cavalerie :

1 mètre 785 millimètres (ou 5 pieds 6 pouces) au moins, pour les carabiniers;

1 mètre 731 millimètres (ou 5 pieds 4 pouces), pour les cuirassiers;

1 mètre 649 millimètres (ou 5 pieds 1 pouce), pour les dragons.

Ceux au-dessous de cette dernière taille étaient réservés pour la cavalerie légère.

PÉRIODE DE 1789 A 1814.

TABLEAU des changemens survenus pendant cette période dans la composition des régimens de cavalerie, sauf les compagnies auxiliaires ou de dépôt, dont il n'est pas fait mention.

ÉPOQUES D'ORGANISATION.	CARABINIERS.		CAVALERIE et CUIRASSIERS.		DRAGONS.		CHASSEURS, HUSSARDS et chevau-légers.		COMPLET DE CHAQUE COMPAGNIE			
	Escadrons par régiment.	Compagnies par escadron.	Escadrons par régiment.	Compagnies par escadron.	Escadrons par régiment.	Compagnies par escadron.	Escadrons par régiment.	Compagnies par escadron.	De carabiniers, de cavalerie et de cuirassiers.	De dragons.	De chasseurs.	De hussards et de chevau-légers.
En 1789.	4	2	3	2	3	2	4	2	83	83	83	83
1er janv. 1791.	4	2	3	2	3	2	4	2	67	67	67	67
10 janv. 1794.	4	2	4	2	3	2	6	2	83	83	112	112
juillet 1799.	4	2	3	2	4	2	4	2	80	80	80	104
24 sept. 1803.	4	2	4	2	4	2	4	2	80	111	104	80
31 août 1806.	4	2	4	2	4	2	4	2	100	111	104	80
10 mars 1807.	5	2	5	2	4	2	4	2	105	132	132	132
25 fév. 1808.	5	2	5	2	6	2	4	2	97	97	128	128
18 août 1811.	4	2	6	2	6	2	6	2	97	97	97	97

GRADES ET EMPLOIS

EXISTANS DANS CHAQUE RÉGIMENT D'INFANTERIE OU DE CAVALERIE.

COLONELS, créés en 1534.

Nommés *chefs de brigade* le 26 février 1793; rétablis colonels le 4 septembre 1803.

COLONELS EN SECOND, créés en 1774.

Cet emploi, supprimé depuis 1788, fut rétabli le 9 mars 1811 dans quelques régimens seulement.

LIEUTENANS-COLONELS, créés en 1543.

Au commencement de cette période il n'en existait qu'un par régiment. La loi du 1er janvier 1791 en créa un par bataillon; mais le 26 février 1793 ils furent tous supprimés, et remplacés par des chefs de bataillon ou d'escadron.

MAJORS, créés en 1515.

Ils avaient été supprimés le 28 août 1790. Bonaparte, en les rétablissant le 1er mai 1803, leur donna de nouvelles attributions qui les assimilèrent à des colonels en second.

PÉRIODE DE 1789 A 1814.

CHEFS DE BATAILLON OU D'ESCADRON,
créés en 1774.

Cet emploi, supprimé depuis 1776, fut rétabli le 26 février 1793 pour remplacer celui de lieutenant-colonel.

MAJORS EN SECOND, créés en 1788.

Ces officiers, qui avaient été supprimés le 28 août 1790, furent rétablis le 9 mars 1811 dans les régimens qui comptaient plus de cinq bataillons ou escadrons. Leurs attributions, devenues alors beaucoup plus considérables, leur donnaient rang après le colonel en second; et même, en son absence, ils prenaient le commandement de la portion du corps placée sous les ordres de cet officier supérieur.

ADJUDANS-MAJORS, créés en 1790.

Ces officiers furent créés le 28 août 1790, pour remplacer les majors dans leurs fonctions relatives au service. Un décret du 14 octobre 1811 créa en outre dans chaque régiment un adjudant-major capitaine, chargé spécialement de l'habillement.

QUARTIERS-MAITRES-TRÉSORIERS, créés en 1762.

PORTE-DRAPEAUX ET PORTE-ÉTENDARDS,
créés en 1762.

Ces deux titres furent remplacés par celui de

porte-aigle le 18 février 1808. On comptait alors plusieurs porte-aigles dans un même régiment; mais un nouveau décret du 25 décembre 1811 supprima les deuxième et troisième, et décida en outre que le drapeau serait substitué à l'aigle dans les régimens d'infanterie au-dessous de douze cents hommes, et l'étendard dans ceux de cavalerie au-dessous de six cents.

CADETS-GENTILSHOMMES, créés en 1445.

La suppression de cet emploi fut prononcée par un décret du 28 août 1790.

CHIRURGIENS, créés en 1651.

Un arrêté du 1er décembre 1803 en établit trois classes dans chaque régiment, savoir : un chirurgien-major, des aides et des sous-aides.

AUMÔNIERS, créés vers 1558.

Cet emploi fut supprimé le 28 janvier 1794. Il n'a été rétabli que dans la période suivante.

ADJUDANS SOUS-OFFICIERS, créés en 1771.

TAMBOURS-MAJORS, créés en 1651.

CAPORAUX-TAMBOURS ET TROMPETTES-BRIGADIERS, créés en 1788.

BRIGADIERS-TAMBOURS, créés en 1803.

Cet emploi fut créé dans les régimens de dragons le 24 décembre 1803.

SAPEURS, créés le 7 avril 1806.

On ne les porte ici que pour mémoire. Ces militaires comptaient dans les compagnies qui les fournissaient.

MAITRES-MARÉCHAUX, créés en 1776.

Ils furent nommés *artistes vétérinaires* le 20 janvier 1794.

AIDES-ARTISTES VÉTÉRINAIRES, créés le 4 août 1801.

SOUS-AIDES ARTISTES VÉTÉRINAIRES, créés le 3 mars 1812.

MARÉCHAUX-FERRANS, créés en 1776.

MUSICIENS, créés en 1766.

MAITRES ARMURIERS, créés en 1775.

MAITRES SELLIERS, créés en 1776.

MAITRES TAILLEURS, CULOTTIERS, GUÊTRIERS, CORDONNIERS ET BOTTIERS, créés en 1788.

CAPITAINES, créés en 1355.

LIEUTENANS, créés en 1444.

SOUS-LIEUTENANS, créés vers 1589.

SERGENS-MAJORS ET MARÉCHAUX DES LOGIS CHEFS, créés en 1776.

SERGENS, créés vers 1485.

MARÉCHAUX DES LOGIS, créés en 1444.

FOURRIERS ET CAPORAUX, créés en 1534.

BRIGADIERS, créés en 1590.

APPOINTÉS, créés en 1534.

Cet emploi fut supprimé le 22 novembre 1793. Il n'a été rétabli que le 20 novembre 1803, mais seulement dans les compagnies de canonniers-garde-côtes.

FRATERS, créés en 1776.

Ces militaires ont cessé d'entrer à ce titre dans l'organisation des compagnies depuis le 28 août 1790. Néanmoins ils y remplissent toujours leurs fonctions, et il est même fait mention de cet emploi dans l'arrêté du 28 mai 1800 (8 floréal an 8).

GRENADIERS A PIED, créés en 1536.

CARABINIERS A PIED, créés en 1788.

VOLTIGEURS, créés le 13 mars 1804.

FIFRES, créés en 1534.

Quoique cet instrument se soit maintenu dans les régimens d'infanterie, il a cessé depuis long-temps d'être désigné ou compris dans l'organisation des compagnies.

CORNETS, créés en 1804.

Ils ont été institués le 13 mars 1804 pour tenir

lieu de tambours dans les compagnies de voltigeurs.

TROMPETTES, créés vers 1444.

TIMBALIERS, créés en 1692.

Cet emploi, qui n'existait plus depuis longtemps, fut rétabli par Bonaparte, mais seulement dans quelques corps de sa garde.

TAMBOURS, créés en 1534.

Les tambours qui étaient *appointés* furent supprimés le 22 novembre 1793.

ÉQUIPEMENT ET ARMEMENT.

Une loi du 1er avril 1791 contient les dispositions suivantes :

La coiffure des fusiliers et des chasseurs tant à pied qu'à cheval sera un casque en feutre ou cuir verni, qui sera orné d'un plumet les jours de parade;

L'artillerie continuera d'être en chapeaux;

Les grenadiers porteront un bonnet de peau d'ours, garni sur le devant d'une plaque unie de métal jaune; ils auront en outre un chapeau;

Les carabiniers porteront également un bonnet

de peau d'ours, mais moins élevé et sans plaque; ils auront aussi un chapeau.

La cavalerie aura le chapeau uni.

Les dragons conserveront leur casque, et les hussards le schako.

La même loi ordonna la suppression des brandebourgs sur les manteaux de la cavalerie et des dragons; celle des besaces des troupes à cheval, et enfin celle des chaperons, qui dûrent être remplacés par des demi-schabraques en peau de mouton blanche.

Le 25 février 1806, le schako fut donné à toutes les troupes d'infanterie de ligne, et peu de temps après il devint la coiffure des chasseurs, excepté ceux de la garde, qui conservèrent le bonnet à poil, mais sans plaque. Cet ornement n'existait qu'aux bonnets des grenadiers, que ces soldats d'élite continuèrent de porter.

On doit faire remarquer qu'un décret du 25 avril 1807 fit prendre l'habit blanc à vingt régimens de ligne; mais le mauvais effet que produisait la vue des hommes tués ou blessés, vêtus de cette manière et couverts de sang, détermina Bonaparte à rapporter le décret précité le 26 juin suivant. Une autre disposition qui doit plus particulièrement trouver place dans cet article, est celle qui substitua l'habit-veste et le pantalon à l'habit long et à la culotte; elle se trouve insérée dans un décret du 19 janvier 1812 ; mais elle ne fut nouvelle que pour l'infanterie de ligne, car les troupes légères étaient déjà vêtues de cette manière.

Un décret du 7 octobre 1807 retira le sabre aux chasseurs et aux voltigeurs ; un autre du 24 décembre 1809 supprima le fusil des carabiniers à cheval, et ordonna que ces derniers prendraient la cuirasse.

Le 25 décembre 1811, le mousqueton fut donné aux cuirassiers, et la carabine aux chevau-légers, indépendamment de la lance que portaient ces derniers. La carabine était alors l'arme de la cavalerie légère. Enfin le 25 novembre 1813, cette arme fut donnée à presque tous les dragons; quelques-uns seulement dans chaque régiment conservèrent le fusil; mais cette mesure avait un motif tout particulier, c'est-à-dire la nécessité de réunir sur-le-champ assez de fusils pour armer l'infanterie qui les avait perdus ou abandonnés dans la retraite de Moscou, au moins en grande partie.

RECRUTEMENT.

Le mode de recrutement de l'armée donna lieu en 1789 à de grandes discussions dans le comité militaire de l'assemblée constituante. Le service personnel fut proposé ; quelques membres opinèrent même pour qu'il fût établi sous la forme de conscription ; mais cet avis, qui avait pour base l'insuffisance des enrôlemens volontaires, fut combattu sur ce qu'un système aussi sévère que celui qui assujétissait tous les citoyens au service était d'une difficile exécution, et surtout *contraire à la liberté*. Cette dernière objection fit écarter la proposition, et l'assemblée décréta le 16 décembre de la même année que les troupes françaises autres que les milices nationales seraient recrutées par enrôlemens volontaires. Le 28 janvier 1791, cent mille soldats auxiliaires furent appelés pour compléter l'armée; ils devaient être levés par la voie de l'enrôlement, et servir pendant trois ans; ils pouvaient au besoin être fondus dans les corps de la ligne : à peine cette levée fut-elle effectuée, qu'un nouveau décret du 4 mars suivant abolit définitivement le régime des milices. Au mois de juin, quatre-vingt-dix-sept mille hommes de gardes nationaux furent mis en activité et servirent en ligne. Jusque là la voie de l'enrôlement s'était seule observée ; mais le 24 février 1793, tous les citoyens français de dix-huit à quarante ans furent mis en réquisition. Cette levée produisit cent trente-six mille quatre cent soixante-un hommes, sur trois cent mille que devaient fournir tous les départemens ensemble. Enfin le 23 août suivant, une seconde réquisition fut décrétée ; celle-ci, dite *permanente*, n'excepta personne, pas même les femmes. Les jeunes gens devaient combattre ; les hommes mariés, forger les armes, et transporter les subsistances ; les femmes, confectionner les tentes, les habits, et servir dans les hôpitaux ; les enfans, faire de la charpie ; et enfin les vieillards, se faire transporter sur les places pour encourager les guerriers. Cette nouvelle levée produisit quatre cent vingt-trois mille trois cent soixante-huit hommes armés ou combattans.

Ce passage presque subit du régime modéré des *milices* au mode le plus rigoureux, c'est-à-dire à un appel général, sans faculté de remplacement, est ce qui marque le mieux le caractère d'enthousiasme et d'irréflexion que le mouvement des esprits donnait aux mesures de l'administration ; car il faut observer que sur un million dix mille neuf cent quatre-vingt-quatorze hommes levés depuis 1791 jusqu'en 1798, tant par enrôlement que par réquisition, il se trouva peu de récalcitrans.

Toutefois, un semblable état de choses ne pouvait durer éternellement, et il restait toujours à établir un mode de recrutement ; une loi du 5 septembre 1798 institua la conscription.

Cette loi commence par établir que tout Français est soldat et se doit à la défense de la patrie. Lorsque celle-ci est déclarée en danger, tous les Français sont appelés à marcher, suivant le mode que la loi détermine ; hors ce cas, l'armée de terre se forme par enrôlement volontaire et par la voie de la *conscription*.

Ce nouveau mode de recrutement comprenait tous les Français de l'âge de vingt ans accomplis jusqu'à celui de vingt-cinq révolus, sauf les causes d'exemption indiquées par la loi. Les conscrits étaient par conséquent divisés en cinq classes, et les plus jeunes dans chaque classe devaient être les premiers appelés jusqu'à concurrence du nombre demandé ; en sorte que la deuxième classe n'était atteinte qu'après l'épuisement de la première, et ainsi de suite. Lorsqu'on fit les premières levées, le gouvernement ne donna aucune instruction précise sur la manière de procéder à la désignation des jeunes gens qui devaient partir. Une loi du 18 mai 1802 porte que *le conseil de la commune déterminera le mode d'après lequel seront désignés les conscrits qui devront faire partie du contingent*. C'est par suite de cette faculté laissée aux communes que le tirage au sort, généralement adopté, devint l'un des principaux élémens de la conscription.

Quant à la libération des conscrits, elle devait s'opérer par la remise de congés absolus que recevaient chaque année les hommes de la dernière classe non appelés; il en était de même pour ceux en activité de service, et dont la vingt-cinquième année était terminée; mais avec cette restriction, que ces derniers ne recevaient leurs congés qu'autant qu'on était en paix.

Tel était le mode de la conscription. Sur deux millions quatre cent six mille six cent soixante-treize hommes appelés, il en a été incorporé deux millions vingt-deux mille deux cent un. Mais on n'a pu lever autant d'hommes sans éprouver une grande résistance; et les nombreuses condamnations qui eurent lieu, ainsi que les amendes prononcées contre les conscrits, leurs familles ou leurs complices, expliquent assez l'aversion des Français pour ce système de recrutement, sans qu'il soit nécessaire de rappeler les abus qui contribuèrent à le faire détester.

ADMINISTRATION ET INSTITUTIONS.

Indépendamment du ministre de la guerre, il fut créé, le 8 mars 1802, un ministre directeur de l'administration, chargé, avec trois conseillers d'Etat, des lits militaires, vivres, chauffage, gîtes et geôlages, fonds, hôpitaux, postes, habillement, campement, charrois, transports, etc., etc. Il fut encore créé, le 8 juillet 1806, un directeur général des revues et de la conscription. Mais ces emplois et beaucoup d'autres qu'on pourrait citer devant être considérés comme autant de branches du ministère de la guerre, on s'abstiendra désormais d'en faire mention. On ne saurait également traiter à fond les différentes parties du service militaire. L'examen détaillé de la solde, des masses, de l'habillement et de tant d'autres institutions, nécessiterait seul plusieurs volumes. On s'occupera uniquement des récompenses militaires.

La révolution, qui détruisit tout ce qui avait rapport à l'ancien régime, ne laissa subsister que les invalides et la solde de retraite ; les écoles et les ordres militaires furent supprimés. Quand les troupes s'étaient distinguées, on se contentait de publier que tel corps avait bien mérité de la patrie. Quelques couronnes civiques furent aussi décernées ; mais ce dernier témoignage de satisfaction ne se donnait guère qu'aux militaires chargés d'apporter quelques trophées à l'Assemblée nationale ou à la Convention. Ce système avait l'inconvénient de ne laisser aucune trace des belles actions; la couronne ne pouvait suivre le brave au champ d'honneur, et les publications faites en faveur des troupes françaises ne produisaient qu'un effet passager. Bonaparte, qui reconnut le vice et l'insuffisance de ces récompenses, y remédia le

25 décembre 1799, en instituant les armes d'honneur. L'idée était bonne; elle était même très-politique, car le militaire récompensé tenait dans ses mains la preuve visible de sa belle conduite, et l'intérêt qu'il avait à la défendre entretenait son courage. Mais ce signe de l'honneur et de la bravoure était peu apparent; il ne frappait pas les yeux de l'ennemi avec assez d'éclat, et ce qui distinguait une arme d'honneur d'une arme ordinaire était trop peu significatif pour être aperçu et intimider un adversaire. La croix pouvait seule remplir ce but, et en outre exciter plus vivement l'émulation des soldats. Bonaparte rétablit en conséquence cette ancienne récompense le 19 mai 1802, sous le nom de *croix de la Légion d'Honneur*.

Quant aux militaires que leurs blessures ou leur âge éloignaient du service, comme le nombre s'en était accru prodigieusement, et qu'il devenait difficile de les placer tous à l'hôtel des Invalides, quoiqu'un décret du 25 août 1800 eût déjà créé deux succursales de cet établissement, il fut institué, le 15 juin 1803, plusieurs camps de vétérans, c'est-à-dire plusieurs petites colonies militaires, formées de soldats blessés ou mutilés grièvement, auxquels le gouvernement céda individuellement plusieurs hectares de terre, pour les cultiver et en jouir, à charge par eux de payer les contributions dues à l'État, et de concourir à la défense des divisions militaires dont ces camps faisaient partie.

On ne parle pas ici du temple de la Gloire, où des tables de marbre devaient recevoir les noms des guerriers morts au champ d'honneur. Cette disposition n'a pas reçu d'exécution. Mais on citera l'institution de trois nouveaux ordres militaires qui sont encore dus à Bonaparte : l'ordre de la *Couronne de fer*, créé le 7 juin 1805; celui des *Trois Toisons d'Or* créé le 15 août 1809, et celui de la *Réunion*, qui remplaça, le 18 octobre 1811, un ancien ordre de l'*Union* qui existait en Hollande avant que ce pays fût réuni à la France.

On terminera ce chapitre par un examen rapide des *écoles militaires* affectées spécialement à un service quelconque de l'armée. Quant aux anciens colléges royaux qui avaient pris le même nom en 1776, il suffira de dire qu'ils furent tous supprimés le 9 septembre 1793. On ne s'occupera pas autrement de ces établissemens que Bonaparte rétablit sous le nom de *Lycées*.

ÉCOLE D'ARTILLERIE. Cet établissement date de 1679. Sa suppression, ordonnée le 9 septembre 1793, n'eut lieu que momentanément, on réunit même à cette école les débris de celle du génie; mais ce ne fut que le 4 octobre 1802 qu'on l'affecta au service des deux armes, sous le titre d'*école d'application d'artillerie et du génie*.

ÉCOLE DU GÉNIE. Elle avait été créée en 1748; elle fut supprimée le 9 septembre 1793.

ÉCOLE MILITAIRE. Cet établissement, créé en 1751, n'existait plus depuis 1776. Les bâtimens furent alors occupés par une compagnie de cadets gentilshommes qui subsista jusqu'au 9 septembre 1793. Quant à l'école formée d'abord à Paris, elle n'y fut rétablie que le 1er mai 1802. On la transféra à Fontainebleau le 28 janvier 1803, puis à Saint-Cyr le 24 mars 1808.

ÉCOLE DE TROMPETTES. Il en existait une anciennement à Strasbourg; on la supprima le 17 mars 1788. Il en fut créé une nouvelle le 4 novembre 1793; celle-ci fut réunie le 8 mars 1809 à l'école spéciale militaire de cavalerie, dont elle forma une section.

ÉCOLE CENTRALE DES TRAVAUX PUBLICS. Créée à Paris le 11 mars 1794; dite *école Polytechnique* le 1er septembre suivant, et réorganisée militairement le 16 décembre 1799.

ÉCOLE DE MARS. Créée dans la plaine des Sablons le 1er juin 1794. Cette école, dont les élèves étaient placés sous la tente, fut supprimée le 23 octobre de la même année.

ÉCOLE D'ÉQUITATION. Créée à Versailles le 2 septembre 1796; dite *école d'instruction des trou-*

pes à cheval, le 12 mai 1798. Cet établissement a été supprimé le 10 août 1810.

Prytanée. Formé de l'ancien collége de Saint-Cyr, le 28 janvier 1803; réorganisé militairement le 31 août 1805; placé dans les attributions du département de la guerre le 8 juillet 1806, et transféré à la Flèche le 24 mars 1808.

École spéciale militaire de cavalerie. Créée à Saint-Germain le 8 mars 1809. L'ancienne école des trompettes y fut réunie, et en forma une section.

PRÉCIS HISTORIQUE ET CHRONOLOGIQUE

DES OPÉRATIONS MILITAIRES.

En 1789, la cour ayant fait avancer des troupes dans les premiers jours de *juillet*, l'Assemblée nationale en demande le renvoi. Un esprit de révolte se manifeste dans Paris; l'insurrection éclate le 12 du même mois, à raison du départ de M. Necker et de la formation d'un nouveau ministère : la Bastille est prise le 14 par une foule d'hommes mal armés, n'ayant pas de chefs reconnus, mais étant secondés par le régiment des gardes-françaises. La garde nationale est organisée dans tout le royaume. Le 5 *octobre*, la populace parisienne se porte sur Versailles ; la garde nationale de Paris marche après elle dans la soirée du même jour. Les brigands qui avaient fait l'avant-garde entrent dans le château, massacrent les gardes du corps, et font courir à la reine le plus grand danger. Le 6, le roi est forcé d'entrer dans la capitale, où l'Assemblée constituante vient également s'établir.

En 1790, le 14 juillet, fédération au Champ-de-Mars, pour célébrer l'anniversaire de la prise de la

Bastille; quatre cent mille Français y jurent fidélité à la constitution.

En 1791, siége de Nancy par le marquis de Bouillé. Du 20 au 21 juin, fuite du roi et de sa famille. Louis XVI, arrêté à Varennes, est ramené à Paris, et suspendu de ses fonctions jusqu'à l'acceptation de la constitution. Le 17 juillet, assemblée tumultueuse au Champ-de-Mars; elle donne lieu à la proclamation de la loi martiale. Le 14 septembre, le roi accepte la constitution.

En 1792, une révolte générale des nègres esclaves éclate à Saint-Domingue: ils incendient les plantations, et massacrent les propriétaires. — Le 20 avril, la France déclare la guerre à l'empereur. — Le 20 juin, la multitude envahit le château des Tuileries, et demande avec menaces la sanction des décrets. — Le 11 juillet, l'Assemblée législative déclare la patrie en danger; quinze mille hommes s'enrôlent à Paris; le même enthousiasme se communique avec rapidité par toute la France. — Le 10 *août*, le peuple se porte de nouveau au château; les Suisses qui le défendent sont massacrés, coupés en morceaux et brûlés. Le 13, Louis XVI avec sa famille est conduit au Temple. Cependant l'ennemi est sur le territoire français; il s'approche de Thionville; Longwy se rend sans résistance, Verdun capitule; les Prussiens s'avancent vers la Champagne; mais Dumouriez, Keller-

mann, Luckner et Beurnonville les arrêtent. L'affaire de Valmy, où ils sont battus le 20 septembre, les détermine à la retraite. Longwy et Verdun rentrent au pouvoir des Français, qui se portent dans les Pays-Bas, et entrent à Bruxelles après avoir défait les Autrichiens à la bataille de Jemmapes.
— La Savoie, conquise par les troupes aux ordres de Montesquiou, est réunie à la France le 26 décembre.

En 1793, Louis XVI, traduit à la barre de la Convention, est déclaré traître à la nation, et condamné à mort à une faible majorité. L'arrêt est exécuté sur la place Louis XV, le 21 janvier, à dix heures du matin.—Le 7 mars, la France déclare la guerre à l'Angleterre, à la Hollande et à l'Espagne.
— Le comté de Nice est réuni au territoire français. — Coalition contre la France entre l'empereur, le roi de Prusse, les princes de l'Empire, la Hollande, les rois de Naples et de Sardaigne.—Le 18 mars, Dumouriez, après quelques succès en Hollande, perd la bataille de Nerwinde. Le pays de Porentrui, appartenant à l'évêché de Bâle, est réuni à la France, et devient un département.—Le 5 avril, désertion de Dumouriez. Les troupes qu'il a abandonnées sont attaquées par des forces supérieures; elles perdent la bataille de Famars, et se replient sur l'intérieur. L'ennemi investit Valenciennes. — Les Vendéens s'arment pour la cause

des Bourbons.— Dans le courant de juillet, Condé, Valenciennes, Mayence, capitulent.— Toulon est livré aux Anglais, qui y débarquent quatorze mille hommes.— Le 8 août, siége de Lyon par Dubois-Crancé avec soixante mille hommes et cent pièces de canon. — Le 8 septembre, bataille d'Honscoote, gagnée par les Français sur le duc d'York, qui y perd ses équipages et une nombreuse artillerie. Bergues et Dunkerque sont débloqués. — Cobourg lève le siége de Maubeuge et repasse la Sambre. — Forcé de céder à la valeur française, l'ennemi sort de Toulon et se rembarque avec précipitation.

En 1794, défaite des Autrichiens à Werdt par l'armée du Rhin, qui force les lignes de Lautern et de Weissembourg, oblige l'ennemi de lever le blocus de Landau, emporte les postes de Spire et de Germersheim, s'empare de Worms, du fort Vauban, et force l'ennemi à évacuer le Bas-Rhin.—En Piémont, Masséna bat les Autrichiens à Ponte-di-Nava.— Les redoutes du mont Saint-Bernard sont emportées par Bagdelone. — L'armée des Pyrénées occidentales enlève aux Espagnols des magasins évalués un million. Celle de la Moselle gagne sur les Autrichiens la bataille d'Arlon. L'armée du Rhin met les mêmes en déroute après un combat opiniâtre. Prise de Lambsheim et de Frankental. — L'armée des Ardennes passe la Sambre. Furnes,

Courtrai, Menin, cèdent aux armes des républicains. — Défaite des Espagnols aux Albères, où ils perdent deux mille hommes et deux cents pièces de canon. Prise des redoutes des Aldudes et de Berdarits et du camp d'Ispegni. —L'armée des Pyrénées orientales reprend les forts Saint-Elme, Port-Vendre, Collioure et Bellegarde. —Défaite de l'ennemi devant Charleroi, et prise des redoutes en avant de cette ville. — Jourdan emporte celles de Dinan. —Combat de Trassiguier, où l'ennemi perd six mille hommes tués et cinq cents prisonniers.— Prise de Kaiserslautern par les alliés. — L'armée des Pyrénées orientales s'empare du poste de l'Étoile, et s'avance en Cerdagne. — Capitulation de Charleroi. — Le 26 juin, bataille de Fleurus, où l'ennemi perd dix mille hommes et une nombreuse artillerie.— Succès des Français aux portes de Lernes et de Marchiennes. Prise de Mons et de Louvain.—Défaite de l'ennemi à Waterloo. Combat de Sombref, où le même perd quatre mille hommes tués et huit cents prisonniers.—Entrée des Français dans Bruxelles. — Prise de Spire, de Neustadt, etc., par l'armée du Rhin.—Reprise d'Ypres par l'armée du Nord, qui s'empare en outre d'Ostende et de Tournai. — Prise de Fontarabie, de Saint-Sébastien, d'Arnani et du *Passage*, où les Français font deux mille prisonniers, et s'emparent d'immenses magasins et de trente navires chargés de marchandises.—Cinquante mille Espagnols sont mis en déroute à San-Lorenço de la Muga.— Défaite de l'ennemi et prise de Saint-Tron. — Entrée de nos troupes dans Liége.—Six cents Français battent six mille Espagnols dans la vallée d'Aspe. —Reprise du Quesnoy, de Valenciennes et de Condé sur les Autrichiens.— Le 18 septembre, Jourdan les force dans leur camp de la Chartreuse. —Prise de Juliers, d'Aix-la-Chapelle et de Cologne par l'armée de Sambre-et-Meuse. — Prise d'Otterbern et de Rokenhaussen par l'armée du Rhin, qui défait l'ennemi entre Kircheim et Worms.—Défaite et retraite des Espagnols ; Dugommier périt en combattant ; Pérignon lui succède, bat trente mille Espagnols à Escola, et s'empare de Figuières.

En 1795, l'armée du Nord poursuit ses conquêtes en Hollande ; Vanloo, les forts de Saint-André et de Crève-Cœur, les lignes de Breda, Grave et l'île de Bommel sont forcés de céder à ses efforts ; tous les postes qui défendent le Wahl sont emportés. Les Français se rendent également maîtres des provinces de Hollande, d'Utrecht et de Gueldre. La flotte hollandaise, retenue dans le Texel par les glaces, éprouve le même sort.—Les Autrichiens sont battus par l'armée des Ardennes. — Le 5 avril, le roi de Prusse signe la paix.— Le 16 mai, la France souscrit un traité d'alliance avec la république des Provinces-Unies, dont elle garantit l'indépendance.—Le 12 juin, Luxembourg se rend au général Hatry.—Peu de jours après, les Piémontais sont défaits au col de Terme. — Le 22 juillet, traité de paix conclu à Bâle, entre la France et l'Espagne. — Le 28 août, même traité avec le landgrave de Hesse-Cassel.—Les Français passent le Rhin. Dusseldorf, Dietz, Limbourg et Nassau tombent en leur pouvoir. — Le 1er octobre, réunion de la Belgique au territoire français. — Le 5 du même mois, insurrection des Parisiens, réprimée par la force armée. — Le 10, Bonaparte est nommé général en second de l'intérieur. —Le 5 novembre, combat de Frankental, où les Français sont battus par les Autrichiens.—Le 14, nouveau combat près d'Oggersheim. — Le 23, défaite des Austro-Sardes à Loano; ils y perdent huit mille hommes et sont chassés des États de Gênes. — Le 27, le général Kolly est attaqué en Italie et battu par les Français. — Le 29, ce général s'empare du camp de Ceva. — Le 30, combat de Creutznach à l'avantage des Français.— Le 9 décembre, prise de Hombourg et de Pirmazen; défaite des Autrichiens.—Le 13, combat de Lautern; les Français abandonnent Hombourg.

En 1796, le 30 janvier, prise de possession de la partie espagnole de Saint-Domingue, par suite d'un traité conclu avec cette nation.—Le 10 mars, révolte des matelots de l'escadre française aux ordres de l'amiral Richeri. — Le 21, combat naval près de l'Ile-Dieu à l'avantage des Français. — Le 29, les troubles de la Vendée s'apaisent.—Le 30, Bonaparte prend le commandement de l'armée d'Italie. — Les Vénitiens s'arment contre les Français. — Le 6 avril, les hostilités commencent en Italie. Nos troupes, pendant cette campagne, ne cessent pas d'être victorieuses. — Le 11, bataille de Montenotte, où les Autrichiens et les Piémontais sont battus et coupés par Bonaparte.—Le 14, défaite des mêmes à la bataille de Millesimo.—Le 15, victoire de Dego.—Le 17, les Français emportent le camp retranché des Piémontais à Ceva. — Le 22, combat de Vico et bataille de Mondovi, gagnés sur le général Provera. — Le 25, prise de Cherasco avec vingt-huit pièces de canon.—Le 28, armistice entre les armées françaises et piémontaises. —Le 3 mai, retraite des Autrichiens.—Le 6, combat de Fumbio, où les Français prennent à l'ennemi quinze bateaux chargés de riz, et toute sa pharmacie. — Le 8, combat de Godogno, passage du Pô à Plaisance.—Le 9, armistice entre le duc de Parme et de Plaisance et les Français.—Le 10, bataille de Lodi, où les Autrichiens perdent vingt pièces de canon et trois mille hommes, tant tués que blessés ou prisonniers. — Le 11, retraite des Autrichiens sur Mantoue. Prise de Crémone, de Pizzighitone, de Pavie, et conquête de la Lombardie.

—Le 15 mai, traité de paix avec le roi de Sardaigne, qui cède la Savoie, les comtés de Nice, de Tende et de Beuil, avec ses principales forteresses. — Le 24, les Anglais s'emparent de Sainte-Lucie. —Le 31, passage du Wupper et du Mincio; combat de Berghetto, où l'ennemi perd quinze cents hommes. — Le 1ᵉʳ juin, prise de Vérone.—Le 4, victoire des Francais à Altenkirchen sur les Autrichiens.—Le 8, occupation de Weilbourg ; prise du grand magasin impérial.—Le 10, entrée des Français à Bingen. — Reprise de la Grenade par les Anglais.—Le 15, suspension d'armes entre la France et le roi de Naples. — Le 19, prise du duché d'Urbin, de Bologne, de Modène et de Ferrare. — Le 24, prise de Kehl. — Entrée dans Reggio et Bologne. Armistice avec le pape.—Le 25, passage du Rhin par Moreau; combat de Bischossheim en Souabe, sur les Autrichiens qui abandonnent les lignes en avant de Manheim.—Le 29, combat de Renchen sur les mêmes, forcés de se retirer après une perte considérable.—Prise de Livourne.—Le 3 juillet, entrée des Français dans la vallée de Kintrig.—Le 6, passage de la March; retraite des Autrichiens; entrée dans Rastadt.—Le 9, victoire des Français à Ettinghen. — Le 10, entrée dans Friedberg et Homberg; retraite des Autrichiens. — Le 11, entrée dans Carlsruhe.—Le 12, bombardement de Francfort, qui capitule le 14.—Le 6, entrée dans cette ville.—Le 18, occupation de Stuttgard;

armistice entre le duc de Wurtemberg et les Français, qui, le même jour, ouvrent la tranchée devant Mantoue.—Le 19, bombardement d'Eherenbrestein. — Le 22, les Autrichiens, battus et repoussés à plusieurs reprises, abandonnent Wurtzbourg. — Le 25, entrée dans cette ville; suspension d'armes avec le margrave de Bade, et le 27, avec le cercle de Souabe. — Le 1er août, les Français sont obligés de lever le siége de Mantoue, et perdent leur artillerie. — Le 2, combat de Geislingen en Franconie, prise de Konigshove. Entrée dans Constance.— Le 4, prise de Bamberg.—Le 5, bataille de Castiglione et combat de Lonado. — Le 7, traité de paix avec le duc de Wurtemberg, qui cède la principauté de Montbelliard, le comté de Horbourg, etc. — Le 10, bataille de Néresheim, livrée à l'archiduc Charles.—Le 11, prise des postes de Corona, Montebaldo et Parabolo sur les Autrichiens. — Le 14, prise de Porto-Legnago.—Le 3 septembre, bataille de Wurtzbourg, gagnée sur le général Jourdan par l'archiduc Charles.—Le 4, bataille de Roveredo, gagnée par Bonaparte. — Passage de l'Adige par Masséna.—Le 8, bataille de Bassano par Bonaparte. — Le 14, bataille de San-Giorgo ; l'ennemi perd vingt mille prisonniers et vingt-cinq pièces de canon avec leurs caissons.—Le 21, bataille d'Altenkirchen, où le général Marceau est blessé à mort et fait prisonnier.—Le 2 octobre, bataille de Biberach, où les Français, quoiqu'en retraite, battent les Autrichiens, et leur font cinq mille prisonniers.—Le 15 novembre, bataille d'Arcole, où les mêmes perdent cinq mille prisonniers, cinq drapeaux et dix-huit pièces de canon.

En 1797, le 14 janvier, bataille de Rivoli, où cinquante mille Autrichiens sont battus, avec perte de leurs provisions de bouche et de guerre ; soixante pièces de canon, vingt-quatre drapeaux et cinq à six mille prisonniers sont au pouvoir des Français. —Le 16, bataille de la Favorite ; le général Provera se rend avec six mille hommes ; l'armée ennemie est en pleine déroute.—Le 19 mars, combat de la Chiuse ; prise de ce poste et de cinq mille hommes, dont quatre généraux, avec trente pièces de canon et quatre cents chariots.—Le 18 avril, bataille de Montabor par Kléber. Paix de Léoben. — Le 20 mai, entrée dans Venise.

En 1798, le 19 mai, départ de Toulon d'une armée navale commandée par Bonaparte, et composée de treize vaisseaux de ligne, quatre-vingt-dix autres bâtimens de guerre, frégates, cutters, chaloupes canonnières, etc., et d'environ trois cents bâtimens de transport.—Le 12 juin, prise de Malte. —Le 30, la flotte et le convoi arrivent à Alexandrie. —Le 5 juillet, prise de cette ville et des deux ports. —Le 7, reddition de Rosette.—Le 8, entrée à Demenhour ; défaite des Mameloucks.—Le 10, occupation de Rahmanié.—Le 13, prise de Chebreisse et déroute des Mameloucks. — Le 21, bataille des Pyramides; prise du camp et du village d'Embabé, avec les canons, les chameaux et tous les bagages.— Le 25, la ville du Caire est remise au pouvoir des Français.—Le 1ᵉʳ août, combat naval d'Aboukir.— Le 3, combat d'Echanka.—Le 11, combat de Saléhieh; déroute complète d'Ibrahim-Bey, qui est chassé de l'Égypte.—Le 6 septembre, combat de Behnese. —Le 7 octobre, autre affaire à Menekia.—Le 8, bataille de Sediman; trois beys et beaucoup de kiachefs et de Mameloucks restent sur le champ de bataille.—Le 9, combat de Faioum.—Le 21, révolte du Caire, apaisée après l'incendie du quartier des rebelles et de la grande mosquée.—Le 7 novembre, Suez se rend aux Français. — Le 17 décembre, affaire de Fechen et prise du village.

En 1799, armée d'Égypte.—Le 3 janvier, combat de Souâgui.—Le 8, affaire de Tahta.—Le 22, combat de Samanhout.—Le 1ᵉʳ février, prise de la ville de Sienne.—Le 9, affaire de El-A'rych, et prise du village.—Le 12, combat de Kène; défaite d'Osman-Bey.—Le 17, autre combat à Aboumana.—Le 20, reddition du fort d'El-A'rych.—Le 25, prise de Gazah et d'une grande quantité de munitions de guerre. —Le 3 mars, combat de Souhama.— Le 6, prise de Jaffa; la garnison est passée au fil de l'épée.—Le 8, combat et assaut de Cophtos, et de la maison fortifiée de Bénout. — Le 15, affaire de Korsoum.—

Le 16, Caïffa est abandonné aux Français.— Le 17, siége de Saint-Jean-d'Acre. — Le 24, combat de Loubi.

ARMÉE D'EXPÉDITION.	ARMÉES DU CONTINENT.
	Le 28 mars, bataille près de Rivoli, où les Français sont battus par les Autrichiens.
Le 2 avril, affaire de Birambra : Osman et Hassan y sont blessés. Les 5 et 6 avril, combats de Bardis et de Girgé. Le 10, combat de Géhémie contre les Arabes d'Yamb'o. Le 11, affaire de Ledjarra ou Kana; le camp est emporté; l'ennemi se retire en désordre sur le Jourdain. Le 14, attaque et prise du village de Fouli. Les 15 et 16, bataille du Mont-Thabor; elle a pour résultat la défaite de vingt-cinq mille hommes de cavalerie et de dix mille d'infanterie, la prise de tous les magasins de l'ennemi, de son camp; cinq mille hommes tués, et sa fuite en désordre vers Damas. Le 18, combats de Béncadi, et prise	Le 5 avril, nouvelle bataille au même endroit, et même résultat.

ARMÉE D'EXPÉDITION.	ARMÉES DU CONTINENT.
du village. Le 19, affaire du Mont-Carmel.	Le 27 avril, bataille de Cassano, où l'armée française est battue par les Russes.
Le 8 mai, réduction de Demenhour; la garnison est passée au fil de l'épée, et la ville réduite en cendres. Le 16, combat de Sienne. Le 19, combat de Charkié. Le 20, levée du siége de Saint-Jean-d'Acre, après soixante jours de tranchée ouverte. Le 29, prise de Cosseir.	Le 4 juin, bataille de Zurich, gagnée sur les Français par les Impériaux. Le 18, bataille de la Trébia, gagnée par les Austro-Russes.
Le 15 juillet, bataille d'Aboukir; deux mille ennemis restent sur le champ de bataille; dix mille se précipitent dans la mer; ils y sont fusillés et mitraillés. Toutes les tentes, tous les bagages, vingt pièces de canon, restent au pouvoir des Français. Le 2 août, prise du fort d'Aboukir; le fils du pacha, le kiaya, ainsi que deux mille	

ARMÉE D'EXPÉDITION.	ARMÉES DU CONTINENT.
hommes sont prisonniers.	
	Le 22 août, bataille de Novi, où les Français, après avoir taillé en pièces un corps russe, sont à leur tour culbutés et forcés de céder au nombre, laissant le général Joubert sur le champ de bataille.
Le 23 août, Bonaparte s'embarque subitement pour revenir en France.	
	Le 19 septembre, bataille de Berghen, où les Anglo-Russes sont battus par les Gallo-Bataves, qui leur tuent ou prennent cinq mille hommes. Le 9 octobre, Bonaparte débarque à Fréjus; le 16, il arrive à Paris, et le 2 novembre, appuyé par cent grenadiers, il pénètre dans la salle des *Cinq-Cents*, et dissout le conseil. Le 10, il est nommé consul provisoire. Sa nomination est confirmée le 13 décembre; Cambacérès et Lebrun sont nommés second et troisième consuls.
Le 25 janvier 1800, convention avec le grand-visir pour l'évacuation de l'Egypte.	
	Le 8 mars, une armée de réserve se forme à Dijon.
Le 20 mars, défaite des Turcs à la bataille	

ARMÉE D'EXPÉDITION.	ARMÉES DU CONTINENT.
de Matarisch ou d'Héliopolis.	Le 6 mai, départ de Bonaparte pour prendre le commandement en chef de l'armée. Le 8, il arrive à Genève. Le 13 et le 16, l'avant-garde et la cavalerie sont passées en revue à Lausanne. La première franchit le mont Saint-Bernard et s'empare d'Aoste. Le 18, attaque et prise de Châtillon. Les Français s'emparent également des hauteurs de la montagne d'Albard, et cernent le château de Bard. Le 21, toutes les troupes ont passé le mont Saint-Bernard. Les difficultés que présentaient, surtout pour l'artillerie et les voitures, ce mont presque inaccessible, les neiges, les glaces, les torrens, les précipices, tout a été vaincu en cinq jours de temps. Le 22, prise de la partie basse du château de Bard et des ponts-levis. Prise de Suze et de la Brunette. Les 23 et 24, attaque et prise de la ville et de la citadelle d'Ivrée. Le 26, combat de la Chiusella; l'ennemi est chassé de la position de Romano. Le 27, prise de Vercelli et de magasins de vivres. Le 28, prise de Chivasso, Santhia, Crescentino, Biello, Trino, Masserano, et défaite de la légion de Rohan à Varello. Le 29, passage de la Sésia. Le 30, entrée à Novarre, et position le long du Tésin. Le 31, combat et prise de

ARMÉE D'EXPÉDITION.	ARMÉES DU CONTINENT.
	Turbigo. Le même jour, passage du Tésin; prise de Bellinzona. Le 1ᵉʳ juin, prise du château de Bard, de Locarno et de Lugano. Le 2, entrée dans Milan, blocus de la citadelle, reddition de Pavie. Le 3, prise de Lodi; les ennemis sont chassés au-delà de l'Adda. Le 5, prise d'Orsinovi, de Crema, de Cremone et de Plaisance. Le 6, passage du Pô au village de Belgioso; combat de Saint-Cipriano. Le 7, prise de Brescia, de la flotille du lac Majeur et de Bergame. Le 8, combat de Plaisance, prise de cette ville et de tous les magasins de l'ennemi. Combat de Broni et occupation de la célèbre position de Stradella. Le 9, affaire de Casteggio et bataille de Montebello. Le 12, passage de la Scrivia, et combat de
Le 14, assassinat du général Kléber, auquel succède le général Menou.	Marengo. Le 14, bataille de Marengo qui dure dix heures; elle a pour résultat la perte de dix-neuf mille cinq cents Autrichiens, dont huit mille blessés et sept mille prisonniers, et la prise de douze drapeaux et de trente
Le 5 septembre, les Anglais se rendent maîtres de Malte.	pièces de canon. Cette victoire met fin aux hostilités. Le 3 décembre, les Autrichiens sont complètement battus à Hohenlinden, par le général Moreau; cette journée, qui leur coûte dix mille prisonniers dont trois généraux, un grand nombre d'officiers, quatre-vingts pièces de canon et deux

ARMÉE D'EXPÉDITION.	ARMÉES DU CONTINENT.
Le 9 mars 1801, débarquement des Anglais à Aboukir.	cents caissons, achève de réduire les ennemis de la république à l'impuissance de continuer la guerre.

SUITE DE L'ARMÉE D'EXPÉDITION.

Le 19, prise d'Aboukir, après un bombardement de six jours.—Le 21, bataille d'Alexandrie, gagnée par les Anglais, dont le général est blessé à mort. —Le 28 juin, convention pour la reddition du Caire.—Le 30 août, capitulation d'Alexandrie, en vertu de laquelle les Français évacuent l'Égypte.

SUITE DES ÉVÉNEMENS SUR LE CONTINENT.

En 1802, le 25 février, Bonaparte est nommé président de la république italienne.—Le 27 mars, traité de paix définitive conclu à Amiens, entre la République française, le roi d'Angleterre, le roi d'Espagne et la République batave.—Le 2 juillet, réunion du Piémont à la France.— Le 11 septembre, réunion à la République française des départemens du Pô, de la Doire, de Marengo, de la Sésia, de la Stura et du Tanaro.

En 1803, le 13 mai, l'Angleterre, que ces mesures indisposent, rompt le traité d'Amiens et déclare la guerre à la France.

En 1804, le 18 mai, Bonaparte est déclaré empereur des Français sous le titre de *Napoléon I*^{er}. — Des armées sont réunies sur les côtes. L'Angleterre, qui ne peut rien de ce côté, cherche des alliés dans le Nord.

En 1805, le 26 mai, Napoléon est couronné à Milan roi d'Italie. Ce nouveau témoignage d'ambition et le degré de puissance vers lequel paraît tendre le chef des Français, favorisent les projets de l'Angleterre. La Prusse, la Russie et le roi de Suède prennent les armes. — Le 24 septembre, Napoléon part de Paris; les 25, 26 et 27 l'armée passe le Rhin. — Le 6 octobre, prise du pont de Donawerth; le 7, prise du pont du Lech. — Le 8, combat de Vertingen, prise d'une division ennemie. — Le 9, entrée des Français à Augsbourg. Passage du Danube. — Le 10, combat de Guntzbourg : le pont est emporté de vive force. — Le 11, affaire de Landsberg. — Le 12, entrée des Français à Munich; prise du pont et de la position d'Elchingen. — Le 13, combat de Langenau. — Le 15, combat de Haag et Wasserbourg; prise d'un parc d'artillerie. Prise de Menmingen avec six mille hommes de garnison. — Le 17, combat de Neresheim. Capitulation de la ville d'Ulm. — Le 18, combat de Norlingen; prise d'un parc de réserve de cinq cents chariots ; une division ennemie est cernée et capitule. — Le 20, dix-huit généraux et vingt-sept mille hommes sortent d'Ulm et mettent bas les armes.—Le 21, combat de Nuremberg; prise d'un parc d'artillerie et de tous les bagages ennemis.— Le 26, passage de l'Iser.— Le 27, passage de l'Inn.— Le 28, affaire de Muhledorff. — Le 30, entrée des Français à Salsbourg, et dans la ville et citadelle de Braunau. Prise de quarante mille rations de pain et de nombreux magasins d'artillerie.— Le 31, combat de Merobach.— Le 1er novembre, combat de Lambach.—Le 2, prise de Wels et de Lintz ainsi que du fort de Passling.— Le 3, passage de la Traun ; prise d'Ebersberg ; passage de l'Enns et prise de la ville.—Le 4, prise de Steyer. —Le 5, combat de Lovers où les Bavarois, qui font cause commune avec les Français, culbutent une colonne de cinq régimens autrichiens. — Le 6, combat d'Amstetten ; les Russes et les Autrichiens sont dépostés de toutes leurs positions. — Le 7, affaires de Freydstatt et de Mattahausen. Entrée à Inspruck et à Hall ; prise de l'arsenal et de riches magasins. — Le 8, combats de Giulay et de Marienzell ; l'ennemi, poursuivi l'espace de cinq lieues, perd trois drapeaux, seize pièces de canon et quatre mille prisonniers. — Le 9, les forts de Scharnitz et de Neustark sont enlevés de vive force. — Le 11, combat de Diernstern, où quatre mille Français font tête pendant dix heures à vingt mille Russes qui finissent par être mis en déroute. — Le 13, entrée dans Vienne.— Le 14, capitulation de Kuffstein; prise de Stokereau, où se trouvent des magasins inmenses d'habillement. — Le 15, combat de Hollabrunn, où l'ennemi abandonne cent voitures d'équipages attelées.— Le 16, entrée à Presbourg ; combats de Waldermunchen et de Juntersdorff; prise de Clauzen et de Brixen. — Le 18, entrée à Brunn, capitale de la Moravie. — Le 20, défaite de la cavalerie russe à Olmütz; entrée de Bonaparte dans Brunn. Prise d'Iglau.—Le 2 décembre, bataille d'Austerlitz, gagnée sur les Austro-Russes qu'animait la présence des deux empereurs ennemis ; ce qui échappe au fer des Français est noyé dans les lacs : quarante drapeaux, les étendarts de la garde impériale russe, cent vingt pièces de canon, vingt généraux, et plus de trente mille prisonniers, restent au pouvoir des Français. L'empereur d'Autriche a une entrevue avec Napoléon, qui consent à un armistice avec les deux puissances qu'il a vaincues. Le 26, traité de paix signé à Presbourg entre la France et l'Autriche.

En 1806, le 26 janvier, retour de l'empereur à Paris. Ce moment de repos n'est qu'apparent. L'humiliation des Russes, les exigences de Napoléon pour accorder la paix, et sa puissance toujours menaçante, sont autant d'obstacles à une paix durable. Les Russes, poussés par les Anglais, se déclarent de nouveau contre la France; ils entraînent avec eux la Suède et la Prusse. Les Saxons, que cette alliance effraie, croient de leur intérêt de s'y engager pour n'en être pas les victimes. Les mouvemens de troupes commencent dans le Nord; les Prussiens y prennent part. — Le 25 septembre, Napoléon quitte Paris. — Le 6 octobre, il arrive à Bamberg; le même jour il commence ses opérations. — Le 7, entrée des Français à Bayreuth. — Le 8, passage de la Saale; entrée à Cobourg. — Le 9, prise de Hoff et de tous les magasins ennemis. — Le 10, entrée à Auma; combat de Saalfeld, où le prince Louis de Prusse est tué. — Le 11, entrée à Géra; prise de cinq cents voitures de bagages ou caissons. Le 12, occupation de Zeist, Gerau, Neustadt, Naumbourg, Iéna et Kala. — Le 14, bataille d'Iéna, où les Prussiens perdent vingt mille hommes tués ou blessés, vingt-huit mille prisonniers, soixante drapeaux et trois cents pièces de canon. Prise de Weimar. — Le 15, six mille Saxons et trois cents officiers tombent au pouvoir des Français. — Le même jour, capitulation d'Erfurth, où quatorze mille hommes sont faits prisonniers. — Le 16, proposition d'armistice par le roi de Prusse; elle est rejetée. Combat et prise de Greussen. — Le 17, combat et prise de Hall. L'ennemi est chassé de Dienitz, de Peissen et de Rabatz. — Le 18, prise de Leipsick. — Le 19, entrée à Halberstadt. — Le 20, entrée à Wittemberg. — Le 21, prise de possession du Hanôvre. — Le 24, entrée à Postdam. — Le 25, entrée à Berlin. — Capitulation de Spandam. — Le 27, prise de Hasleben. — Le 28, le prince de Hohenlohe met bas les armes avec dix-sept mille hommes. Prise de Francfort-sur-l'Oder. — Le 29, capitulation de Stettin. — Le 31, entrée à Strelitz et à Cassel. — Le 1er novembre, capitulation de Custrin. — Le 2, combat de Jabel. — Le 4, combat de Crevismulen. — Le 6, seize cents Suédois mettent bas les armes. Combat et prise de Lubeck, où vingt et un mille Prussiens sont faits prisonniers. Le 7, le dernier corps de l'armée prussienne dépose les armes. — Le 8, capitulation de Magdebourg, où se trouvaient vingt-deux mille hommes, cinquante-quatre drapeaux, cinq étendarts, huit cents pièces de canon et des magasins immenses. A cette époque la grande armée avait pris deux cent cinquante drapeaux, quatre mille huit cents pièces de canon et cent quarante mille hommes. — Le 10, entrée dans Posen. — Le 19, capitulation de Czentoschau; prise de possession de Hambourg. — Le 20, capitulation de Hameln. — Le 21, les îles Britanniques sont déclarées en état de blocus. — Le 25, capitulation de Culbach et de Nienbourg. — Le 26, passage de la Bsura. — Le 28, entrée à Varsovie. — Le 2 décembre, capitulation de Glogau.—Le 6, passage de la Vistule. Entrée à Thorn.— Le 11, passage du Bog. — Le 20, passage de la Narew. — Le 23, prise de Czarnowo. — Le 24, passage de l'Wkra.—Le 25, passage de la Sonna. — Le 26, combat et prise de Soldan ; combat de Pultusk et Golymin. L'armée française prend ses quartiers d'hiver.

En 1807, le 5 janvier, capitulation de Breslau. — Le 11, capitulation de Brieg. — Le 25, combat de Mohringen.—Le 28 janvier, levée des quartiers d'hiver.—Le 3 février, prise de Gunstadt.—Le 5, passage de l'Alle. Combat de Deppen.—Le 6, combat et prise de Hoff. — Le 7, combat et prise d'Eylau.—Le 8, bataille d'Eylau ; les Russes perdent sept mille tués, quinze mille blessés, quinze mille prisonniers, seize drapeaux et vingt-quatre pièces de canon.—Le 2, combat de Marienwerder.—Le 16, combat d'Ostrolenka. — Le 25, combat et prise de Bransberg. — Le 6 mars, combat de Willemberg. —Le 17, combat de Glatz.—Le 19, prise des redoutes de Selnow. —Le 20, prise d'Ortelsbourg.—Le 16 avril, prise d'Anklam et du pont sur la Peere. —Le 18, suspension d'armes entre la France et la Suède.— Le 13 mai, attaque générale des avant-postes français par les Russes. Les 14 et 15, défaite complète du corps russe envoyé au secours de Dantzig.—Le 26, capitulation de cette place. On y trouve huit cents pièces d'artillerie et des magasins immenses. —Les 5, 6, 8 et 9 juin, combats de

Spanden, Lomitten, Deppen, Wolsdorff, etc. Le 14, bataille de Friedland, où les Russes perdent cent vingt pièces de canon, sept drapeaux, tous leurs magasins, leurs hôpitaux, leurs ambulances, quarante mille prisonniers et dix-sept mille cinq cents tués. — Le 16, prise de Kœnisberg et du port, où se trouvent trois cents bâtimens chargés de munitions, dont cent soixante mille fusils envoyés par les Anglais. — Le 19, entrée de Napoléon dans Tilsitt. — Le 21, armistice entre les armées française et russe. — Le 25, les deux empereurs ont une entrevue dans un radeau, sur le Niémen. — Le 26, nouvelle entrevue des deux souverains et du roi de Prusse. — Le 7 juillet, traité de paix entre les trois puissances. — Le 9, Napoléon quitte Tilsitt et arrive le 27 à Paris.

En 1808, le 18 mars, révolution en Espagne. L'empereur, qui méditait l'envahissement de ce royaume, intervient, et fait marcher des troupes vers les Pyrénées. Les Espagnols indignés ont recours aux Anglais, qui viennent les appuyer. Cependant Napoléon, toujours vainqueur, réussit à soumettre cette nation. — Le 22 août, suspension d'armes entre les Français et les Anglais, à l'effet de traiter d'une convention pour l'évacuation du Portugal.

En 1809, le 7 janvier, l'empereur quitte Valladolid pour retourner en France. L'Autriche, croyant voir dans l'occupation de l'Espagne une occasion favorable pour se mesurer de nouveau avec les Français, publie un manifeste contre Napoléon, qui y réplique le 13 avril. Ce dernier quitte Paris deux jours après. — Le 1er mai il est à Braunau, le 2 à Ried, le 4 à Ens, le 8, il s'établit à quinze lieues de Vienne, et le 10, il était aux portes de cette capitale, où l'archiduc Charles prétendait se défendre. Le 11, vingt obusiers y lancent en moins de quatre heures dix-huit cents obus, qui mettent le feu à la ville et la force d'ouvrir ses portes. Le prince Charles s'était retiré sur la rive gauche du Danube avec cent trente mille hommes. Napoléon résolut de l'attaquer et lui livra la bataille d'Esling. Mais la rupture des ponts qui avaient facilité le passage des Français dans l'île de Lobau, paralysa leurs manœuvres, et rendit le combat très-meurtrier. Toutefois ils restèrent maîtres du champ de bataille. Mais ce succès contesté exigeait une seconde affaire; elle eut lieu le 5 juillet dans la plaine de Wagram. Les Autrichiens, vivement attaqués, furent mis en pleine déroute, laissant le champ de bataille couvert de morts et de blessés. Les manœuvres d'artillerie et toutes les ressources de destruction furent telles, que vingt-deux villages ont été réduits en cendres. Dix drapeaux, quarante pièces de canon et dix mille prisonniers furent les trophées sanglans de cette victoire. L'Autriche demanda la paix ; elle fut signée à Vienne le 14 octobre. La cessation des hostilités en Allemagne ne pouvait qu'être agréable à Bonaparte, qu'un débarquement d'Anglais dans l'île de Walcheren appelait sur ce point. A son arrivée les ennemis se rembarquèrent précipitamment, après avoir détruit les ouvrages de Flessingue. Cette attaque n'eut pas d'autres suites.

En 1810, le 6 janvier, traité de paix avec la Suède. Cette année, plus tranquille que les précédentes, n'offre rien de mémorable que le divorce de l'impératrice Joséphine, et le mariage de Napoléon avec Marie-Louise, fille de l'empereur d'Autriche. — Le 13 décembre, réunion à la France des villes anséatiques.

En 1811, réunion de la Hollande à la France. Cette mesure indispose la Russie. De son côté, Napoléon se plaint de ce que cette puissance n'observe pas exactement les conventions du blocus continental. Ces différends donnent lieu de part et d'autre à des préparatifs de guerre. En février, l'armée russe quitte le Danube et se porte en Pologne. Napoléon, dont les troupes occupaient encore la Prusse, fait porter la garnison de Dantzig à vingt mille hommes. L'armée française est mise sur le pied de guerre ; la cavalerie, le train d'artillerie et les équipages militaires sont complétés.

En février 1812, la France signe un traité

d'alliance avec la Prusse; en mars, même traité avec l'Autriche. — En avril, l'armée française se porte en avant. — Le 22 de ce mois, l'empereur de Russie prend le commandement de ses troupes. — Le 9 mai, Napoléon quitte Saint-Cloud. — Le 6 juin il était sur la Vistule. — Le 23, l'armée passe le Niémen. — Le 28, les Russes abandonnent Wilna. Ils sont atteints, culbutés et mis en fuite. — Le 4 juillet, l'armée d'Italie arrive à New-Trochi. — Le 8, entrée des Français à Minsk. — Le 13, prise du camp retranché de Drissa. — Le 26, combat d'Ostrouno, où les Russes perdent quatorze canons attelés, vingt caissons, quinze cents prisonniers, et cinq ou six mille tués ou blessés. — Le 28, entrée à Witepsk. — Le 31 juillet, dispositions offensives des Russes. — Le 1er août, le duc de Reggio, qui les a laissés s'engager, démasque une batterie de quarante pièces de canon, rejette l'ennemi dans la Drissa, lui prend toutes ses pièces d'artillerie, ses caissons et trois mille hommes; trois mille cinq cents furent tués ou noyés. — Le 16 août, bataille de Smolensk, où les Russes, après avoir perdu quatre mille cinq cents tués, deux mille prisonniers et sept à huit mille blessés, s'échappent de cette ville et la livrent aux flammes. — Le 5 septembre, l'ennemi prend position à Borodino. — Le 6, Napoléon reconnaît le terrain, et le 7, à six heures du matin, cent vingt pièces de canon commencent le feu ; à huit heures, prise des redoutes ennemies; et à midi, défaite complète des Russes. Cette affaire leur coûte treize mille hommes et neuf mille chevaux tués, soixante canons, cinq mille prisonniers et près de vingt mille blessés.—Le 14, entrée dans Moscou. — Le 15, l'incendie de cette ville éclate de tous côtés. Napoléon sent la nécessité de l'abandonner. — Le 23, il fait sauter le Kremlin, ancien château fortifié des czars. Toute l'armée française se met en retraite.—Le 24, combat de Malo-Joroslawetz, où les Russes perdent six à sept mille tués ou blessés. Cependant la retraite devient plus difficile.—Le 6 novembre, l'atmosphère se rembrunit, la neige tombe à gros flocons; le froid glace les soldats, déjà mal vêtus; le défaut de nourriture en fait expirer une partie; d'autres succombent à l'intempérie de la saison, ou n'ont plus la force de se défendre des attaques de l'ennemi, qui profite de cet état de choses pour se venger de nos victoires. — Le 7, les Français sont battus à Dorogobugsk.—Le 9, ils cèdent encore au général Platow, qui leur fait trois mille prisonniers. — Enfin du 14 au 28, ce ne fut qu'une suite de combats qui achevèrent de démoraliser ce qui restait encore de la grande armée. Cependant l'intérêt de leur propre existence soutenait encore quelques soldats. Ceux-ci parviennent jusqu'à la Bérézina; mais là, nouvelle défaite, nouveaux malheurs : les Français se disputent le passage; un des ponts se rompt; l'autre est encombré de morts et de mourans. La retraite, que le duc de Bellune est chargé de favoriser, ne peut pas s'effectuer, l'ennemi triomphe, et les Français, vaincus et repoussés, se jettent dans le fleuve. Vingt mille soldats malades et blessés, deux cents pièces de canon, et les bagages de deux corps d'armée tombent au pouvoir de l'ennemi. — Le 5 décembre, Bonaparte, effrayé de tant de désastres, quitte l'armée, et arrive le 18 à Paris.

En 1813, les troupes de réserve, celles de nouvelle levée et les débris de la grande armée étaient en position en-deçà de l'Elbe. Dantzig, Thorn, Modlin, Custrin, Glogau et Spandau, étaient occupés par les Français. — Le 31 mars, la Prusse se déclare contre la France. — Le 15 avril, Napoléon quitte Paris, et arrive le 17 à Mayence. — Le même jour, Thorn se rend aux Russes. — Le 1er mai, les Français passent le défilé de Poserna; le combat s'engage près de Lutzen; l'ennemi, écrasé par la mitraille, est culbuté sur tous les points. Napoléon couche à Lutzen. Cependant l'ennemi s'était rallié du côté de Leipsick. Le 2, une vive canonnade se fit entendre. A neuf heures, l'empereur monte à cheval, attaque les Prussiens, et gagne sur eux la bataille de Kaïa ou de Lutzen. — Le 8, il entre dans Dresde. — Le 19 et le 20, plusieurs combats se succèdent. Ce dernier jour, Bautzen est témoin d'une nouvelle bataille. La canonnade s'engagea à midi; à six heures, l'ennemi, chassé de Bautzen, fut rejeté sur sa seconde position. — Le 21, à cinq heures du matin, les engagemens recommencèrent. L'ennemi, attaqué vigoureusement à l'auberge de Klein-Baschwitz qui coupe le chemin de Wurtchen à Baugen, fut obligé de réunir ses forces sur ce point. A trois heures après midi, lorsque l'armée française était dans la plus grande incertitude du succès, et qu'un feu épouvantable se faisait entendre sur une ligne de trois lieues, Napoléon annonça que la bataille était gagnée. A sept heures du soir, l'ennemi abandonna toutes ses redoutes et ses villages retranchés. Les Français prirent alors les alliés en flanc et les mirent bientôt dans la plus complète déroute. — Le 29, des négociations ont lieu. — Le 1ᵉʳ juin, les hostilités cessent. — Le 4, Napoléon proclame l'armistice. — Le 12 août, l'Autriche se déclare contre lui. — Le 23, nos troupes sont battues à Gross-Beeren. — Le 26, nouvelle défaite; les Français perdent deux aigles, un drapeau; cent pièces de canon, deux cents chariots de munitions et quinze mille prisonniers. — Le 27, bataille de Dresde, dans laquelle les Français prennent à leur tour dix canons et quelques drapeaux, et font vingt mille prisonniers. — Le 14 octobre, la Bavière se déclare contre la France. — Le 16, bataille de Mœchern, gagnée par les Prussiens,

qui forcent nos troupes à se jeter sur Leipsick.—
Le 18, bataille de Leipsick, précédée et suivie de
combats où la valeur des Français ne peut résister
à la masse toujours croissante des alliés. — Le 19,
défection des troupes saxonnes. Les Français, forcés d'abandonner Leipsick, repassent précipitamment le pont de Lindenau; mais ce pont, miné
d'avance, saute en l'air avant la retraite totale des
troupes françaises. Vingt-cinq à trente mille hommes restés de l'autre côté tombent au pouvoir des
alliés. Le 9 novembre, Napoléon arrive à Saint-
Cloud, poursuivi pour ainsi dire par un million cent
quatre-vingt-dix mille hommes, tant Allemands
que Russes, Prussiens, Danois, Suédois, Anglais,
Espagnols et Portugais. Toutes les troupes françaises échappées à l'ennemi avaient déjà repassé le
Rhin.— Le 21 décembre, cent soixante mille hommes commandés par le prince de Schwartzemberg
entrent en Suisse, et pénètrent bientôt sur le territoire français. Dans le midi les Anglais, les Espagnols et les Portugais triomphent également des
armées françaises, que de nombreux détachemens
envoyés dans le nord avaient affaiblies.

En 1814, le 1er janvier, l'armée de Silésie, composée de Russes et de Prussiens, passe le Rhin sur
divers points; Pont-à-Mousson, Metz, Thionville et
Mayence sont menacés. — Le 11, traité de paix,
signé à Valencey, entre Napoléon et Ferdinand VII,

roi d'Espagne. — Le 12, entrée du comte Bubna à Bourg en Bresse. — Le 16, reddition du fort de Joux; prise de Nancy, de Charmes et de Mâcon : l'ennemi menace Châlons. — Le 18, l'armée combinée se réunit près de Langres.—Le 19, les avant-postes sont à trois lieues de Lyon ; évacuation de Chaumont ; prise de Toul ; entrée des alliés à Dijon. — Le 20, les Autrichiens sont maîtres de Chambéry. — Le 22, l'empereur Alexandre arrive à Langres. — Le 23, prise de Ligny ; retraite des Français sur Saint-Dizier.—Le 24, combat de Saint-Dizier; retraite sur Vitry ; combat de Bar-sur-Aube, où les Français arrêtent l'ennemi.—Le 25, évacuation de Bar-sur-Aube; entrée des alliés dans cette ville. Napoléon part pour l'armée.—Le 26, arrivée de l'empereur à Vitry. — Le 27, entrée de l'ennemi à Brienne. Arrivée de Napoléon à Saint-Dizier ; l'ennemi est chassé de cette ville. — Le 28, l'empereur se porte sur Montiérender.—Le 29, bataille de Brienne ; l'ennemi, forcé de reculer, se retire sur Bar-sur-Aube, où les Français le poursuivent jusqu'à trois lieues de cette ville. C'est à l'Ecole militaire de Brienne que Napoléon reçut ses premières leçons de l'art de la guerre. — Le 30, reprise de Saint-Dizier par l'ennemi ; l'armée française prend position à la Rothière. — Le 1er février, bataille de la Rothière; cette journée, où l'arrière-garde française tint dans une vaste plaine contre toute l'armée ennemie et des forces quintuples, est un des plus beaux faits d'armes de l'armée française. L'ennemi, en publiant sa victoire, ne put s'empêcher de dire que *le courage avec lequel se battirent les troupes de Napoléon, les efforts qu'elles firent, le danger auquel il s'exposa en personne, montrèrent quelle importance il attachait à obtenir la victoire. Il fallut emporter d'assaut chaque village, chaque buisson; il a fallu acheter avec du sang chaque pied de terre.* — Le 2, reprise de Brienne par l'ennemi. — Le 3, entrée de Napoléon à Troyes. Commencement d'un congrès à Châtillon. — Le 4, l'ennemi fait des tentatives pour rentrer dans Troyes; repoussé vivement à la première attaque, et apprenant que l'empereur était dans la ville, il change de dispositions, et rétrograde sur Vandœuvre. — Le 6, l'armée se porte sur Nogent, afin de tomber sur les colonnes ennemies qui s'avançaient sur Paris par La Ferté-sous-Jouarre et Meaux. — Le 7, Napoléon se retire de Troyes, dont les clefs avaient déjà été remises à l'ennemi par les habitans. — Le 7, l'empereur arrive à Nogent. — Le 10, une attaque a lieu au village de Bray; le duc de Raguse, qui commande les Français, tourne la position de l'ennemi et se rend maître de ce point. Les Russes, voyant alors la garde impériale se déployer dans la plaine de Champaubert, veulent éviter le combat; mais nos troupes ne leur donnent pas le temps d'exécuter leur retraite; Champaubert est enlevé, l'ennemi coupé, et tous ses généraux faits prisonniers. Prise de Montmirail et de six cents Cosaques qui l'occupaient.—Le 10, les alliés s'emparent de Sens.— Le 11, Nogent est attaqué plusieurs fois, mais toujours sans succès. Bataille de Montmirail; l'ennemi, fortement établi à la ferme de l'Épineaux-Bois, est abordé au pas de course et privé de l'usage de quarante pièces de canon dont il s'était entouré; cette circonstance fit que la fusillade devint effroyable; le succès même était balancé, lorsque les manœuvres ordonnées par l'empereur obligèrent enfin les troupes alliées à s'enfuir dans un épouvantable désordre. — Le 12, sur l'invitation du maréchal Blücher, qui se trouvait pressé par l'armée française, deux attaques furent dirigées sur Bray et Nogent; l'ennemi, fort mal reçu devant cette dernière ville, suspendit momentanément son feu; mais le soir les Français furent à leur tour repoussés. Cependant les troupes alliées battues à Montmirail s'étaient retirées sur Château-Thierry, où deux bataillons de la garde atteignent leur arrière-garde, et la font prisonnière avec son général.—Le 13, le maréchal Blücher, retiré entre Étoges et Bergère, revient à la charge; il profite d'abord de l'absence de Napoléon et refoule le duc de Raguse sur Montmirail.—Le 14, l'empereur, instruit du mouvement des Russes et des Prussiens, arrive dès le matin devant Vauchamp, où l'ennemi venait de s'établir; il y fut aussitôt attaqué avec vigueur et chassé de toutes ses positions. Ses efforts pour éviter les suites de sa défaite furent inutiles; coupé et harcelé de tous côtés, il perdit dans cette journée dix mille prisonniers, dix pièces de canon et autant de drapeaux. —Assaut et prise de Soissons. L'ennemi occupe Dannemarie; les Français se concentrent devant Nangis. —Le 15, évacuation de cette ville, où les alliés viennent s'établir. —Le 17, les avant-postes de l'ennemi sont rencontrés à Guignes et repoussés jusqu'à Nangis. L'empereur arrive devant cette ville; quatre carrés formés par les divisions russes se préparaient à une vigoureuse défense. Dans un instant tout fut décidé; ces masses, vivement attaquées et enfoncées, n'eurent que le temps de s'enfuir, laissant en notre pouvoir six mille prisonniers, dix mille fusils, seize pièces de canon et quarante caissons, ainsi qu'un grand nombre d'officiers et de généraux.— Le 18, combat de Montereau; l'ennemi, débusqué de sa position, est culbuté et jeté dans la Seine et dans l'Yonne. — Le 19, les Français reprennent Soissons, Bourg, Mâcon et Chambéry. — Le 20, Napoléon s'établit à Nogent.—Le 22, combat de Méry entre les troupes du maréchal Blücher et la division Boyer, qui les culbute et les rejette de l'autre côté de la rivière. Incendie de cette ville ; Napoléon s'y transporte ; l'ennemi continue sa retraite sur Troyes.—Le 24, les troupes alliées y soutiennent trois assauts, et n'attendent pas le quatrième ; elles cèdent la place aux Français. — Le 25, l'armée bavaro-autrichienne arrive à Bar-sur-Aube. Les rapports de l'ennemi font connaître que *les troupes purent pour la première fois, depuis quelques jours, y préparer leurs repas.* — Le 26, prise de La Fère.—L'ennemi se présente au pont de Meaux, où nos troupes le reçoivent avec de la mitraille.—Le 28, combat de La Ferté ; prise du pont de Silvarouvre. Les masses françaises, attaquées vigoureusement, sont forcées d'abandonner leurs positions. — Le 1er mars, prise de Vandœuvre ; retraite des Français sur Bar-sur-Seine. L'empereur arrive à Jouarre ; sa présence contient l'ennemi, qui ne résiste nulle part, et n'éprouve que peu de pertes. — Le 2, prise de Montierramé et de Bar-sur-Seine. Arrivée de l'ennemi devant Soissons. — Le 3, capitulation de cette dernière ville. Attaque du pont de la Guillotière. — Le 4, attaque de Troyes et capitulation de la garnison française. — Le 5, rentrée dans Reims ; passage de vive force du pont de Béry. — Le 6, les Français attaquent Soissons, mais sans avantage. L'empereur couche à Corbeny, après avoir fait enlever les hauteurs de Craone par deux bataillons de la garde. — Le 7, combats de Corbeny et de Craone, où l'ennemi éprouve une perte considérable. Reprise de Soissons.—Le 8, l'ennemi, poursuivi dans sa retraite, est attaqué et forcé au village d'Etouville, d'où il se dirige sur Laon. — Le 9, nouvelle attaque que la position de l'ennemi rend infructueuse. Le duc de Raguse, après quelques succès, perd la plus grande partie de son parc de réserve, qui lui est enlevé par un *houra* de cavalerie. Les Français s'emparent de Clacy. — Le 10, ce village est attaqué sept fois par l'ennemi, qui ne peut s'en rendre maître. Bataille de Mâcon entre le général Bianchi et le maréchal Augereau. — Le 11, Napoléon établit son quartier-général à Soissons.—Le 12, entrée des Anglais à Bordeaux; reprise de Reims par les alliés.—Le 13, Napoléon se porte devant cette dernière ville; il ordonne l'attaque des troupes qui couronnaient la hauteur, et force l'ennemi à se retirer en toute hâte, abandonnant vingt-deux pièces de canon et cent voitures d'artillerie et de bagages. — Le 14, prise de La Ferté par le maréchal Blücher. Entrée du duc d'Angoulême à Bordeaux. — Le 15, arrivée de l'empereur de Russie et du roi de Prusse à Troyes. —Le 16, rupture du congrès de Châtillon.—Le 18, arrivée des souverains alliés à Nogent-sur-Seine. Combat de Saint-Georges, entre Bianchi et Augereau. — Le 19, prise de Reims et de Châlons; rentrée des alliés dans Mâcon et Chambéry. Arrivée de Monsieur, frère de Louis XVIII, à Nancy. — Le 20, combat de Luxonet entre Bianchi et Augereau.—Le même jour, affaire de Blancy sur l'Aube, entre les troupes du feld-maréchal Blücher et celles de Napoléon. — Le 21, retraite de l'armée sur Vitry, après un combat en avant d'Arcis-sur-Aube, entre les troupes françaises et celles du comte de Pahlen. Entrée des alliés dans Lyon. — Le 23, évacuation d'Arcis-sur-Aube et du fort l'Écluse.—Le 25, bataille de La Fère champenoise, gagnée par les alliés sur l'armée française. — Le 26, prise de Saint-Etienne. — Le 27, combat de Saint-Dizier, entre Napoléon et Wintzingerode. L'armée française, trop faible pour triompher, fit cependant une résistance très-honorable. Deux divisions, enveloppées de tous côtés, furent obligées de mettre bas les armes; près de cent pièces de canon, deux cents chariots de munitions, et sept mille prisonniers, dont dix généraux, restèrent au pouvoir des alliés dans cette sanglante journée. — Le 28, combat de Claye; entrée des alliés à Meaux; passage de la Marne. L'impératrice et son fils quittent Paris.—Le 30, bataille de Montmartre et de Romainville; Joseph Napoléon abandonne Paris; cette ville capitule. Le 31, les alliés y font leur entrée. — Le 1er avril, établissement d'un gouvernement provisoire. — Le 2, le sénat prononce la déchéance de Napoléon. Celui-ci, après l'affaire de Saint-Dizier, s'était porté sur Paris; il venait d'arriver à la Cour-de-France, lorsqu'il fut rencontré par un officier-général, dont le rapport le détermina à rétrograder. Il se rendit alors à Fontainebleau, où il abdiqua le 11 avril et d'où il partit pour l'île d'Elbe, qui lui avait été donnée en toute souveraineté avec une pension de six millions. Son débarquement dans cette île eut lieu le 3 mai, le jour même que Louis XVIII fit son entrée dans Paris.

DIXIÈME TABLEAU.

PÉRIODE DE 1814 A 1830.

LICENCIEMENT GÉNÉRAL DE L'ARMÉE.
MAISON MILITAIRE, GARDE ROYALE.
LÉGIONS DÉPARTEMENTALES.

ÉPOQUES.	PRINCES QUI ONT SUCCESSIVEMENT OCCUPÉ LE TRÔNE.	
	FRÈRES DE LOUIS XVI.	
3 avril 1814...	Louis XVIII (*).	
16 sept. 1824..	....	Charles X.

(*) Monsieur (Louis-Stanislas-Xavier), frère de Louis XVI, fit dater son avénement au trône du 8 juin 1795, époque de la mort du Dauphin, qui fut supposé avoir régné sous le nom de Louis XVII. Mais le fait n'étant pas ici d'accord avec le droit, Louis XVIII n'a pu être compris dans ce tableau qu'à compter du jour de la déchéance de Bonaparte.

TRAIT HISTORIQUE.

A l'attaque de Logrono, lors de la campagne d'Espagne, en 1823, on vit se renouveler une de ces actions d'intrépidité et de sang-froid dont les pages de l'histoire militaire de la France offrent tant d'exemples.

Le parlementaire envoyé au commandant de cette place pour l'inviter à reconnaître l'autorité de la régence, ayant été reçu à coups de fusil, l'attaque fut aussitôt ordonnée. L'ennemi avait barricadé les doubles portes du pont de l'Ebre, et paraissait déterminé à s'y défendre. Ne pouvant passer la rivière à gué, il fallut emporter le poste de vive force. L'attaque fut faite au pas de charge par une compagnie du vingtième régiment d'infanterie de ligne. Nos troupes ayant enfoncé la première porte du pont, elles s'avancèrent pour s'emparer de la seconde, que l'ennemi défendait avec intrépidité. Matrau, jeune tambour, passe par-dessus les murs, ouvre cette seconde porte, continue de battre la charge, et facilite à toute la division le moyen d'attaquer l'ennemi au-delà du pont. Alors les troupes à cheval soutinrent l'infanterie. L'ennemi tint ferme ; la victoire balançait, quand le colonel Müller, à la tête de ses hussards, et le capitaine de Merville, des chasseurs de la Dordogne, la fixèrent sur le drapeau sans tache. Ce brave capitaine reçut un coup de sabre sur la tête; malgré sa large blessure, il ne cessa de se battre jusqu'au moment où, épuisé par le sang qu'il perdait, il fut mis hors de combat. Le colonel Müller fut blessé deux fois.

DIXIÈME TABLEAU.

MINISTRES DE LA GUERRE.

CHARGE créée en 1547.

Le lieutenant général comte Dupont, commissaire le 3 avril 1814, ministre le 13 mai suivant.

Le maréchal duc de Dalmatie, le 3 décembre *idem*.

Le duc de Feltre, le 11 mars 1815. Le 20 du même mois, S. Ex. ayant suivi le roi à Gand, Bonaparte donna le porte-feuille de la guerre au prince d'Eckmülh.

Le maréchal Gouvion Saint-Cyr, le 9 juillet 1815.

Le duc de Feltre, le 27 septembre *idem*.

Le maréchal Gouvion Saint-Cyr, le 12 septembre 1817.

Le lieutenant général marquis de Latour-Maubourg, le 19 octobre 1819.

Le maréchal duc de Bellune, le 14 décembre 1821.

Le lieutenant général baron de Damas, le 19 octobre 1823.

Le lieutenant général marquis de Clermont-Tonnerre, le 4 août 1824.

Le lieutenant général Vicomte de Caux, le 4 janvier 1828.

Le lieutenant-général comte de Bourmont, le 8 août 1829.

ÉTAT-MAJOR GÉNÉRAL.

MARÉCHAUX DE L'EMPIRE, créés en 1,185.

Une ordonnance du 16 mai 1814 leur a rendu leur ancien titre de *maréchal de France*.

COLONELS GÉNÉRAUX, créés en 1544.

Cette charge a été rétablie le 16 mai 1814. Leurs Altesses royales Monsieur le dauphin, le duc de Bordeaux et le duc d'Orléans sont les trois colonels généraux actuels : le premier, pour les carabiniers, cuirassiers et dragons ; le second, pour les Suisses, et le troisième, pour les hussards.

CAPITAINES GÉNÉRAUX, créés en 1302.

Ce titre, qui n'était plus porté que par les gouverneurs des colonies, n'existe plus depuis 1814.

PORTE-CORNETTE BLANCHE, créé en 1495.

Cette charge, supprimée depuis 1790, avait été rétablie par une ordonnance du 16 janvier 1815; mais les événemens du mois de mars ayant nécessité une nouvelle organisation de l'armée, il n'a plus été question de cet emploi.

MAJOR GÉNÉRAL, créé en 1515.

Le major général de l'armée n'est nommé qu'en temps de guerre. Il n'y a de majors généraux permanens que les quatre maréchaux de France qui depuis 1815 commandent la garde à tour de rôle.

GÉNÉRAUX DE DIVISION, créés en 1633.

Une ordonnance du 16 mai 1814 leur a rendu leur ancien titre de *lieutenant-général*.

GÉNÉRAUX DE BRIGADE, créés vers 1534.

Ils ont été rétablis sous le titre de *maréchaux de camp* par l'ordonnance du 16 mai 1814.

INSPECTEURS GÉNÉRAUX, créés en 1350.

Ils sont renouvelés tous les ans, à l'exception de celui de la première division militaire, qui est permanent.

ADJUDANS-COMMANDANS, créés en 1790.

Ce titre a été supprimé le 15 septembre 1815. (Voir *Adjoints à l'état-major*.)

AIDES-DE-CAMP, créés vers 1534.

ADJOINTS A L'ÉTAT-MAJOR, créés en 1766.

Rétablis sous le titre d'*officiers d'état-major*

par une ordonnance du 15 septembre 1815, qui créa en même temps l'emploi de *colonel d'état-major*, pour remplacer celui d'adjudant-commandant.

DIRECTEURS D'ARTILLERIE, créés en 1291.

DIRECTEURS DU GÉNIE, créés en 1602.

INGÉNIEURS EN CHEF ET ORDINAIRES, créés en 1602.

INGÉNIEURS-GÉOGRAPHES, créés en 1688.

Ce corps a subi d'assez fortes réductions, notamment le 22 octobre 1817 et le 26 mars 1826.

GOUVERNEURS, créés en 987.

Ceux de province, qui avaient été supprimés en 1791, furent rétablis dans les divisions militaires le 21 juin 1814. Toutefois une ordonnance du 4 septembre 1815 leur a interdit toutes fonctions, à moins d'un ordre exprès de Sa Majesté.

LIEUTENANS DE ROI, ET MAJORS DE PLACE, créés en 987.

Ces officiers, supprimés depuis 1791, ont été rétablis le 16 mai 1814.

COMMANDANS D'ARMES, créés en 1792.

L'emploi de *commandant d'armes* a été supprimé par l'ordonnance du 16 mai 1814, qui a rétabli les lieutenans de roi.

ADJUDANS DE PLACE, créés en 1791.

ADJUDANS DE CÔTES, créés en 1803.

Ils ont été supprimés le 14 août 1814, en même temps que les canonniers garde-côtes.

INTENDANS ET SOUS-INTENDANS MILITAIRES,
créés le 29 juillet 1817.

La division des intendans en deux classes a cessé le 27 septembre 1820. Celle des sous-intendans en quatre classes a été en même temps réduite à trois.

ÉLÈVES DE L'INTENDANCE, créés en 1820.

La suppression de cet emploi a été ordonnée le 18 septembre 1822; il avait été institué le 27 septembre 1820.

INSPECTEURS ET SOUS-INSPECTEURS AUX REVUES,
créés en 1800.

Ces fonctionnaires ont été supprimés le 29 juillet 1817, et remplacés par le corps de l'intendance.

ADJOINTS AUX SOUS-INSPECTEURS AUX REVUES,
créés en 1811.

COMMISSAIRES ORDONNATEURS, créés en 1704.

COMMISSAIRES DES GUERRES, créés en 1356.

ADJOINTS AUX COMMISSAIRES DES GUERRES, créés en 1793.

Cet emploi et les trois qui précèdent ont été supprimés le 29 juillet 1817.

TROUPES DE LA GARDE.

MAISON MILITAIRE DU ROI.

CENT-SUISSES, créés en 1478.

La compagnie supprimée depuis 1792 fut rétablie le 15 juillet 1814. Une ordonnance du 21 mai 1817 a donné à ces militaires le nom de *gardes à pied ordinaires du corps du roi*.

GARDES DE LA PRÉVÔTÉ, créés en 1271.

L'ancienne compagnie avait été convertie en *grenadiers* le 10 mai 1791. Il en fut créé une nouvelle le 23 janvier 1815; mais la suppression en a été ordonnée le 21 avril 1817.

GARDES DE LA PORTE, créés en 1261.

Cette compagnie, supprimée depuis long-temps, fut rétablie le 15 juillet 1814, et licenciée de nouveau le 1er janvier 1816.

GARDES DU CORPS, créés en 1248.

Les quatre compagnies de cette arme avaient été supprimées en 1791. Il en fut rétabli six compagnies le 23 mai 1814. Mais ce nombre fut réduit à quatre le 1ᵉʳ septembre suivant.

MOUSQUETAIRES, créés en 1622.

Cette troupe n'existait plus depuis 1775. Une ordonnance du 15 juin 1814 en rétablit deux compagnies qui furent de nouveau licenciées le 1ᵉʳ janvier 1816.

GRENADIERS A CHEVAL, créés en 1676.

La compagnie de cette arme avait été supprimée en 1775. Elle ne fut rétablie que le 15 juin 1814. Une ordonnance royale en a ensuite prononcé la suppression à compter du 1ᵉʳ janvier 1816. Les hommes passèrent alors dans les *grenadiers à cheval de la garde.* Il est bon de faire observer que si l'on a établi une distinction entre la *maison militaire* du roi et la *garde royale*, c'est parce qu'il existe effectivement une différence entre ces deux corps, en ce que la dépense du premier est acquittée en grande partie par la liste civile, tandis que le second est tout entier à la charge de l'État.

GENDARMES, créés en 1600.

Cette compagnie, supprimée depuis 1787, fut rétablie le 15 juin 1814, et supprimée de nouveau le 1er janvier 1816.

CHEVAU-LÉGERS, créés en 1593.

Même observation qu'à l'article précédent.

GARDE ROYALE,

Y COMPRIS LES TROUPES DE L'ANCIENNE GARDE IMPÉRIALE.

GRENADIERS A PIED, créés en 1791.

Les deux régimens de cette arme furent mis hors ligne et réorganisés sous le nom de *corps royal des grenadiers à pied de France* le 12 mai 1814. Bonaparte les rétablit dans la garde le 13 mars 1815; un troisième régiment fut créé le 8 avril, et un quatrième le 9 mai suivant. Tous ont été licenciés par suite d'une ordonnance du 16 juillet de la même année.

CHASSEURS A PIED, créés en 1800.

Même observation qu'aux grenadiers, si ce

n'est que cette troupe forma le corps des *chasseurs à pied de France.*

FUSILIERS, créés en 1806.

Les deux régimens de cette arme furent supprimés et incorporés par suite d'une ordonnance du 12 mai 1814.

TIRAILLEURS, créés en 1809.

Il en existait seize régimens qui furent incorporés dans la ligne le 12 mai 1814. Bonaparte en retablit huit pour sa garde les 28 mars et 12 mai 1815. Ceux-ci ont été licenciés vers le mois d'août suivant.

PUPILLES, créés en 1811.

La suppression de ce corps fut prononcée par l'ordonnance du 12 mai 1814.

VOLTIGEURS, créés en 1811.

Même observation qu'aux *tirailleurs*, excepté que le nombre des régimens de cette arme n'était que de quinze à l'époque de leur première suppression.

FLANQUEURS, créés en 1811.

Les deux régimens de cette arme furent supprimés le 12 mai 1814.

POLONAIS, admis en 1813.

Le bataillon polonais de la garde partit de Paris en avril 1814 pour retourner en Pologne.

INFANTERIE FRANÇAISE, créée en 1815.

Six régimens de cette arme, destinés pour le service de la garde royale, ont été créés le 1er septembre 1815.

INFANTERIE SUISSE, créée en 1815.

L'ordonnance du 1er septembre 1815 en a créé deux régimens pour le service de la garde royale.

GRENADIERS A CHEVAL, créés en 1797.

Le régiment de cette arme fut mis hors ligne et réorganisé sous le nom du *corps royal des cuirassiers de France* le 12 mai 1814. Bonaparte l'ayant rétabli dans sa garde le 13 mars 1815, son licenciement fut ordonné le 16 juillet suivant. Deux nouveaux régimens de grenadiers ont été créés pour le service de la garde royale le 1er septembre 1815.

CUIRASSIERS, créés en 1815.

L'ordonnance du 1er septembre 1815 en a institué deux régimens pour le service de la garde royale.

DRAGONS, créés en 1806.

Le régiment de cette arme fut mis hors ligne et réorganisé sous le nom de corps royal des *dragons de France* le 12 mai 1814. Bonaparte l'ayant rétabli dans la garde le 13 mars 1815, son licenciement fut ordonné le 16 juillet suivant. Un nouveau régiment a été créé le 1er septembre de la même année pour le service de la garde royale.

CHASSEURS A CHEVAL, créés en 1800.

Même observation qu'aux dragons, sauf la dénomination de *chasseurs à cheval de France* qu'il faut substituer à celle de dragons. Il a été également créé un nouveau régiment de cette arme pour le service de la garde royale.

HUSSARDS, créés en 1815.

Il n'en existait point dans la garde de Bonaparte. Un régiment de cette arme fut créé pour la garde royale le 1er septembre 1815.

CHEVAU-LÉGERS OU LANCIERS, créés en 1807.

Au commencement de cette période, il en existait encore deux régimens dont un composé de Polonais, qu'on appelait *lanciers rouges*. Ce dernier fut mis à la disposition de l'empereur de Russie en avril 1814 ; l'autre fut mis hors ligne et réorganisé sous le nom de corps royal des *chevau-légers lanciers de France* le 12 mai suivant. Bonaparte l'ayant rétabli dans la garde le 13 mars 1815, son licenciement fut ordonné le 15 juillet de la même année. Un nouveau régiment de *lanciers* a été créé pour le service de la garde royale le 1er septembre suivant.

MAMELUCKS, créés en 1799.

Les deux anciennes compagnies furent supprimées le 12 mai 1814. Une nouvelle, créée par Bonaparte le 24 avril 1815, fut également licenciée par suite de l'ordonnance du 16 juillet suivant.

ÉCLAIREURS, créés en 1813.

Les deux corps de cette arme furent supprimés le 12 mai 1814. Un nouveau régiment créé par Bonaparte, le 15 mai 1815, a été également licencié par suite de l'ordonnance du 16 juillet suivant. Ce dernier était organisé en *éclaireurs-lanciers*.

OUVRIERS D'ARTILLERIE, créés en 1800.

La compagnie de cette arme fut supprimée le 12 mai 1814. Ce corps est remplacé dans la garde royale par une escouade d'ouvriers qu'une ordonnance du 19 juin 1816 a créée dans le régiment d'artillerie à pied de la garde royale.

ARTILLERIE A PIED, créée en 1801.

Les vingt et une compagnies de cette arme, y compris les quinze de jeune garde, avaient été supprimées le 12 mai 1814. Une nouvelle compagnie de jeune garde, rétablie par Bonaparte le 28 mars 1815, fut également licenciée par suite de l'ordonnance du 16 juillet suivant. On avait remplacé cette troupe le 1er septembre de la même année ; mais une ordonnance du 5 août 1829 a prescrit de nouvelles dispositions qui ont changé totalement l'ancienne organisation de l'artillerie. Aux termes de cette ordonnance, les troupes d'artillerie de la garde ont été organisées en un seul régiment, composé d'un état-major, de trois batteries à cheval, de cinq à pied, et en cas de guerre seulement, d'un cadre de dépôt. Ce corps est commandé par un maréchal de camp du corps royal de l'artillerie, qui a sous ses ordres un lieutenant-colonel, affecté spécialement au service du matériel. Cinq des employés de l'état-major sont attachés à l'artillerie de la garde, savoir : un professeur et un répétiteur des sciences appliquées, un professeur de dessin, fortification et construction de bâtimens, et deux gardes.

ARTILLERIE A CHEVAL, créée en 1800.

L'ordonnance du 12 mai 1814 ayant supprimé les sept compagnies de cette arme, il en avait été créé un régiment pour le service de la garde royale, le 1er septembre suivant; mais ce corps a cessé lui-même d'exister par suite d'une nouvelle ordonnance du 5 août 1829. (Voir l'article qui précède.)

TRAIN D'ARTILLERIE, créé en 1800.

Les deux anciens régimens et la compagnie de jeune garde furent supprimés le 12 mai 1814. Un nouveau régiment, créé pour la garde royale le 1er septembre 1815, a également cessé d'exister par suite de l'ordonnance du 5 août 1829. (Voir *artillerie à pied.*)

CANONNIERS-VÉTÉRANS, créés en 1812.

La compagnie de cette arme fut supprimée et incorporée dans les compagnies de la ligne, le 12 mai 1814.

BATAILLON DE SAPEURS, créé en 1810.

COMPAGNIE DE PONTONNIERS, créée en 1808.

COMPAGNIE D'OUVRIERS PONTONNIERS, créée en 1808.

COMPAGNIE D'INFIRMIERS, créée en 1811.

BATAILLON DU TRAIN DES ÉQUIPAGES, créé en 1811.

BATAILLON D'INSTRUCTION, créé en 1811.

Ce dernier corps et les cinq qui précèdent ont été supprimés le 12 mai 1814.

MARINS, créés en 1803.

L'équipage des marins de la garde avait été supprimé le 15 juin 1814. Bonaparte l'ayant rétabli le 6 mai 1815, il fut licencié de nouveau le 10 août suivant.

COMPAGNIE DE BOUCHERS ET BOTTELEURS, créée en 1811.

BOULANGERS, créés en 1811.

Les deux compagnies de boulangers de la garde, et celle qui précède, ont été supprimées le 16 janvier 1815.

VÉTÉRANS, créés en 1800.

Les deux compagnies de l'ancienne garde avaient été mises hors ligne, et réorganisées en une seule compagnie de *vétérans royaux*. Un décret de Bonaparte, du 1er juillet 1815, leur ayant rendu le titre de vétérans de la garde, c'est sous cette dénomination que leur licenciement fut ordonné, le 16 du même mois. Les militaires qu'on appelait alors *vétérans*, portant actuellement le nom de *troupes sédentaires*, qui leur a été donné le 25 mars 1818, on a cru devoir indiquer ici les deux nouvelles compagnies de cette arme créées dans la garde royale le 26 décembre 1821, l'une composée de *sous-officiers*, et l'autre de *fusiliers*.

GENDARMERIE D'ÉLITE, créée en 1801.

L'ancienne légion de la garde fut dissoute le 23 avril 1814; les hommes rentrèrent dans les compagnies qui les avaient fournis. Cette troupe, oubliée pendant quelque temps, ne fut rétablie que par une ordonnance du 10 septembre 1815, qui en créa une compagnie sous le nom de *gendarmerie des chasses*; celui de gendarmerie d'élite ne lui fut rendu que le 16 mars 1820; elle n'était pas même à cette époque réputée troupe de la garde, et n'est entrée dans la composition de ce corps que le 17 octobre 1821.

TROUPES A LA SUITE DE LA GARDE.

TIRAILLEURS-FÉDÉRÉS, créés en 1815.

Douze régimens de cette arme furent créés par Bonaparte, le 15 mai 1815, pour marcher à la suite de la garde, faveur qui devait contribuer et contribua en effet à la prompte formation de ces corps, destinés à recevoir tous les ouvriers des manufactures et autres établissemens de Paris. Cette troupe, qui ne laissa pas d'inspirer des craintes aux Parisiens, eut à peine le temps de voir l'ennemi. Forcée par les circonstances de s'éloigner de la capitale, elle se retira assez tranquillement, et fut licenciée peu de temps après.

GARDES D'HONNEUR, créés en 1813.

Les quatre régimens de cette arme ne furent licenciés que le 24 juin 1814.

INFANTERIE DE LIGNE (1).

INFANTERIE FRANÇAISE, créée en 1479.

Cette arme, alimentée par la conscription, et renforcée en 1813 par la conversion des cohortes du premier ban de la garde nationale en régimens de ligne, présentait un effectif hors de proportion,

---

(1) Le retour de Bonaparte en 1815, et la disposition des troupes à favoriser son usurpation, déterminèrent Louis XVIII à prononcer le licenciement de toute l'armée. Cette mesure, publiée le 23 mars, ne put recevoir sur-le-champ son exécution, l'autorité étant passée momentanément dans les mains de l'ex-empereur. Mais lorsque le roi fut rentré en France, Sa Majesté confirma, par une nouvelle ordonnance du 16 juillet 1815, les dispositions de celle du

non-seulement avec l'étendue du territoire que les chances de la guerre avaient considérablement diminuée, mais surtout avec l'état des finances que des pertes énormes et des contributions inévitables venaient de rendre très-critique. En conséquence, le roi, par une ordonnance du 12 mai 1814, fixa le nombre des régimens d'infanterie qui seraient conservés, et tous les autres furent immédiatement incorporés. L'armée ayant été licenciée en 1815, celle qui lui succéda fut organisée en *légions* et composée de volontaires jusqu'en 1818, qu'on reconnut alors la nécessité du *service obligé*. On se décida donc à rétablir le recrutement par appel; et le 30 octobre 1820 il fut également décidé qu'à partir du 1er janvier 1821, tous les corps d'infanterie de ligne reprendraient l'ancienne dénomination de *régimens*.

INFANTERIE ÉTRANGÈRE, admise en 1285.

Indépendamment des quatre régimens suisses placés à la suite de l'infanterie de ligne, il existait

---

23 mars, et l'on procéda immédiatement à la dissolution de tous les corps de troupes. Il faut toutefois en excepter la maison du roi, qui avait suivi Sa Majesté à Gand. La sûreté publique et celle des places et des établissemens militaires motivèrent aussi le maintien de la gendarmerie et des vétérans; mais ces deux corps n'en éprouvèrent pas moins de grandes réformes.

encore un bataillon de la même nation, qui fut supprimé au mois d'avril 1814. Quant aux régimens, comme ils refusèrent de soutenir l'usurpation, Bonaparte les licencia le 2 avril 1815; mais le roi rappela ces troupes la même année, et en plaça en outre deux nouveaux régimens dans sa garde.

Toutes les autres troupes étrangères ayant été organisées en bataillons de pionniers, Louis XVIII leur rendit la liberté le 23 avril 1814. Cependant, sur la demande de beaucoup de ces militaires qui avaient intérêt à rester en France, une ordonnance du 16 décembre suivant prescrivit la formation de trois régimens étrangers, que Bonaparte réorganisa et porta à six le 11 avril 1815. Il en créa encore deux nouveaux les 2 et 20 mai de la même année; mais tous ces régimens furent supprimés et remplacés le 6 septembre suivant par une *légion royale étrangère*, dite de *Hohenlohe*, le 9 juin 1816. Ce corps a été nommé *régiment de Hohenlohe*, le 22 juin 1821.

INFANTERIE LÉGÈRE, créée en 1725.

La force de l'infanterie légère était de trente-cinq régimens au commencement de cette période. Ce nombre fut réduit à quinze le 12 mai 1814. Ces derniers ayant été licenciés en 1815, l'armée se trouva pendant quelque temps sans infanterie légère proprement dite; c'est-à-dire que les légions créées pour remplacer les anciens corps d'infanterie furent toutes réputées d'infanterie de ligne. Seulement, on organisa en *chasseurs* le troisième et dernier bataillon de chaque légion. Mais comme ces corps se composaient d'hommes des départemens dont ils portaient le nom, et que plusieurs départemens donnaient tous beaux hommes, tandis que d'autres n'en fournissaient que de petite taille ; que d'ailleurs ces hommes, suivant les localités, étaient plus ou moins propres à l'arme des chasseurs, on ne tarda pas à reconnaître le vice de cette organisation, et le 17 février 1819 le roi la rectifia, en affectant dix légions à l'arme des chasseurs ou de l'infanterie légère. Ce nombre fut doublé le 23 octobre 1820, par une ordonnance royale qui décida en même temps que les légions, sans distinction d'armes, prendraient le nom de *régiment*, à compter du 1ᵉʳ janvier suivant.

On ajoutera qu'il fut créé le 10 octobre 1814 deux bataillons de chasseurs corses auxquels Bonaparte en joignit deux autres le 28 mars 1815; mais ils furent licenciés tous les quatre le 15 septembre suivant. Il n'existe plus aujourd'hui de troupes corses, qu'un bataillon de voltigeurs créé le 6 novembre 1819, pour servir d'auxiliaire à la gendarmerie de l'île.

TABLEAU *de la force de l'armée en régimens ou légions d'infanterie pendant les différentes années de cette période.*

ANNÉES.	TROUPES FRANÇAISES.				Régimens suisses.	CORPS ÉTRANGERS.		Total des corps d'infanterie.
	RÉGIMENS		LÉGIONS					
	D'infanterie de ligne.	D'infanterie légère.	D'infanterie de ligne.	D'infanterie légère.		Régimens.	Légions.	
3 avril 1814.	129	35	»	»	4	»	»	168
12 mai *idem*.	90	15	»	»	4	3	»	112
1815.	»	»	87	»	4	8	»	99
1816, 1817 et 1818.	»	»	87	»	4	»	1	92
1819.	»	»	84	10	4	»	1	99
1820.	60	20	»	»	4	»	1	85
1821 et 1822.	60	20	»	»	4	1	»	85
1823 et années suivantes.	64	20	»	»	4	1	»	89

CAVALERIE.

GROSSE CAVALERIE, instituée en 1541.

Elle se compose des *carabiniers*, des *cuirassiers* et des *dragons*. Le tableau qui termine ce chapitre indique les mutations survenues dans ces différentes armes.

CAVALERIE LÉGÈRE, instituée en 1126.

La cavalerie légère se composait, au 3 avril 1814, des *chasseurs à cheval*, des *chevau-légers* et des *hussards*. Une ordonnance du 12 mai de la même année réduisit le titre de chevau-légers à celui de *lanciers* qui devait s'y ajouter, mais qu'on avait pris l'habitude de prononcer seul. Lorsque la réorganisation de l'armée eut lieu, on supprima cette troupe, et l'ordonnance du 30 août 1815 disposa seulement que les *chasseurs* auraient leur dernier escadron armé de lances. Quant à ces autres cavaliers, on doit noter ici que la compagnie de chasseurs ioniens dont il a été parlé dans le tableau précédent fut supprimée le 15 septembre 1814.

TABLEAU *de la force de l'armée en régimens de cavalerie pendant les différentes années de cette période.*

ANNÉES.	GROSSE CAVALERIE.				CAVALERIE LÉGÈRE.				TOTAL GÉNÉRAL.
	Carabiniers.	Cuirassiers.	Dragons.	Total.	Chasseurs.	Chevau-légers ou lanciers.	Hussards.	Total.	
3 avril 1814.	2	14	24	40	28	8	14	50	90
12 mai *idem*.	2	12	15	29	15	6	7	28	57
1815 et années suivantes.	1	6	10	17	24	»	6	30	47
1825 et années suivantes.	2	10	12	24	18	»	6	24	48

TROUPES D'ARTILLERIE.

ARTILLERIE à PIED, créée en 1668.

Un des neuf régimens de cette arme avait été supprimé le 12 mai 1814; les autres furent licenciés par suite de l'ordonnance du 16 juillet 1815, qui en créa huit nouveaux; mais depuis le 5 août 1829, ces régimens n'existent plus. La nécessité de changemens importans dans la constitution du personnel de l'artillerie était reconnue depuis long-temps. Cette arme manquait en même temps d'homogénéité dans sa composition, et la séparation du *train d'artillerie* de *l'artillerie* proprement dite avait des inconvéniens en opposition avec l'esprit de l'armée et les lois qui la régissent. C'est pour y mettre un terme que l'ordonnance du 5 août 1829, adoptant le principe que tout homme qui figure devant l'ennemi, soit en servant, soit en conduisant une bouche à feu, fait partie d'une classe de canonniers, a réglé en conséquence la nouvelle organisation de l'artillerie de la ligne. Cette arme se compose actuellement de dix régimens d'artillerie, un bataillon de pontonniers, douze compagnies d'ouvriers, une compagnie d'armuriers, et six escadrons des parcs d'artillerie. Chacune de ces divisions va être examinée séparément, sauf les régimens d'artillerie, dont il faut nécessairement faire remonter l'origine à l'époque de l'institution des canonniers, et qui par conséquent se rattachent naturellement à cet article. Chacun des dix régimens se compose d'un état-major, de trois batteries à cheval, de treize batteries à pied, et, en temps de guerre seulement, d'un cadre de dépôt. Quant au détail de chaque batterie, on n'a pas cru devoir en surcharger ce travail. Il suffira de dire que le complet d'un régiment d'artillerie doit être sur le pied de guerre de deux mille six cent cinq hommes et deux mille quatre-vingt sept chevaux ; et sur le pied de paix, de quatorze cent cinquante-neuf hommes et quatre cent cinquante-cinq chevaux.

OUVRIERS D'ARTILLERIE, créés en 1671.

Les dix-neuf compagnies qui existaient au commencement de cette période ont été réduites à douze le 12 mai 1814. Elles se trouvent maintenues par l'ordonnance du 5 août 1829, ainsi qu'il a été dit dans l'article qui précède.

CANONNIERS VÉTÉRANS, créés en 1756.

Le nombre de ces compagnies fut fixé à dix le 12 mai 1814, et porté à quinze en 1815. On le réduisit à douze en 1817 ; et le 25 mars 1818, ces militaires prirent le nom de *canonniers sédentaires*. Quoique l'ordonnance du 5 août 1829 ne les désigne pas comme faisant partie du corps de l'artillerie, on a cru qu'il était convenable de les comprendre dans ce chapitre.

CANONNIERS GARDE-CÔTES, mis au compte de la guerre en 1759.

Ces troupes, que Louis XVIII avait libérées en 1814, ayant été rappelées par Bonaparte le

21 avril 1815, furent licenciées de nouveau le 14 août suivant.

ARTILLERIE à CHEVAL, créée en 1791.

Les régimens de cette arme, dont le nombre avait été réduit de six à quatre le 12 mai 1814, ont été supprimés et fondus dans les nouveaux régimens d'artillerie le 5 août 1829 (Voir *Artillerie à pied*.)

TRAIN D'ARTILLERIE, créé en 1800.

Il en existait quatorze *bataillons* au commencement de cette période. Cette troupe, réorganisée le 12 mai 1814, à quatre *escadrons*, fut portée à huit par l'ordonnance du 12 septembre suivant; mais une autre du 5 août 1829 a réduit ce nombre à six, en les affectant spécialement, sous le nouveau titre d'*escadrons du train des parcs d'artillerie*, à l'attelage des parcs de campagne, des équipages de siége et de pont, et de tous les transports d'approvisionnement de l'artillerie.

OUVRIERS DU TRAIN D'ARTILLERIE, créés en 1801.

Les ouvriers de cette arme furent supprimés le 12 mai 1814. Cette troupe, aux termes mêmes de l'arrêté du 4 août 1801, ne devait exister qu'en temps de guerre.

ARMURIERS, créés en 1803.

La suppression des six compagnies de cette arme fut ordonnée le 23 avril 1814. D'après l'ordonnance du 5 août 1829, il n'en doit plus être formé qu'une seule compagnie en temps de guerre, mesure qui a déjà eu lieu le 23 avril 1823, à l'occasion de la campagne d'Espagne.

ARTIFICIERS, créés en 1815.

Une compagnie de cette arme, instituée le 4 mai 1815, fut licenciée par suite de l'ordonnance du 16 juillet suivant. Il en avait été créé une nouvelle le 31 août de la même année; mais il paraît qu'elle n'a pas été reconnue d'une grande utilité, puisqu'on ne l'a point fait entrer dans la composition actuelle de l'artillerie. On peut donc faire dater sa suppression du 5 août 1829.

PONTONNIERS.

Ces militaires ne sont portés ici que pour mémoire. Ils sont l'objet d'un article du chapitre des *troupes diverses*, où il a paru plus convenable de les placer.

TROUPES DU GÉNIE.

SAPEURS, créés en 1671.

Il en existait sept bataillons, plus une compagnie dite de *sapeurs ioniens*; cette dernière fut supprimée le 9 septembre 1814. Quant aux sapeurs français, une ordonnance du 12 mai de la même année les réorganisa en trois régimens dans lesquels on fit entrer les mineurs ; d'où ils prirent le nom de régimens de *sapeurs et mineurs*. Mais ces corps ayant été licenciés en 1815, ceux qu'on y substitua furent appelés *régimens du génie* ; on leur avait donné en même temps un nom de ville qui leur a été retiré le 30 septembre 1820.

MINEURS, créés en 1673.

Les deux bataillons de cette arme entrèrent le 12 mai 1814 dans la composition des régimens de sapeurs et mineurs.

TRAIN DU GÉNIE, créé en 1806.

Cette troupe, organisée d'abord en *bataillon*, fut réduite à une compagnie le 12 mai 1814. Après le licenciement de l'armée, on en forma un *escadron*; mais en 1817, le train du génie ne se composa plus que d'une compagnie, jusqu'en 1823, époque à laquelle on le rétablit définitivement en escadron.

OUVRIERS DU GÉNIE, créés en 1811.

L'ordonnance du 16 juillet 1815, qui prononça le licenciement de la compagnie de cette arme, disposa en même temps qu'il en serait formé une nouvelle. C'est cette dernière qui existe encore aujourd'hui.

MINEURS-SAPEURS VÉTÉRANS, créés en 1813.

Les deux compagnies qui avaient été organisées sous ce titre furent incorporées le 18 mai 1814 dans celles de *fusiliers*.

TROUPES DIVERSES.

GUIDES, créés en 1792.

La compagnie de guides ou compagnie d'élite du grand quartier-général, fut licenciée en 1814, par suite de la cessation des hostilités.

PONTONNIERS, créés en 1795.

L'ordonnance du 12 mai 1814 ne conserva qu'un seul des trois bataillons de cette arme. Cette troupe, licenciée en 1815, a été rétablie le 31 août de la même année. Elle a rang dans l'artillerie ; mais vu la nécessité d'établir dans ce travail un chapitre de *troupes diverses*, il a paru plus convenable de l'y placer.

OUVRIERS DES ÉQUIPAGES MILITAIRES, créés en 1814.

Deux compagnies avaient été créées le 23 décembre 1814. Leur licenciement ayant eu lieu en 1815, il en fut rétabli deux nouvelles le 23 octobre de la même année, et une troisième le 19 février 1823. Une ordonnance royale du 14 mai 1824 les a réunies toutes les trois au train des équipages, pour ne former avec lui qu'un seul corps.

TRAIN DES ÉQUIPAGES, créé en 1807.

Il en existait seize bataillons ; ce nombre fut réduit à quatre le 12 septembre 1814, et le 14 octobre suivant on leur fit prendre le nom d'*escadron*. Cette troupe ayant été licenciée en 1815, on rétablit deux compagnies le 28 octobre de cette même année, et une troisième le 18 décembre 1822. Par une autre ordonnance du 22 janvier 1823, le train des équipages avait été fixé à deux escadrons ; mais le 14 mai 1814, ces dispositions furent rapportées, et cette troupe, réunie aux ouvriers, prit la dénomination de *corps du train des équipages militaires*. Sa force en temps de paix a été réglée à quatorze compagnies, le 1er décembre 1824.

INFIRMIERS, créés en 1809.

Ces militaires avaient été supprimés le 12 mai 1814. On en créa quatre nouvelles compagnies le 29 janvier 1823 ; mais une ordonnance du 5 février suivant les réunit aux ouvriers d'administration.

TRAIN DES AMBULANCES, créé en 1813.

Le bataillon de cette arme a été supprimé le 12 mai 1814. Le service des ambulances se fait maintenant par le train des équipages militaires.

OUVRIERS D'ADMINISTRATION, créés en 1823.

Ce titre était précédemment la dénomination collective des bouchers, botteleurs et boulangers de la garde ; il fut rétabli le 5 février 1823, pour désigner un bataillon d'ouvriers dans lequel on fit entrer le même jour les quatre compagnies d'ambulance ou d'infirmiers.

VOLONTAIRES ROYAUX, créés en 1815.

Bonaparte ordonna le 21 mars 1815 la dissolution des corps de volontaires royaux qui s'étaient formés sur divers points de la France, pour s'opposer à son entreprise ; mais ceux qui avaient déjà réjoint les Bourbons n'en continuèrent pas moins leur service jusqu'à l'organisation des légions, où beaucoup de ces hommes dévoués furent admis.

CORPS FRANCS, créés en 1725.

Louis XVIII ordonna le 6 mai 1814 le licenciement des compagnies de *partisans* dont la levée avait été autorisée par Bonaparte. Celles qui s'organisèrent de nouveau pendant les Cent jours furent également supprimées le 20 juillet 1815.

VÉTÉRANS, créés en 1688.

Le corps des vétérans fut réorganisé et fixé à quarante-huit compagnies de *fusiliers,* par une ordonnance du 18 mai 1814, qui rétablit en même temps dix compagnies de *sous-officiers*. Le nombre des compagnies de fusiliers fut réduit à quarante-trois le 20 janvier 1815, et à trente-trois le 12 novembre suivant. Le 25 mars 1818 ces militaires prirent le titre de fusiliers et de sous-officiers *sédentaires*. Enfin une ordonnance du 28 mai 1826 a réduit à trente-deux le nombre des compagnies de fusiliers.

Indépendamment de ces compagnies, il en existait encore de *canonniers* dont il est parlé à l'artillerie, et deux autres dites de sous-officiers et de fusiliers de la garde, qui sont également comprises dans le chapitre réservé à ce dernier corps.

PIONNIERS, créés en 1776.

Tous les anciens pionniers ont été supprimés en 1815, savoir : les *pionniers volontaires étrangers*, le 15 août ; les *pionniers espagnols* et ceux provenant des régimens étrangers, le 23 octobre ; les *pionniers français*, le 28 du même mois ; et les *pionniers coloniaux*, le 28 septembre. Ces derniers furent remplacés en même temps par deux autres bataillons dits *coloniaux*, auxquels il en fut ajouté un troisième le 23 octobre suivant. Mais l'existence de ces nouveaux pionniers ne se prolongea pas au-delà du licenciement ordonné en 1815. En sorte qu'il cessa d'y en avoir dans l'armée jusqu'au 1er avril 1818 ; à cette époque Louis XVIII créa plusieurs compagnies de *fusiliers* et de *pionniers de discipline*, destinées à recevoir les soldats insubordonnés ; ceux-ci, placés d'abord dans les pionniers, ne sont admis dans les fusiliers qu'autant qu'ils l'ont mérité par une bonne conduite. Il en existe quatre compagnies de chaque arme.

FUSILIERS DE DISCIPLINE, créés en 1818.

On n'a rien à ajouter à ce qui a été dit des compagnies de cette arme dans l'article qui précède.

GARDES OU COMPAGNIES DÉPARTEMENTALES, créées en 1805.

Les anciennes compagnies avaient été supprimées

le 23 novembre 1815; on en créa de nouvelles qui étaient destinées à recevoir les volontaires de chaque département, jusqu'au moment de leur envoi dans la légion. Ces compagnies, qu'une ordonnance du 9 janvier 1816 avait divisées en cinq classes, furent à leur tour supprimées le 10 mars 1818, et remplacées par des dépôts de recrutement. On n'a pas à s'occuper de ces derniers, ce travail n'ayant pour objet que les corps militaires.

GARDE NATIONALE, créée en 1493.

Les gardes nationales furent les premières troupes françaises qui reçurent les Bourbons à leur rentrée en France. Celle de Paris servit d'escorte à Louis XVIII, lorsque ce prince reparut dans la capitale. Elle fit seule pendant quelque temps le service du palais, où elle conserva un poste d'honneur après l'organisation de la maison militaire du roi, et même après celle de la garde royale. Elle obtint en outre la faveur d'occuper seule tous les postes à chaque anniversaire de la rentrée du souverain. Mais cette troupe ayant pris part à quelques légers mouvemens politiques, que sa présence aurait pu rendre beaucoup plus graves, en laissant croire aux séditieux qu'elle consentirait à les appuyer, une ordonnance du 29 avril 1817 en prononça le licenciement, sans toutefois en expliquer les motifs.

GENDARMERIE, créée en 1060.

Cette troupe fut réorganisée le 10 septembre 1815, et fixée à vingt-quatre légions, donnant ensemble quinze cent cinquante brigades à cheval et six cent vingt à pied, chacune de huit hommes. Ce nombre de brigades fut ensuite porté à seize cents à cheval et six cent cinquante à pied, qu'on réduisit chacune à six hommes. Une des compagnies de cette arme qui avait été affectée au service des chasses, prit le titre de *gendarmerie d'élite* le 16 mars 1820. Elle a été réunie aux troupes de la garde le 17 octobre 1821.

Par suite d'une décision royale du 28 décembre 1828, ce corps a été réorganisé et réglé ainsi qu'il suit :

 500 brigades à pied, de cinq hommes chacune.
 1800 brigades à cheval, dont six cents à six hommes, et douze cents à cinq hommes.

Leur répartition en compagnies et en légions est restée la même.

ORGANISATION DES CORPS MILITAIRES.

L'armée fut réorganisée le 12 mai 1814. L'aigle fut en même temps remplacée par le drapeau pour les corps d'infanterie, et par l'étendard pour ceux de cavalerie.

Les deux tableaux qui accompagnent ce chapitre font connaître la composition des régimens ou légions en bataillons, escadrons et compagnies, ainsi que la force de ces dernières ; le tout est suivi de la nomenclature des divers grades et emplois existans dans chaque corps.

L'ordonnance du 16 juillet 1815, en confirmant le licenciement de l'armée, institua en même temps une légion d'infanterie par département. Le 3 août suivant, le roi arrêta l'organisation de ces corps, dont le troisième et dernier bataillon dut être composé entièrement de chasseurs. Sa Majesté attacha en outre à chaque légion une compagnie d'*éclaireurs à cheval*, dont la formation fut ajournée jusqu'à nouvel ordre. Cet ordre fut en effet donné le 25 novembre 1818 pour quelques légions ; mais cette tentative n'ayant pas eu l'effet qu'on en attendait, une ordonnance du 25 avril 1820 supprima définitivement ces compagnies.

L'amalgame d'un bataillon de chasseurs avec deux bataillons d'infanterie de ligne présenta également des inconvéniens qu'on fit cesser le 17 février 1819, en affectant dix légions à l'arme de l'infanterie légère. En conséquence, les bataillons de ces dix légions furent tous composés de chasseurs, et ceux des légions d'infanterie de ligne de fusiliers, sauf les compagnies d'élite. Enfin, le 23 octobre 1820, une autre ordonnance détruisit ce qui restait encore de la nouvelle organisation, en supprimant la dénomination de *légion* pour y substituer celle de *régiment*.

TABLEAU de la composition de chaque régiment ou légion d'infanterie pendant le cours de cette période, avec l'indication du complet de chaque compagnie.

ÉPOQUES D'ORGANISATION.	INFANTERIE DE LIGNE.				INFANTERIE LÉGÈRE.				COMPLET DE CHAQUE COMPAGNIE	
	Nombre de bataillons.	Compagnies par bataillon.			Nombre de bataillons.	Compagnies par bataillon.			De Fusiliers, Grenadiers, Carabiniers et Voltigeurs.	De Chasseurs.
		Fusiliers.	Grenadiers.	Voltigeurs.		Chasseurs.	Carabiniers.	Voltigeurs.		
12 mai 1814.	3	4	1	1	3	4	1	1	75	75
3 août 1815, l'infanterie légère était réunie à l'infanterie de ligne..	2	6	1	1	»	8	»	»	71	47
23 octobre 1820.	inégal	6	1	1	2	6	1	1	83	83
2 février 1823.	3	6	1	1	2	6	1	1	83	83
27 février 1825.	3	6	1	1	2	6	1	1	75	75
17 août *idem*.	3	4	1	1	inégal	6	1	1	75	75

Quant aux corps de cavalerie, leur organisation actuelle, peu différente de l'ancienne, ne fut arrêtée que le 30 août 1815. On supprima seulement les régimens de lanciers, et l'on suppléa à leur défaut en armant de *lances* le dernier escadron de chaque régiment de *chasseurs*.

Les changemens survenus dans l'organisation des troupes ne sont plus de nature à exiger un tableau, cette organisation n'ayant varié qu'à trois époques, savoir :

1° Le 12 mai 1814, par suite de l'ordonnance qui fixa le complet de chaque compagnie à soixante-dix-huit hommes, sans distinction d'armes, et la division de chaque régiment en quatre escadrons composés chacun de deux compagnies. Les régimens de cuirassiers seuls dûrent avoir six escadrons ;

2° Le 30 août 1815, en vertu d'une ordonnance qui régla la force des compagnies à cent quarante hommes, et celle des régimens à quatre escadrons d'une seule compagnie. Cette fois, les cinquième et sixième escadrons de cuirassiers furent supprimés, ainsi que les régimens de lanciers, qu'on remplaça comme il a été dit ci-dessus ;

3° Le 27 février 1825, conformément à une nouvelle ordonnance qui réduisit la force des compagnies à cent dix-sept hommes, et porta en même temps celle des régimens à six escadrons, mais toujours composés d'une seule compagnie. Cette dermière organisation est celle qu'ont encore aujourd'hui les corps de cavalerie.

GRADES ET EMPLOIS

EXISTANS DANS CHAQUE COMPAGNIE.

COLONELS, créés en 1534.

COLONELS EN SECOND, créés en 1774.

Cet emploi n'a point été compris dans l'organisation de la nouvelle armée; on peut le considérer comme supprimé depuis le 3 août 1815.

LIEUTENANS-COLONELS, créés en 1543.

Ces officiers, qui avaient été supprimés en 1793, furent rétablis le 3 août 1815, avec des attributions qui leur donnent le rang de colonel en second.

MAJORS, créés en 1515.

Le rétablissement des lieutenans-colonels avec une partie des attributions que Bonaparte avait données aux majors, fit remettre ces derniers au rang de chef de bataillon ou d'escadron; ce qui eut lieu dans l'infanterie le 3 août 1815, et dans la cavalerie le 30 du même mois.

MAJORS EN SECOND, créés en 1788.

Cet emploi, dont les attributions avaient été augmentées sous Bonaparte, fut totalement supprimé le 3 août 1815.

CHEFS DE BATAILLON OU D'ESCADRON, créés en 1774.

ADJUDANS-MAJORS, créés en 1790.

AIDES-MAJORS, créés en 1651.

Cet emploi, supprimé depuis 1776, a été rétabli le 6 mai 1818, et réservé aux élèves du corps royal d'état-major, qu'on envoie dans les régimens pour y compléter leur instruction.

QUARTIERS-MAITRES TRÉSORIERS, créés en 1762.

L'ordonnance du 3 août 1815 a réduit le titre de ces officiers à celui de *trésorier*, le seul qu'ils portaient dans l'origine.

PORTE-DRAPEAUX ET PORTE-ÉTENDARDS, créés en 1762.

CHIRURGIENS, créés en 1651.

L'ordonnance du 3 août 1815 n'a conservé que les emplois de chirurgien-major et d'aide-major chirurgien. Ces employés militaires sont également compris dans l'organisation des corps sous la dénomination collective d'*officiers de santé*.

AUMÔNIERS, créés vers 1558.

Cet emploi, supprimé depuis 1794, a été rétabli dans tous les régimens le 24 juillet 1816.

ADJUDANS-SOUS-OFFICIERS, créés en 1771.

TAMBOURS-MAJORS, créés en 1651.

TROMPETTES-MARÉCHAUX-DES-LOGIS, créés le 30 août 1815.

CAPORAUX-TAMBOURS ET TROMPETTES-BRIGADIERS, créés en 1788.

BRIGADIERS-TAMBOURS, créés en 1788.

Cet emploi, qui n'existait que dans les régimens de dragons, a été supprimé le 12 mai 1814.

CAPORAUX DE SAPEURS, créés en 1825.

Un caporal de sapeurs a été créé dans tous les régimens d'infanterie le 27 février 1825. Cet emploi était exercé précédemment par un caporal de grenadiers ou de carabiniers.

SAPEURS, créés en 1806.

ARTISTES VÉTÉRINAIRES, créés en 1776.

L'ordonnance du 12 mai 1814 leur a fait prendre le nom de *maréchaux-vétérinaires en premier*.

AIDES-ARTISTES-VÉTÉRINAIRES, créés en 1801.

Nommés maréchaux vétérinaires en second par l'ordonnance du 12 mai 1814.

SOUS-AIDES-ARTISTES VÉTÉRINAIRES, créés en 1812.

Cet emploi a cessé d'entrer dans l'organisation des corps de troupes à cheval depuis le 12 mai 1814.

MARÉCHAUX-FERRANS ET MAITRES-SELLIERS, créés en 1776.

MUSICIENS, créés en 1766.

MAITRES-ARMURIERS, créés en 1775.

MAITRES-TAILLEURS, CORDONNIERS ET BOTTIERS, créés en 1788.

MAITRES-CULOTTIERS, créés en 1788.

Cet emploi, qui n'existait que dans quelques corps de cavalerie, a été supprimé le 25 septembre 1815.

MAITRES-GUÊTRIERS, créés en 1788.

Leur emploi fut réuni à celui de maître-tailleur du 12 mai 1814 au 3 août 1815.

CAPITAINES, créés en 1355.

LIEUTENANS, créés en 1444.

SOUS-LIEUTENANS, créés vers 1589.

SERGENS-MAJORS ET MARÉCHAUX-DES-LOGIS-CHEFS, créés en 1776.

SERGENS, créés vers 1485.

MARÉCHAUX-DES-LOGIS, créés en 1444.

FOURRIERS ET CAPORAUX, créés en 1534.

BRIGADIERS, créés en 1590.

GRENADIERS A PIED, créés en 1536.

CARABINIERS A PIED, créés en 1788.

VOLTIGEURS, créés en 1804.

CORNETS, créés en 1804.

Ces militaires, qui tiennent lieu de tambours dans les compagnies de voltigeurs, se servent actuellement d'un nouvel instrument appelé *clairon*, et dont ils ont eux-mêmes pris le nom le 22 mai 1822.

TAMBOURS, créés en 1534.

TROMPETTES, créés vers 1444.

TIMBALIERS, créés en 1692.

Ces cavaliers musiciens ont été supprimés le 12 mai 1814; du moins l'ordonnance de ce jour, qui réorganisa les corps de cavalerie, n'en fait aucune mention.

ÉQUIPEMENT ET ARMEMENT.

Une ordonnance du 25 septembre 1815 remplaça par le pantalon la culotte que portaient encore quelques cavaliers. Elle donna en même temps l'uniforme blanc aux troupes d'infanterie ; mais cette mesure, déjà tentée par Bonaparte, présentait des inconvéniens qui devaient la faire abandonner; c'est ce qui eut lieu le 27 octobre 1820. Au surplus, on peut consulter l'*annuaire militaire*, où l'uniforme actuel de chaque régiment est indiqué avec beaucoup d'exactitude.

Quant à l'armement, il est resté le même à peu de choses près. Les changemens survenus ne sont pas assez remarquables pour qu'il soit nécessaire d'en faire mention.

RECRUTEMENT.

Un arrêté du gouvernement provisoire, en date du 4 avril 1814, prononça la libération des conscrits non incorporés, et en général de tous les hommes qui avaient été appelés au commencement de 1814, et qui n'avaient pas encore rejoint. La conscription elle-même fut déclarée abolie par le roi, et les armées ne dûrent plus se recruter que par des enrôlemens volontaires ; mais cette mesure toute paternelle n'était point suffisante pour alimenter les corps ; la nécessité d'un recrutement plus productif se fit bientôt sentir, et le 10 mars 1818 ce mode fut arrêté.

Le mot *conscription*, qui rappelait les abus contre lesquels on s'était si fortement prononcé, fut exclu de la nouvelle loi, et celui de *conscrit* remplacé par *jeune soldat*. Du reste, la manière de procéder aux appels est restée la même à peu de choses près. La disposition la plus remarquable est celle qui fixe chaque levée annuelle à quarante mille hommes, sauf, en cas de besoins plus grands, à y pourvoir par une loi spéciale.

Au surplus, comme cette loi a déjà éprouvé des modifications, et que d'ailleurs il n'est pas nécessaire de la rappeler entièrement, on se bornera, pour ne pas dépasser les limites de ce travail, à citer les articles suivans ;

«Art. 1ᵉʳ. L'armée se recrute par des engagemens volontaires, et, en cas d'insuffisance, par des appels....

» Art. 7. Le contingent assigné à chaque canton sera fourni par un tirage au sort entre les jeunes Français qui auront leur domicile légal dans le canton, et qui auront atteint l'âge de vingt ans révolus dans le courant de l'année précédente.

» Art. 19. Les jeunes gens appelés ou leurs remplaçans seront inscrits sur les registres matricules du corps de l'armée.

» Ces jeunes soldats resteront dans leur foyers et y seront assimilés aux militaires en congé.

» Ils ne seront mis en activité qu'au fur et à mesure des besoins, et dans l'ordre déterminé par leur classe.

» Art. 20. La durée du service des soldats appelés sera de six ans, à compter du 1er janvier de l'année où ils auront été inscrits sur les registres matricules des corps de l'armée.

» Au 31 décembre de chaque année, en temps de paix, les soldats qui auront achevé leur temps seront renvoyés dans leurs foyers.

» Ils le seront, en temps de guerre, immédiatement après l'arrivée au corps du contingent destiné à les remplacer. »

L'article 23 portait que les sous-officiers et soldats rentrés dans leurs foyers, après avoir achevé leur temps de service, seraient assujétis, en temps de guerre, sous la dénomination de *vétérans*, à un service territorial dont la durée était fixée à six ans; mais cet article n'a jamais été exécuté; il a même été abrogé le 9 juin 1824.

Quant aux modifications apportées à la loi du recrutement, elles se trouvent consignées dans la nouvelle loi du 9 juin 1824, dont voici les principales dispositions :

« Les appels faits chaque année seront de soixante mille hommes.

» Les jeunes soldats appelés, qui seraient laissés dans leurs foyers, pourront être mis en activité dans l'ordre des classes, en commençant par la moins âgée, et dans chaque classe selon l'ordre des numéros.

» La durée du service militaire sera de huit années, sans distinction de corps, tant pour les jeunes gens appelés que pour les enrôlés volontaires. »

Pendant quelque temps les légions d'infanterie, aussi bien que les régimens de cavalerie, se recrutèrent d'hommes des départemens dont ils portaient le nom ; mais les inconvéniens que présentait ce système obligèrent le gouvernement à changer ces premières dispositions. On croit devoir donner ici les motifs insérés dans le rapport fait au roi à ce sujet le 23 octobre 1820, et d'après lequel il fut décidé que des contingens de plusieurs départemens seraient affectés au recrutement d'un même corps.

Les hommes de divers départemens diffèrent de taille, de force et d'instruction ; leur langage, leurs habitudes physiques et morales varient suivant les lieux, ce qui produit des corps tout différens les uns des autres. Une partie manque de sujets instruits et capables de faire de bons sous-officiers ; l'autre, au contraire, en présente une masse que les chances trop restreintes de l'avancement ne permettent pas d'utiliser. Enfin la défaite d'un corps porterait le deuil dans tout un département. La nécessité de renouveler les garnisons peut aussi éloigner les corps de leur département respectif, et obliger les recrues à une marche pénible, tandis qu'en affectant plusieurs départemens au recrutement d'un même corps, on a la facilité de choisir les plus rapprochés, ce qui diminue en même temps les frais de route.

ADMINISTRATION ET INSTITUTIONS.

L'ordre établi sous Bonaparte dans toutes les branches de l'administration militaire et les innovations utiles et importantes qu'on introduisit dans les différens services, n'ont pas permis de changemens, du moins d'assez notables pour qu'il en soit fait mention. L'article consacré à *l'état-major général* indiquant les mutations survenues dans les dénominations aussi bien que dans les fonctions des administrateurs militaires, il serait superflu de les répéter dans celui-ci. Mais on n'a pas cru pouvoir se dispenser de faire mention du *conseil supérieur de la guerre*, créé le 17 février 1828. Ce conseil, présidé par Monsieur le Dauphin, est chargé de discuter les projets de lois, d'ordonnances, de réglemens et de décisions concernant l'organisation et la législation militaire, avant qu'ils soient soumis à l'approbation du Roi. Il examine, sur le renvoi qui lui en est fait par ordre de S. M, les lois et ordonnances actuellement en vigueur, à l'effet d'indiquer successivement les améliorations dont elles peuvent être susceptibles. Déjà, en 1787, il avait été créé un conseil de la guerre dans le but de faire des économies; mais les événemens qui suivirent son institution la rendirent presque aussitôt inutile; c'est pourquoi l'on a négligé d'en parler dans le huitième tableau de cet ouvrage.

De tous les ordres militaires créés par Bonaparte, celui de la Légion-d'Honneur est le seul qui ait été conservé. L'armée a été dédommagée de la suppression des autres par le rétablissement des ordres royaux de Saint-Louis et du Mérite militaire.

Il ne reste plus à parler que des écoles, que l'on va examiner séparément, sauf les écoles régimentaires, qui ne peuvent être considérées comme établissemens proprement dits; on se contentera donc de faire observer que ces écoles furent organisées dans tous les régimens le 1er janvier 1829, conformément à une décision royale du 23 septembre 1818. Elles sont destinées à procurer aux jeunes soldats une instruction appropriée à l'emploi de sous-officier.

Le gymnase normal, où les régimens n'envoient que des détachemens qui n'y logent pas, ne saurait être non plus mis au rang des écoles militaires. On ne peut toutefois s'empêcher de citer cet établissement comme l'un des plus utiles et en même temps des plus dignes de la protection du gouvernement.

École d'artillerie et du génie. — Son organisation n'a éprouvé aucune modification importante depuis 1814.

École spéciale militaire. — Supprimée le 30 juillet 1814, rétablie le 23 septembre suivant. Une ordonnance du 16 juillet 1815 ayant prononcé son licenciement, on la réorganisa le 6 septembre même année, mais seulement comme *école préparatoire*, à l'instar de celle de La Flèche. Elle ne fut reconstituée en école spéciale que le 31 décembre 1817.

École polytechnique. — Licenciée par ordonnance du 13 avril 1816, rétablie et recomposée le 4 septembre suivant; elle fut mise alors sous la protection de S. A. R. le duc d'Angoulême, aujourd'hui Monsieur le Dauphin.

Le but général de cet établissement est de

répandre l'instruction des sciences mathématiques, physiques, chimiques, et des arts graphiques.

Son but spécial est de former des élèves pour les écoles royales du génie militaire et de l'artillerie de terre et de mer, des ponts-et-chaussées, des mines, du génie maritime, des ingénieurs géographes, des poudres et salpêtres, et pour les autres services publics qui exigent des connaissances analogues.

Prytanée militaire. — Supprimé le 30 juillet 1814, et remplacé le 23 septembre suivant par l'*École royale militaire préparatoire*, qui fut réorganisée le 31 décembre 1817.

École spéciale militaire de cavalerie. — Établie à Saint-Germain; supprimée le 30 juin 1814; rétablie à Saumur le 23 décembre suivant, sous le nom d'*École d'instruction des troupes à cheval*; supprimée de nouveau le 22 mars 1822; rétablie à Versailles le 5 novembre 1823, comme *École d'application de cavalerie*; transférée à Saumur le 11 novembre 1824, et réorganisée le 10 mars 1825 sous la dénomination d'*École royale de cavalerie*.

École d'application du corps royal d'état major, créée le 6 mai 1818. — Les élèves sont choisis parmi ceux de l'École spéciale militaire qui reçoivent le brevet de sous-lieutenant. Ils apprennent les exercices et manœuvres d'infanterie et de cavalerie, la géographie et la statistique, le dessin, le levé de la carte et les reconnaissances militaires, les élémens d'artillerie, la fortification passagère, l'attaque et la défense des places, l'art, l'histoire et l'administration militaires.

PRÉCIS HISTORIQUE ET CHRONOLOGIQUE

DES OPÉRATIONS MILITAIRES.

En 1814, le 10 avril, bataille de Toulouse, gagnée par lord Wellington sur le maréchal Soult. — Le 12, entrée à Paris de MONSIEUR, frère du Roi, lieutenant-général du royaume. — Le 3 mai, Louis XVIII, qui avait débarqué à Calais le 24 avril, fait également son entrée dans la capitale. On aurait voulu décrire l'effet que produisit la vue de Sa Majesté entourée de son auguste famille; mais l'élan de l'enthousiasme et l'acclamation unanime et sans cesse renouvelée de *vive le Roi, vivent les Bourbons*, furent vraiment portés à un degré inexprimable. C'est un jour dont le souvenir restera gravé dans la mémoire de tous les Français qui eurent le bonheur d'assister à cette fête admirable. — Le 30 du même mois, signature du traité de paix, suivie presque immédiatement du départ des troupes alliées.

En 1815, Napoléon, relégué dans l'île d'Elbe, crut pouvoir profiter de la retraite des troupes étrangères pour ressaisir le sceptre qu'il avait forcément cédé. Il quitta cette île le 25 février, et vint débarquer à Cannes avec les quatorze cents hommes qui composaient sa garde. Les mesures que prit le Roi pour anéantir cet ennemi furent inutiles; les militaires accueillirent leur ancien chef, et dans la nuit du 19 au 20 mars, Sa Majesté fut obligée de quitter le palais des Tuileries, où Napoléon coucha la nuit suivante. Les Anglais et les Prussiens, qui étaient les plus rapprochés des frontières de la France, furent aussi les premiers à venir au secours du Roi. Napoléon se disposa à les repousser; ses troupes se mirent en marche; il partit lui-même le 12 juin pour en prendre le commandement. — Le 16, il était devant l'armée prussienne, dont le centre occupait Ligny; l'attaque eut lieu sur toute la ligne; la victoire, un moment incertaine, fut fixée par une charge de la garde française, qui détermina l'ennemi à prendre la fuite. Le lendemain, Napoléon alla reconnaître l'armée anglaise, dont la position était assez avantageuse : elle avait pour centre le village de Mont-Saint-Jean, s'appuyant à droite à la route de Bruxelles, et à gauche à un petit bois que défendaient trente pièces de canon. A midi, la canonnade s'engagea; la résistance fut vive; mais à une heure les Français étaient déjà maîtres du bois. Peu après le comte d'Erlon s'empara du village; les Anglais se replièrent alors derrière un rideau. A trois heures, un corps d'armée prussien survint, prolongeant son feu sur tout le flanc droit de l'armée française. Napoléon fut forcé de porter toutes ses forces de ce côté. Les Anglais profitant de cette circonstance pour faire un mouvement, la cavalerie de réserve se porta subitement sur Mont-Saint-Jean, où des masses d'infanterie et de cavalerie l'enveloppèrent de toutes parts; aussitôt toute la cavalerie française vole à son secours. Cependant l'infanterie, toujours occupée par les Prussiens, a peine à leur résister; la réserve lui fournit une partie de la jeune garde avec plusieurs batteries d'artillerie qui réussissent à faire reculer l'ennemi. Rassuré sur ce point, Napoléon fait alors avancer sur Mont-Saint-Jean quatre bataillons de la moyenne garde; mais il était trop tard; la cavalerie avait éprouvé des pertes énormes. Sur les huit heures et demie, ces bataillons ayant été mis en désordre par plusieurs escadrons anglais, les fuyards furent aperçus par les régimens voisins, qui, les prenant pour des troupes de la vieille garde, se mirent à crier : *tout est perdu, la garde est repoussée.* Une terreur panique se répand aussitôt sur tout le champ de bataille; on se précipite dans le plus grand désordre sur la ligne de communication; les soldats, les canonniers, les caissons, se pressent pour y arriver. La vieille garde, qui était en réserve, se trouva assaillie, et fut elle-même entraînée; les escadrons de service rangés à côté de Napoléon furent culbutés et désorganisés par ces flots tumultueux, et il n'y eut plus autre chose à faire que de suivre le torrent.

Telle fut l'issue de la bataille de Mont-Saint-Jean ou de Waterloo, journée décisive pour la monarchie, et où l'armée, qui n'avait pu vaincre, déploya un courage digne d'une meilleure cause.

Précédé du bruit de sa défaite, Napoléon accourut à Paris, où il annonça lui-même que sa vie politique était terminée. — Le 7 juillet, la capitale ouvrit ses portes aux alliés, et le 8, Louis XVIII y fit sa rentrée. Bonaparte, qui s'était rendu à Rochefort, où il comptait s'embarquer pour les États-Unis, fut retenu par les Anglais, qui le conduisirent à Sainte-Hélène, où il mourut le 5 mai 1821.

Le 20 novembre, un nouveau traité fut conclu entre Louis XVIII et les puissances alliés. Pour prévenir toute nouvelle entreprise de la part de Bonaparte ou de ses partisans, une armée d'occupation dut rester en France pour s'y maintenir pendant cinq ans; mais les circonstances ayant permis de modifier cette convention, qui exigeait d'ailleurs de grands sacrifices, le territoire français fut évacué au bout de trois années.

En 1823, la France emploie le mois de mars à rassembler une armée sur les frontières des Pyrénées. Cent mille Français sont destinés à passer en Espagne pour soutenir Ferdinand VII, que les Cortès veulent renverser du trône. — Le 30 mars, le duc d'Angoulême arrive à Bayonne, et prend aussitôt le commandement des troupes. — Le 6, l'armée passe la Bidassoa. Après quelques dispositions pour former le blocus de Saint-Sébastien, où beaucoup de troupes constitutionnelles se sont renfermées, le prince généralissime se porte en Biscaye.— Le 17 avril, il établit son quartier-général à Vittoria; l'armée de Navarre bloque Pampelune. Le premier corps s'avance sur Logrono, qui veut résister; l'attaque a lieu au pas de charge, et la ville est prise d'assaut.—Le 25 avril, les Français n'étaient plus qu'à vingt-six lieues de Madrid; mais déjà les Cortès avaient évacué cette capitale, emmenant le roi à Séville, d'où ils le conduisirent à Cadix. — Le 9 mai, le duc d'Angoulême arrive à Burgos, et le 24, Madrid lui ouvre ses portes. — Le 21 juin, le comte Molitor fait son entrée dans Sarragosse.—Le 23, le général Bourmont est reçu dans Séville. Partout les habitans font accueil aux Français, dont la marche est favorisée par la retraite des troupes constitutionnelles, excepté en Catalogne, où le maréchal Moncey, après plusieurs combats sanglans, réussit enfin à faire capituler Mina. Cependant, parvenu dans les environs de Cadix, l'ennemi essaya de s'y défendre; mais quelques coups de canon firent cesser toute opposition, et le général Ballesteros prit le parti de se soumettre. — Le 12 août, le duc d'Angoulême arrive devant Cadix; le Trocadéro était la seule barrière qui restât à franchir. Le prince ordonna des reconnaissances, et bientôt ce point, jusqu'alors jugé imprenable, fut emporté aux cris de *vive le Roi*. La marine s'empara en même temps du fort de Santi-Petri; Cadix alors, épouvanté de tout ce qu'un siége a d'affreux, ouvrit ses portes, et mit le roi d'Espagne sous la protection des Français. Ainsi finit la campagne de 1823. Ferdinand VII fut ramené à Madrid par le prince qui avait brisé ses fers, et l'armée reprit le chemin de la France; il ne resta en Espagne que les troupes nécessaires au maintien de la tranquillité jusqu'à la réorganisation des forces royales de cette nation.

En 1827, une armée turco-égyptienne était occupée à réprimer la révolte des Grecs. Les forces déployées contre eux n'ayant pas suffi pour les soumettre, et cette partie de l'Orient se trouvant engagée dans une lutte effroyable, où le sang des chrétiens était versé journellement, sans laisser d'autre espoir que la destruction complète de ce malheureux pays, la France, la Russie et l'Angleterre ne crurent pas pouvoir rester plus long-temps spectatrices d'un pareil massacre. — Le 6 juillet, un traité d'alliance fut conclu entre ces trois puissances à l'effet d'y mettre un terme. En conséquence, les trois escadres alliées se réunirent dans la Méditerranée, et le 22 septembre, Ibrahim-Pacha, commandant l'armée turco-égyptienne, fut prévenu de l'engagement pris réciproquement par les trois puissances de réunir tous leurs efforts pour empêcher le transport d'armes et de munitions en aucune partie de la Grèce. On l'informa en même temps que le premier coup de canon tiré sur les flottes alliées serait le signal de la destruction de la sienne. Cependant les mêmes excès continuant dans l'intérieur de la Morée, et le but des puissances alliées n'étant pas atteint, cet état de choses donna lieu le 18 octobre à une réunion des amiraux, où il fut arrêté que les escadres française, russe et anglaise prendraient position dans Navarin, et que de nouvelles propositions seraient faites à Ibrahim. Mais cette mesure trouva de la résistance de la part des Égyptiens. — Le 20 octobre, lorsque les escadres réunies voulurent commencer leurs opérations, des coups de canon furent tirés sur les parlementaires ; alors l'affaire devint générale, et ce même jour les murs de Navarin furent éclairés par les reflets de l'incendie qui dévora la flotte ennemie.

En 1828, pendant que des négociations avaient lieu avec Ibrahim-Pacha pour l'évacuation de la Morée, les troupes turco-égyptiennes n'en continuaient pas moins leurs dévastations, et il était instant de les faire cesser. La France s'engagea à envoyer des troupes en Morée ; celles-ci débarquèrent au mois de septembre ; mais déjà Ibrahim avait consenti à se retirer ; ses dernières troupes s'étant embarquées le 4 octobre, il ne restait plus que les Turcs qui étaient employés à la défense des places, et qui persistaient à les garder.—Le 6 octobre, la citadelle de Navarin fut attaquée et prise; Patras se rendit le même jour; le château de Morée, attaqué en même temps, fit meilleure contenance. — Le 7, Modon fut enlevé.— Le 9, Coron se soumit après quelques coups de fusil, et le 30 du même mois, les Français s'étant enfin rendus maîtres du château de Morée, la Grèce se trouva entièrement délivrée de ses ennemis.

Ce fut aussi du 19 au 22 novembre de cette même année, que rentrèrent à Bayonne les dernières troupes que la France avait conservées en Espagne.

En 1829, dans le courant de janvier, une partie des troupes de l'expédition de Morée, qui n'était plus nécessaire dans cette île, fut débarquée à Toulon. Des ordres avaient été expédiés au mois d'octobre pour le retour du surplus ; mais le gouvernement en a fait suspendre l'exécution.

En 1830, une expédition se prépare contre Alger. Dans son discours aux Chambres, lors de la séance royale du 2 mars, Sa Majesté s'en est

expliquée en ces termes : « Au milieu des graves
» événemens dont l'Europe était occupée, j'ai dû
» suspendre l'effet de mon juste ressentiment con-
» tre une puissance barbaresque ; mais je ne puis
» laisser plus long-temps impunie l'insulte faite à
» mon pavillon : la réparation éclatante que je
» veux obtenir, en satisfaisant à l'honneur de la
» France, tournera, avec l'aide du Tout-Puissant,
» au profit de la chrétienté. »

FIN.

TABLE
DES TABLEAUX.

PREMIER TABLEAU. — Période de 420 à 752............ 1
DEUXIÈME TABLEAU. — Période de 752 à 987.......... 23
TROISIÈME TABLEAU. — Période de 987 à 1108........ 49
QUATRIÈME TABLEAU. — Période de 1108 à 1328...... 69
CINQUIÈME TABLEAU. — Période de 1328 à 1422...... 99
SIXIÈME TABLEAU. — Période de 1422 à 1515......... 125
SEPTIÈME TABLEAU. — Période de 1515 à 1589....... 163
HUITIÈME TABLEAU. — Période de 1589 à 1789...... 203
NEUVIÈME TABLEAU. — Période de 1789 à 1814...... 303
DIXIÈME TABLEAU. — Période de 1814 à 1830......... 411

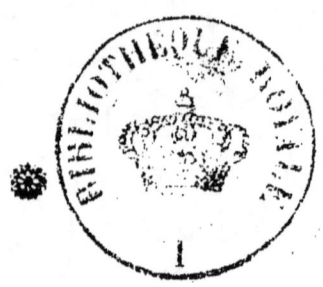

www.ingramcontent.com/pod-product-compliance
Lightning Source LLC
Chambersburg PA
CBHW050236230426
43664CB00012B/1718